고제희의 정통 풍수 교과서

고제희의 정통 풍수 교과서

부와 성공을 부르는 주택·아파트·상가·사무실,
명당을 찾아내는 풍수의 비밀

고제희 지음

보누스

실생활에 바로 적용하는
정통 풍수의 모든 것

풍수지리는 바람과 물의 순환 이치[天] 그리고 땅의 형성 과정과 지질적 여건[地]을 연구해 사람[人]이 자연 속에서 더욱 건강하고 편안하게 살 터를 구하는 동양의 지리관이자 경험 과학적 학문이다. 지질, 일조, 기후, 풍향, 물길, 경관 등 일련의 자연 요소를 음양오행론에 바탕을 두고 관찰한 다음, 그들이 사람에게 미치는 다양한 영향을 파악한다. 그런 후에 각각의 우열을 가려 그중 좋은 것만 생활에 이용하자는 것이 풍수지리의 방법론이다. 즉 천·지·인이 조화를 이룬 좋은 터를 구해 인생의 발전을 꾀한다.

오래전부터 우리 선조는 풍수를 중히 여겼다. 예를 들자면 고려 시대에는 '산천비보도감'이란 관청에서 산천의 지기 복원을 연구하며 국운을 연장하는 일을 했으며, 조선 시대에는 음양풍수학을 공부한 지관을 선발해 왕릉과 관청의 터를 소점했다. 이처럼 풍수지리는 국가의 통치 이념으로 먼저 자리를 잡았다.

풍수지리는 사람들의 일상에도 널리 쓰였다. 조상의 묘를 지기가 왕성한 곳으로 택해 영혼과 유골의 편안함을 구하거나, 주택을 길지에 지어서 지력(地力)을 이용해 건강과 행복을 꾀했다. 그 밖에 마을과 도시가 들어설 부지를 선택하는 일에도 활용했으며, 부지 내에 생기가 부족하거나 결함이 있으면 지혜를 기울여 살기 좋은 터로 바꾸기도 했다.

그렇지만 일제 강점기와 근현대사를 거쳐 오면서 우리의 전통 사상이나 문화는 거의 사라졌고, 합리성과 실증성이 부족하면 미신이라 치부하는 세태 속에서 풍수지리 역시 학문으로 인정받지 못한 채 쇠퇴일로를 걸어왔다. 특히 장묘문화가 급속히 매장에서 화장으로 바뀌면서 풍수의 한 축이었던 음택 풍수가 현장에서 많이 사라져 풍수학이 다방면에서 행했던 여러 순기능까지 제 역할을 하지 못하는 상황이다.

하지만 풍수지리는 한국의 전통적 환경 사상이자 선조의 지혜가 응축된 자연 생태학이다. 최근에는 최적의 주거 입지론을 제시하는 웰빙 코드의 하나로 중국과 일본을 비롯해 구미에도 널리 확산하는 추세다. 2006년 문화관광부가 한국의 100대 민족문화상징물의 하나로 풍수지리를 선정한 만큼, 한국에 남아 있는 풍수지리의 원형을 잘 보존하고 발전시키면 미래에도 세상에 공헌할 바가 많다고 생각한다.

풍수학이 이 땅에서 제 역할을 하려면 한국인에 의해 집필되고 널리 읽히는 풍수서가 있어야 한다. 오랜 세월 많은 사람이 인정한 '풍수 경전'에 바탕을 두면서도 현대인의 실생활에 적용할 수 있는 새로운 풍수 경전 말이다. 안타깝게도 시중에는 이에 부합하는 풍수서가 많지 않다. 이를 안타깝게 생각한 필자는 10년 전 풍수 이론서를 출간한 바 있다. 시간이 흘러 그 책이 모두 절판되었고 시중에서 더는 구할 수 없음을 안타깝게 여기던 차, 재출간을 하자는 제의가 왔다. 책을 준비하며 몇 개월을 보냈고, 이제 새로운 모습으로 책이 나와 너무나 기쁜 마음이다.

《고제희의 정통 풍수 교과서》라는 새 이름을 받은 이 책은 독자들이 더욱 쉽게 풍수 이론을 공부할 수 있도록 기존 도서에서 중복되거나 사족이라 생각되는 내용을 덜었고, 구성도 새롭게 짰다. 또한 기존 도서의 그림과 표를 다시 그려서 가독성을 높였다. 그야말로 책이 환골탈태한 느낌이다. 현재 필자는 유튜브 채널 '제이J풍수TV'를 운영하면서 멤버십 회원들에게 풍수 이론 강의를 제공하고 있는데, 이 책은 회원들이 교재로 쓰기에도 적합한 모습으로 변모했다고 생각한다.

책을 재출간하는 시점에 고마운 분들의 얼굴이 떠오른다. 먼저 그동안 대동 풍수지리학회를 통해 인연을 맺어온 수많은 회원분들에게 감사 인사를 드린다. 책을 만들어준 보누스 출판사에도 고마운 마음을 전한다.

여암당(旅巖堂)에서
고제희

차 례

1부

풍수지리란
무엇인가?

제1장
풍수지리의 탄생과 목적

명리학과 운명론의 한계

오래전부터 동아시아에서는 사람의 운명과 길흉화복을 예측하려고 명리학, 관상학, 성명학, 점성학 등이 발전했다. 그렇다면 명리학, 관상학 등을 이용하면 모든 운명을 알 수 있을까? 아니다. 이들에게도 분명 한계가 있다.

예를 들어 명리학은 사주(四柱), 즉 태어난 연(年), 월(月), 일(日), 시(時)의 천간(天干)과 지지(地支) 여덟 글자를 음양오행의 원리로 풀이해 타고난 운명을 예측하는데, 사주만 같다면 사람의 운명 또한 같다고 보는 한계가 있다.

인걸지령(人傑地靈)이란 말로 대표되는 공간적 숙명론 또한 마찬가지다. 한 사람의 운명이 그가 태어난 산천의 기운에 좌우된다고 믿는 이 운명론도 사람에 따라 각기 운명이 다른 이유를 설명하지 못한다. 같은 부모 아래에서 5형제가 태어나 같은 고향에서 자랐어도 훗날 살아가는 모습을 보면 형제마다 크게 다르다. 이처럼 산천의 기운을 보고 운명을 단정하기란 매우 어려운 일이다.

풍수지리의 발생

이처럼 사람의 운명에 닥치는 행복과 불행의 원인을 사주팔자 또는 태어나 자란 산천의 기운으로 모두 설명할 수는 없다. 그래서 동양의 선각자들은 사람의 운명에 영향을 미치는 또다른 요인을 생각해냈다. 운명에 미치는 요인으로 동물에게 없는 두 가지 풍습을 떠올렸는데 하나는 부모가 죽으면 사체를 매장하는 풍습이요, 또 하나는 한 장소에 집을 짓고서 대를 이어 살아가는 것이다.

묘와 집은 땅에 둔다. 그런데 땅에는 지기(地氣)가 있다. 묘와 집이 들어선 땅의 지기가 왕성하다면 그곳에 사는 사람이나 후손이 복을 받아 행복하게 살거나 행운을 얻고, 지기가 허약한 곳이라면 재앙을 입어 불행한 삶을 산다고 사람들은 생각했다.

이 같은 발상은 땅을 어머니라고 생각하는 지모사상(地母思想)의 영향이다. 기운이 장한 어머니를 둔 아이라면 부모의 극진한 사랑을 받아 훌륭히 자라날 수 있지만, 기운이 약한 어머니를 둔 아이라면 부모의 보살핌이 적어 훌륭히 자라나기 어려운 이치와 같다.

풍수지리(風水地理)는 이런 사상을 바탕으로 태어났다. 일반적으로 풍수지리는 묘와 주택의 길흉을 판단하거나 명당이라 불리는 혈(穴)을 찾는 일과 관계된 학문이나 행위를 말한다. 만약 풍수지리가 혈만을 찾는 동양 철학이라면 심혈학(尋穴學)이라 부르고, 땅의 길흉만을 판단하는 학문이라면 지리학(地理學)이라 불러야 할 것이다.

그런데 땅을 비롯해 묘와 주택의 길흉을 판단하려면 바람[風]과 물[水]이 중요한 관찰 요소다. 풍수지리는 바람과 물의 순환 이치[天] 그리고 땅의 형성 과정과 지질적 여건[地]을 연

지모사상

풍수지리에서는 땅을 광물, 무생물, 지하자원이라 생각지 않는다. 사람을 비롯해 천지 만물을 탄생시키고 길러내며 나아가 결실을 보게 하는 기운, 즉 지기를 가진 어머니와 같은 생명체라고 인식한다. 땅을 어머니라고 생각하는 지모사상은 사람의 경우 나이에 따라 기운의 강약과 힘을 쓰는 정도가 다르듯이 땅도 장소에 따라 지기가 많고 적음의 차이가 있다고 이해한다. 그런 까닭에 사람은 지기가 장하게 응집된 장소를 택해 살아야 보다 건강하고 행복한 삶을 살 수 있다.

풍수사
풍수지리, 즉 풍수술에 능한
사람을 풍수사라 일컫는다. 지
사(地師)는 지리 인식에 뛰어난
사람을 가리키고, 지관은 왕가
의 능지(陵地. 임금의 무덤)를 잡
던 사람이다. 감여가(堪輿家)는
'堪'(하늘 감)과 '輿'(땅 여)의 이
치에 밝은 사람으로 중국에서
풍수사를 부르는 말이다. 풍
수사는 하늘[天]과 땅[地], 사람
[人]의 도리에 밝다고 보아 삼
재(三才)에 능한 사람이라 불
렀다.

구해 사람[人]이 자연에서 보다 건강하고 안락하게 살아갈 터
를 구하는 동양의 지리관 또는 경험 과학적 학문이다. 즉, 풍
수지리는 사람의 운명에 대한 깊은 성찰을 바탕으로 시간
적 공간적으로 부여받은 개인의 운명을 생기(生氣)라는 자연
의 힘을 빌려 불운을 막고, 행운을 얻겠다는 바람에서 출발
했다.

풍수지리의 목적

조상의 묘지를 길지에 두면 복을 받아 비록 타고난 운명이 불
행해도 행복한 인생을 살 수 있다. 곽박(郭璞. 중국 육조 시대의 학
자로 오행과 천문, 점술에 능했다.)은 《장경葬經》에서 "지리의 도(道)
를 터득한 풍수사가 길지를 정해 묘를 쓰면 자연의 신령한 공
덕(功德)을 취할 수 있어, 하늘이 내린 운명까지도 더욱 복되게
바꿀 수 있다."라는 탈신공개천명(奪神功改天命)을 주장해 풍수
지리가 적극적으로 운명을 개척하는 학문임을 밝혔다.

　동양의 여타 철학과 사상은 사람이 타고난 운명을 이겨낼
수 없다고 말하지만, 풍수지리는 초자연적인 힘을 빌려 불운
을 막고 행운을 얻을 수 있다고 주장한다. 풍수지리는 운명을
바꾸는 신묘한 방법으로 고금을 막론하고 동서양에서 모두
선호되었다.

풍수지리는 어디에 쓰이는가?

쓰임에 따라 풍수지리는 크게 네 가지로 분류된다. 먼저 음택풍수가 있다. 음택풍수는 묘지를 길지에 둬서 영혼과 유골의 편안함을 추구한다. 다음은 양택풍수다. 사람이 어떤 집에 살아야 건강과 행복을 얻는지를 탐구한다. 양기풍수는 마을과 도읍이 들어설 입지를 선택하는 데 쓰이고, 비보풍수는 생기가 부족하거나 결함이 있는 터를 좋게 바꾸는 데 쓰인다.

음택풍수
사람이 죽으면 곧 부패하면서 악취를 풍기고, 보기에도 흉측하다. 어떤 식이든 처리 방법을 모색해야 했는데, 무덤은 땅을 파고 사체를 묻어버리는 매장의 결과물이다.

전통적으로 우리 조상은 자연의 생명력이 왕성한 길지를 택해 묘를 써서 영혼과 유골의 편안함을 구했다. 그러나 매장은 묘를 명당에 두어 발복하겠다는 이기심보다는 그저 오래된 풍습이며, 위생적인 장례 방법이면서도 인간적인 배려가 묻어나기 때문에 선호된 것이다.

양택풍수
주택은 가족 구성원이 함께 모여 사는 건물이나 생활공간을 말하며, 주택이 들어선 땅이 바로 집터다. 담이나 벽에 둘러싸인 주택은 타인의 침입이나 비바람과 소음을 막고, 그곳에서 수면과 휴식을 취하며 피로를 풀고 활력을 되찾는다. 나아가 음식을 먹거나 자식을 낳고 기르는 공간이기도 하다.

주택을 이용해 행복을 추구하는 양택풍수는 크게 두 갈래로 발전했다. 하나는 집터의 길흉과 더불어 주택의 주요 구조부, 즉 대문과 안방과 부엌의 방위를 풍수지리의 관점에서 조화

롭게 배치해 건강과 재복을 증진하는 방법이다. 또 다른 하나
는 가상(家相)이다.

　가상이란 집의 부지, 구조, 배치, 건축 부재, 조경 등이 사람
의 길흉화복에 영향을 미친다는 생각인데, 모두가 생활 경험
에서 얻은 지혜로 오랜 세월 동안 풍습이나 민간 신앙으로 전
해왔다.

　중국 청나라 시대에 살았던 조정동은 《택경宅經》에 바탕을
두고 《양택삼요陽宅三要》라는 책을 저술한 바 있다. 이 책에서
소개한 이론은 주택 안에서 대문과 안방, 부엌의 배치를 오행
과 음양론에 맞춰서 길흉을 판단하는 방법이다. 현대의 양택
풍수론이라 하면 대개 이 이론에 근거를 둔다.

음택풍수와 양택풍수의 차이점

풍수의 본질은 땅을 매개로 천지의 생기를 받아 행복과 번영
을 꾀하는 데 있다. 이런 점에서 음택풍수와 양택풍수는 같다.
양택풍수에서는 먼저 땅의 형세를 살펴서 산수가 조화롭고
오행의 상생에 따라 생기가 왕성한 곳을 택해야 복을 받는다
고 말한다. 장풍(藏風)과 득수(得水)가 되는 곳, 즉 바람이 잠자
고 물을 가까이에 접하며 나아가 사방에 산이 있는 장소를 길
지라고 본다. 결국 집터를 선택하는 문제에 있어서 음택풍수
와 다를 바가 없다.

　다만 묘지는 조상의 택지(宅地)이고, 주택은 산 사람의 거택
(居宅)이다. 이것은 마치 근간(根幹)과 지엽(枝葉)의 관계와도 같
다. 음택풍수는 묘의 영향이 후손에게 널리 미치고, 또 뼈가
존재하는 한 발복이 오래도록 계속된다고 말한다. 하지만 발
복은 늦게 나타나며 꾸준하다. 양택풍수는 그 집에 사는 사람
에게만 영향이 있다고 말한다. 그 집에 사는 동안에만 발복이
일어나니 시간도 짧다. 하지만 발복은 신속하고 강력하다.

양기풍수

마을이나 도읍이 들어설 터를 선점(選點)하는 풍수지리를 양기 풍수라 부르는데, 배산임수(背山臨水)의 지형을 선호한다. 묘지 가 땅속의 음기를 중요시하는 반면, 마을이나 도읍은 사람이 거주하는 공간이고, 지상을 흘러 다니는 양기(바람과 물)는 산 천 지형의 형세에 따라 부지와 사람에게 미치는 영향이 달라 지기 때문이다.

산을 등진 배산은 겨울에 찬 북서풍을 막아주고, 산에 있는 숲은 물과 흙을 보호해 미기후(微氣候. 지면에 접한 대기층의 기후, 농작물 생장과 관계가 있다.)를 조절하며, 땔감인 연료까지 쉽게 얻 게 한다. 또 앞쪽에 넓은 들과 강이 있으면 여름에는 바람이 시원하고, 관개용수뿐만 아니라 물고기까지 얻는다. 전저후고 의 완만한 경사도는 양호한 일조량과 더불어 홍수 피해도 줄 일 수 있다.

배산임수를 갖춘
전통 마을의 모습

따라서 생활의 안녕을 바라는 사람들은 산을 등진 장풍의 형국을 주거지로 삼았다. 마을 뒤쪽의 주산(主山)이 지맥을 통 해 지기를 공급하고, 좌우에서 청룡과 백호가 마을을 감싸며, 전면에는 하천이 구불구불 흘러가고, 그 너머에는 안산(案山) 이 자리해 앞바람을 막아준다. 이런 입지를 좋은 터로 간주했다. 마을 축이 되는 선이 북에서 남쪽을 향하면 남향판의 부지라서 이상적으로 삼았으나, 국세를 제대로 갖춘 곳이라면 축선이 달라도 무방하다고 생각했다.

비보풍수

마을이나 도읍을 건설할 때면 지덕이 쇠하거나 돌이 나오는 등 처음에 생각지 못한 불길한 점을 발견할 때도 있다. 그러나 거주지에 결함이 있거나 지기가 쇠약해도 그곳을 쉽게 떠나 살기가 어렵다. 이런 이유로 새로운 길지를 따로 구하지 않은 채 결함을 비보(도와서 모자라는 것을 채움)하고, 지기를 바꿔 지력을 회복하는 등 사람의 힘으로 자연 형세를 바꿔서 살 필요가 있다.

우리 조상은 지혜를 모아서 마을이나 도읍이 들어설 부지를 선택했고, 만약 부지에 생기가 부족하거나 결함이 있다면 살기 좋은 터로 바꾸는 방법을 시도했다. 이것을 비보풍수라 부른다. 국운에 영향을 미치는 도읍의 풍수라면 주로 도성을 에워싼 산천 지형의 결함을 치유하거나 보완하는 방법이 강구되었고, 마을의 안녕과 평화를 위협하는 (풍수적) 위험물이 있다면 보이지 않도록 차폐하거나 제압하는 지혜를 발휘했다.

동수 비보

강과 바닷가에 자리를 잡은 마을 중에는 세찬 바람이 불어오거나 마을을 에워싼 지세 중 북서방이 낮고 허해 겨울이면 찬 바람이 불어오는 곳이 있다. 이런 곳에는 바람을 막는 방풍림을 조성했다. 이것을 마을 숲 또는 동수(洞藪)라고 한다. 해안에 조성한 동수는 해일을 막을 뿐만 아니라 그늘을 만들어 물고기를 모여들게 하는 기능도 있다.

마을과 도읍의 중심으로 냇물이 통과해 여름에 범람할 위험이 있다면 양안(兩岸)에 흙둑을 쌓고, 비탈면에 나무를 심어 사태를 막았다. 둑을 따라 조성한 나무숲이 자연스럽게 동수가된 경우다.

남해 물건리에 있는 어부림
(어류에게 서식지를 제공하는 숲)

화기 비보

산에 암반이 드러나 험준한 모양이거나, 마치 불꽃이 피어오르는 듯한 형상이면 화산(火山)이라 부른다. 이런 산은 문장가를 배출하는 효험이 있다. 그러나 화산은 불의 기운을 품고 있다. 마을과 도읍에서 화산이 보인다면 화재 위험이 크다.

풍수에는 "보이는 살(殺)은 해롭고, 보이지 않는 살은 해롭지않다."라는 말이 있다. 한눈에 조망하는 국(局) 내라면 아무리멀다 해도 화기가 미친다고 본다. 따라서 방어를 해야 한다. 그렇지만 화산의 규모가 클 경우, 그 산을 차단하고 은폐할 대규모 설비를 구축하기가 어렵다. 그래서 화산의 영향에서 벗어날 방법을 다각도로 강구했는데, 마을 앞쪽에 연못을 조성해 화기를 수기(水氣)로 제압하거나(순흥의 못골, 영산의 연지) 물의 신인 거북과 해태를 화산을 향해 배치해서 화기를 없애거나(광화문의 해태상, 대구 봉산동의 거북상) 나무숲을 조성해 화산을가리는 방법을(함평의 줄나무) 사용했다.

화기를 제압하는 해태상

산천 비보

풍수지리는 땅을 살아 있는 생명체로 보고, 땅도 사람과 같이 생로병사의 기운이 순환한다고 본다. 그러므로 살아 있는 땅에 문제가 생기면 마치 환자를 치료하듯이 지기를 회복해 건강한 땅으로 바꿀 수 있다.

따라서 왕조의 흥망성쇠나 인간의 길흉화복에 영향을 미치는 생기와의 감응을 장풍이 되지 못해 생기가 누수되고 쇠약한 상황이라면 풍수적 지혜를 짜서 지덕(地德)을 발동시켰다.

마을의 입지가 행주형(行舟形)인 경우, 돛대를 상징하는 당간을 세우고 배의 전복을 막기 위해 우물을 파지 않았다. 또 고갯마루는 바람이 불어오고 사람의 왕래가 잦은 곳이라 흙이 유실될 가능성이 많다. 흙의 유실을 막기 위해 고개에 돌을 쌓은 성황당을 짓고, 돌을 훼손하면 재앙을 입는다고 소문을 퍼트렸다.

지명 비보

이름을 바꿔 불러 특정한 효과를 얻고자 하는 것이 지명 비보다. 심리적이고 상징적인 방법이라고 할 수 있다. 대개는 다른 비보를 시행한 다음에 효과를 증대하려는 방편으로 쓰였다.

몇 가지 예시를 들자면 다음과 같다. 경북 영천에는 비봉산이 있는데, 봉황을 붙들어두기 위해 봉황이 좋아하는 대나무의 이름을 따 조산(朝山)을 죽방산(竹防山)이라 부른다.

충주시의 계명산(鷄鳴山)은 지네가 많이 살아서 주민들의 피해가 컸다. 그러자 어떤 도사가 지네와 닭은 앙숙이니 산의 이름을 계족산(鷄足山)으로 바꾸라고 했다. 그대로 따랐더니 지네는 없어졌으나 충주에서 큰 부자나 인물이 태어나지 않았다. 그래서 다시 종전의 이름인 계명산으로 불렀다.

태안의 안흥량은 본래 난행량(難行梁)이라 불렀는데, 전라도에서 생산된 곡식을 한양으로 운반하는 조운선이 이곳에서 자주 파손되어 손실이 컸다. 그래서 이름을 안흥량으로 고쳐 불렀더니 뱃길이 편안해졌다고 한다.

수구 비보

《택리지》에서 "어찌하여 지리를 논하는가? 먼저 수구(水口)를 보고 다음은 들의 형세를 본다. 다음에는 산의 모양을 보고, 다음은 흙의 빛깔을, 다음은 조산과 조수(潮水)를 본다. 무릇 수구가 엉성하고 널따랗기만 한 곳은 비록 좋은 밭이 만 이랑이고, 천 칸의 집이라도 다음 세대까지 내려가지 못하고 패가한다. 집터를 잡으려면 반드시 수구가 꼭 닫힌 듯하고, 그 안에 들이 펼쳐진 곳을 구한다."라고 했다. 마을로 들어서는 입구가 배 한 척이 겨우 지나다닐 수 있을 정도로 좁은 곳이라야 지리가 우수한 곳이라고 여겼다.

따라서 수구가 넓은 곳은 지기의 누수를 막기 위해 여러 비보책을 마련했다. 마을을 에워싼 청룡과 백호의 기세가 약하다면 인위적으로 흙 동산을 쌓고 나무숲을 조성했으며, 마을 진입로의 경사가 급해 기가 급히 누수될 염려가 있으면 수구 부분에 돌탑을 만들었다. 마을 입구에 느티나무나 은행나무와

파사석탑

서울 강남역에 위치한 대각빌
딩의 정문 오른쪽을 보면 탑이
하나 있다. 가락국의 첫 왕인
김수로의 부인 허황옥이 A.D.
48년 인도 아유타국에서 가지
고 들어왔다는 파사석탑을 본
떠 만든 것이다. 본래 파사석
탑은 파도를 잠재워준다는 신
령스러운 탑으로 일명 진풍탑
이라 불리는데, 이를 본떠 크
고 작은 돌 여덟 개를 상하로
쌓아 탑을 만들었다. 기업들이
사업을 추진하는 데 평온하고
발전하라는 염원이 서려 있다.

같은 정자나무를 심었고, 경제력이 약한 마을은 풍수지리와
민간 신앙을 결합한 형태로 조산과 돌무더기 대신에 솟대, 선
돌, 장승 등을 세웠다.

서울 강남에 있는 파사석탑
모형물

제2장

생기와 동기감응, 음양오행

풍수지리에서 생기란?

생기(生氣)는 만물의 탄생과 성장을 주관하며, 나아가 큰 결실을 보게 하는 기운이다. 대개 음기(陰氣)와 양기(陽氣)로 나눈다.《장경》은 천지 만물을 창조하고, 사람의 운명을 지배하는 원동력인 생기를 다음과 같이 설명하고 있다. "땅 밖의 기운은 만물의 형체를 이루고, 땅속의 기운은 만물의 탄생을 주관한다."[外氣橫形內氣止生]

음기는 만물의 탄생을 주관하는 기운이고, 양기는 성장과 결실을 이루는 기운이란 뜻이다. 사람을 비롯한 모든 생물체는 음기와 양기를 잘 감응받아야 건강한 삶을 살 수 있다. 그렇다면 어떻게 해야 자연의 생기를 이용할 수 있을까. 여기서 잠시 풍수지리의 발복(發福)이 어떻게 이뤄지는지 알아보자.

무릇 자연은 생기를 가진 생명체인데 장소에 따라 장하고 약한 정도의 차이가 있다. 한눈에 보이는 국(局) 내에서 생기가 가장 장한 곳이 혈(穴)인데, 그곳에 묘를 쓰면 고인의 유골과 생기가 서로 감응한 결과 동기(同氣, 유전인자)를 소유한 후손에게 영향을 미쳐 복을 전한다.

그곳에 집을 지으면 생기가 집 안에 머물며, 사는 사람에게

복을 전한다. 묘든 집이든 생기가 약한 곳에 터를 잡으면 후손과 사는 사람들이 복 대신 재앙을 입어 흉하다. 결국 풍수지리는 자연의 생기를 유골과 집을 매개로 감응받아 인생의 번영을 꾀하려는 목적이 있다.

음기에 속하는 세 가지

음기는 생기의 하나이며, 땅속에서 만물을 탄생시킨다. 보통 물, 온도, 양분과 같은 기운이 복합된 개념이며, 세 가지 조건을 모두 만족해야 만물이 건강하게 탄생할 수 있다.

풍수에서 물의 역할

음기 중 물이 가장 중요하다. 콩에서 싹이 돋으려면 콩에 적당량의 수분을 공급해야 한다. 물은 생명을 탄생시키는 필수 요소다. 만약 물이 없다면 모든 생물은 메말라 죽는데, 너무 많아도 생명을 잃는다.

연못에 콩을 던져넣으면 씨앗이 썩어 죽고, 물이 너무 적은 곳이면 싹을 틔우지 못한다. 물은 생명의 기운이지만 너무 적거나 많으면 오히려 살기(殺氣)로 작용하고, 적당량의 물만이 생기가 될 수 있다. 따라서 만물이 탄생하기에 알맞은 양의 물을 간직한 땅이 길지이며 명당이다.

물을 간직하는 흙

땅은 바위, 돌, 모래, 흙으로 이뤄져 있다. 이 중에서 음기인 물을 적당하게 품는 것은 흙뿐이다. 바위는 물을 전혀 품지 못하니 기가 없는 흉지이고, 돌과 모래는 바위보다는 물을 간직하나 아직 그 정도가 부족해 기가 쇠약하다.

우선 바위 위에서는 초목이 무성히 자라지 못한다. 간혹 바위틈에서 초목이 자라긴 하나, 바위틈에 흙이 조금이나마 있기 때문이지 바위 자체에 생기가 있어서는 아니다. 만약 가뭄이 계속되면 바위에 있는 흙은 물을 공급받지 못하고, 그 결과 그곳에 뿌리를 내린 초목은 다른 곳의 초목보다 빨리 말라죽는다.

바위 위에 지어져 기가 약한 집을 '기가 센 집'이라 부른다. 또 사상누각(沙上樓閣)이란 말도 있다. 이것은 모래 위에 집을 지으면 기초가 부실해 집이 쓰러진다는 뜻이 아니고, 모래땅은 지기가 쇠약해 모래 위에 집을 짓고서는 발복이 없으니 훌륭한 자손이 없고, 부자도 되기 어렵다는 뜻이다.

따라서 땅속을 파보았을 때 바위, 돌, 모래 등이 나오는 땅은 어떤 경우든 물을 적당히 품을 수 없기 때문에 혈이 될 수 없다. 그만큼 명당의 개념은 간단하고도 명료하다.

흙은 생기 자체는 아니지만, 생기인 물을 적당히 간직한다. 흙이 있으면 물이 있고, 물은 곧 생기이므로 흙이 있으면 생기가 있는 것이다. 그 결과 흙은 곧 생기라는 등식이 성립한다.

《장경》에 이르기를 "흙은 생기의 몸체로서, 흙이 있으면 생기가 있는 것이다. 또 생기는 물의 어머니로서 생기가 있으면 물이 있는 것이다."[夫土者氣之體 有土斯有氣 氣者水之母 有氣斯有水]라고 했다.

혼비백산(魂飛魄散)이란 말이 있다. 사람은 신체와 정신으로 이루어져 있는데, 사람의 주인은 정신이다. 형체가 없는 신체에 들어와 사람으로 행세하고, 사람이 죽으면 정신은 하늘로 날아간다. 신체는 땅에 묻혀 서서히 산화되어 없어진다. 정신이 신체에 의존해 사람 모습을 하는 것처럼 생기의 본체인 물 역시 흙 속에 스며들어 만물을 탄생시키는 역할을 담당한다. 결국 사람의 정신은 풍수의 물이고, 사람의 신체는 풍수의 흙이다.

이러하듯 풍수의 본질은 '흙'에 있다. 흙은 생기 덩어리로서 지기가 응집된 혈처는 당연히 땅속이 흙으로 이뤄진 곳이다. 흙 중에서도 가장 지기가 장한 흙은 비석비토(非石非土)의 상태다. 눈으로 보면 돌처럼 단단해 보이나 손으로 만져 비벼보면 고운 입자로 부스러져 매끈한 상태로 변한다. 이런 상태의 흙이 생기인 물을 가장 적당히 품을 수 있다.

풍수에서 온도의 역할

온도는 음기의 한 요소다. 들판은 겨울에 황량하지만, 봄이 되면 온갖 초목이 싹을 틔우고 꽃을 피운다. 겨울이든 봄이든 땅속에는 물이 있었을 것이다. 그런데 봄이 되어서야 초목이 싹을 틔우는 이유는 봄이 되어야만 소생하기 알맞은 온도를 만물이 감응받기 때문이다. 즉, 온도가 적당해야 만물은 생기가 활발하다. 추워지면 난방을 해야 활동이 순조롭고, 너무 더워도 생기를 잃어 활동이 둔해진다. 섭씨 18~25도 사이가 가장 활동하기 좋은 온도다.

그렇지만 온도는 자연에서 인위적인 조절의 대상이 아니다. 여름이면 덥고 겨울이면 추운 게 자연의 이치다. 따라서 초목으로 덮인 자연에서 사시사철 만물이 탄생하기에 알맞은 온도를 지닌 장소를 선택하긴 어렵다. 즉, 풍수지리는 생기가 길한 곳과 흉한 곳을 구분 지어 판단하지만, 풍수지리를 공부해도 온도를 기준으로 좋은 곳과 흉한 곳을 선택하기란 어렵다. 그 결과, 온도는 비록 생기의 요소이긴 하나 풍수 밖의 요소다. 온도는 풍수지리와 관계가 적다.

풍수에서 양분의 역할

만물이 탄생하려면 양분이 있어야 한다. 태아가 어머니 배 속에서 자라나 세상 밖으로 나오려면 탯줄을 통해 양분을 공급받아야 하고, 콩도 싹을 틔우려면 씨방의 양분을 공급받아야

눈이 빨리 녹는 곳이 명당

산속에 눈이 쌓였을 경우 눈이 빨리 녹는 장소는 바위나 돌이 아닌 땅속의 흙이다. 옛날에 산으로 나무를 하러 다니던 머슴은 대개 양지바르고 눈이 빨리 녹고, 바람이 잠자는 곳에서 밥을 먹었다. 풍수에서 말하는 명당과 조건이 일치한다. 그 아비가 죽었을 때 자신이 밥을 먹던 장소에 묘를 썼는데, 괴혈(怪穴)이란 명당이다. 훗날 큰 인물이 배출되곤 했는데 미천한 집안에서 큰 인물이 나오면 이는 대개 괴혈과 인연이 깊다.

한다. 탄수화물, 지방, 단백질 같은 영양소뿐만 아니라 비타민이나 무기질 같은 양분까지 공급받아야 생명은 건강하게 태어난다.

그런데 양분은 물에 용해된 다음에야 제 역할을 다한다. 따라서 물이 많은 곳은 양분이 과다하고, 물이 적으면 양분이 적은 것으로 판단한다. 물이 알맞게 있으면 양분도 적당해 생기가 왕성하다고 본다. 즉, 양분은 물이 얼마나 있는지에 달렸으니 양분만 가지고 길하고 흉한 것을 구분해 선택할 수 없다. 그래서 양분도 풍수 밖의 요소로 분류한다.

음기와 명당

음기는 물, 온도, 양분 같은 기운이 복합된 개념이다. 그중 양분은 물에 녹은 뒤에야 생기의 역할을 하고, 온도는 자연 상태에서 좋고 나쁨을 선택하는 요소가 아니다. 그러므로 음기 중 좋고 나쁨을 선택할 때 활용할 수 있는 요소는 물뿐이다.

물을 적당하게 간직한 채 사시사철 만물이 탄생할 수 있는 땅을 혈 또는 명당이라 부른다. 이때 명당은 '세상에 널리 알려진 유명한 터'를 뜻하는 명당(名堂)이 아니고, '밝은 기가 모여 있어 사람에게 이로운 터'를 뜻하는 명당(明堂)을 말한다. 이 같은 이치로 명산에는 명당이 없다. 명산은 풍수지리에서 말하는 태조산이나 중조산에 해당하는 산이지 혈 자리가 아니다. 예를 들자면 명산은 전기를 생산하는 곳이고 혈은 전구이니, 빛을 발하는 곳은 혈 자리다.

양기에 속하는 세 가지

음기를 받아 태어난 생물은 땅 밖의 양기를 받아 성장하고 결실을 거둔다. 여기서 양기는 공기, 햇빛, 온도와 같은 기운이 복합된 개념이다. 세 가지 조건이 모두 충족되면 만물은 성장하고 결실을 볼 수 있다.

풍수에서 공기의 역할

양기 중 공기(바람, 風)가 가장 중요하다. 아기는 태어날 때 울음을 터뜨리며 호흡을 하고, 호흡을 해야 비로소 독립된 생명체로 인정받는다. 태풍이 한 방향에서 계속 불어온다면 사람은 반대쪽으로 얼굴을 돌린다. 바람이 너무 세게 불어오면 숨을 쉬지 못하기 때문이다.

또 밀폐된 공간에 오래 있으면 공기가 희박해져 질식한다. 따라서 공기는 생기로서 중요한데, 공기도 물과 마찬가지로 양이 적당해야 생기로서 작용한다. 공기가 너무 많거나 적으면 생물은 오히려 질식해 죽는다.

어느 장소에 서 있다고 가정해보자. 그러면 바람이 사방에서 마구잡이로 불어온다고 생각한다. 그렇지만 바람은 주변의 산천 형세에 따라 일정한 순환궤도를 그리면서 움직인다. 현재 산천은 46억 년 전, 지구가 처음 생겼을 당시 모습이 분명 아니다. 산천은 융기와 침강 그리고 침식과 퇴적 작용을 반복하며 변화해왔고, 또한 바람과 물의 기계적·화학적 풍화작용의 영향도 받았다.

산천의 현재 모습은 주로 바람과 물의 풍화작용으로 생겨난 것들인데, 바람과 물 역시 산천의 모양에 따라 움직인다. 그러면서 산천을 변화시킨다. 산천은 오랜 세월 동안 바람과 물이 빚은 작품이며 앞으로도 계속 변화할 대상이다. 그런데 땅만 보아서는 풍화작용으로 땅이 어떻게 변화해왔는지 또 어떻게 변화할 것인지를 판단하기 어렵다. 따라서 풍수사는 눈으로 땅을 보지만 마음으로 땅을 변화시켜온 바람과 물, 즉 양기의 영향력을 제대로 살펴야 땅을 올바로 이해할 수 있다.

바람의 파괴력

지형과 지질을 변화시키고 그곳에 사는 생물체의 활동에 영향을 미치는 공기는 주변의 산천 지세를 따라 일정한 궤도를 순환한다. 이때 흐르는 공기의 힘은 빠르기도 하고 느리기도 하면서 정도의 차이를 보인다.

지표면에 있는 공기는 $1m^3$당 $1,293g$(약 $1.3kg$)으로 상상도 하기 어려울 만큼 무겁다. 그러나 10km 상공의 공기는 $1m^3$당 고작 400g밖에 되지 않는다. 따라서 질량이 무거운 지표면의 공기는 가공할 파괴력(힘=질량×가속도)으로 땅을 짓밟는데, 미국 중남부 지방에서 발생하는 강력한 회오리바람인 토네이도는 자동차와 사람은 물론 불도저까지 뒤집어놓을 만큼 위력이 대단하다. 이는 토네이도가 훑고 지나간 뒤의 폐허를 바라보면 실감한다.

알맞은 공기를 취하는 방위, 좌향

바람은 혈장 주변을 순환하고, 그중에는 생물이 건강하게 성장하고 결실을 크게 볼 수 있게 해주는 알맞은 양의 바람(공기)이 있다. 그 바람을 취할 수 있는 선택된 방위가 있는데 풍수지리에서는 이 방위를 좌향이라 부른다. 좌(坐)는 사물의 뒷면을 말하고, 향(向)은 사물의 앞면을 일컫는다.

어느 장소에서 어떤 좌향을 선택할 것인가 하는 문제는 청나라 때 관리를 지낸 조정동이 '88향법'으로 법칙화했으며 이는 오늘날까지 전해진다. '88향법'에 맞게 놓인 묘나 주택을 풍수지리는 '향 명당'이라 부른다.

어떤 터에서도 향 명당을 찾을 수 있다. 해당 터에 영향을 주는 공기의 순환궤도와 양을 살피면 되기 때문이다. 현대에는 경제적 이유나 법적 제약 때문에 길지를 구해 묘나 주택을 짓기가 어렵다. 따라서 오늘날에는 '땅 명당'보다 '향 명당'을 선택하는 것이 새로운 대안으로 떠오르고 있다.

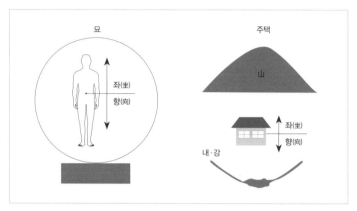

좌향의 방위

풍수에서 햇빛의 역할

땅 밖의 양기 중 햇빛도 중요하다. 햇빛이 비치는 시간과 양을 일조량이라 부르는데, 일조량이 적으면 생물은 성장이 어렵다. 또 너무 많아도 타 죽는다. 적당한 일조량만이 생기가 되어 성장과 결실에 작용한다. 그렇지만 산에서 자라는 초목의 성장을 보면, 남쪽 사면의 초목이나 북쪽 사면의 초목이나 성장 상태에서 차이가 없다.

이것은 남향이든 북향이든 길하고 흉함에 있어 큰 차이가 없음을 뜻한다. 햇빛이 생기의 요소이긴 하지만, 좋고 나쁨을 가르는 학문적 기준으로 삼을 필요가 없다는 말이다. 북향집이나 묘도 풍수상 문제가 없다. 전북 고창군 줄포면 인촌리에 있는 '인촌 김성수의 생가'는 대표적인 양택 명당인데 북향집이다. 배산임수를 따르다 보니 자연스레 북향집이 된 것인데, 지맥 흐름에 순응해야 한다는 원칙을 잘 따른 집이다. 이런 집의 방향은 순하고 신선한 바람을 얻을 수 있어 좋다.

인촌 김성수의 생가
(전북 고창군 소재)

남향집과 북향집

우리는 북향집보다는 남향집을 선호하는데, 남향집은 북향집
보다 여름에 시원하고, 겨울에는 따뜻한 장점이 있다. 그렇지
만 생기라는 관점에서 북향집과 남향집을 바라보면 별 차이
가 없다.

일반적으로 묘도 남향을 선호하는데, 겨울에 햇볕이 따뜻하
게 비추면 잔디가 잘 자란다는 통념 때문이다. 그렇지만 눈이
빨리 녹아 묘가 따뜻할 것이란 생각은 묘를 참배하는 후손의
생각일 뿐 정작 땅속에 안장된 시신이나 후손이 받을 풍수적
음덕(蔭德)과는 관계가 없다. 또 잔디는 하루에 3시간 이상만
햇볕을 받으면 잘 자라고 북향의 묘라도 3시간 정도는 햇볕이
비춘다. 잔디가 잘 자라고 죽는 것은 햇볕이 아니라 바람의 영
향을 크게 받는다. 묘의 좌향이 풍수적으로 길하면 잔디도 성
장이 좋다.

한국에 전해지는 고택 중에는 북향집이 많다. 이것은 북향
집이 살기에 불편하다는 것을 몰라서가 아니라, 그 장소를 에
워싸고 흐르는 바람의 영향을 살펴보면 그 장소에서는 북향
에 집을 놓아야 가장 길한 양기(바람의 세기)를 받을 수 있다고
판단했기 때문이다. 즉, 주택의 좌향을 결정하는 기준은 일조
량이 아니고 바람이다. 바람의 영향을 길하게 받도록 좌향을

29

놓아야 풍수적으로 복을 누릴 수 있다.

풍수라는 이름의 유래

지금까지 음기와 양기가 무엇인지, 풍수지리에서 어떤 역할을 하는지 등을 살펴봤다. 결국 풍수지리는 땅속에서 물을 알맞게 품은 혈을 찾는 작업이며, 땅 밖에서 최적의 공기를 선택하도록 좌향을 올바로 놓는 작업이다. 이래야 음기와 양기 양 측면에서 모두 생기가 왕성해져 발복이 커진다.

땅속에서는 적정한 물을 찾으므로 '수'(水)요, 땅 밖에서는 최적의 공기를 선택해 '풍'(風)이니, 이 학문을 '풍수'(風水)라 이름 지은 것이다.

생기로 본 부동산 가치의 판단

부동산 가치는 '위치'가 좌우한다. 특히 도심의 땅값은 접근성에 더 큰 영향을 받는다. 풍수는 터가 가진 생산력 또는 지기의 정도에 따라 길지라고 부르고, 지기가 약하거나 허한 곳은 흉지라 부르며 차별화한다. 그 결과 이웃한 터라도 지기에서 차이가 있다면 가치는 하늘과 땅만큼 차이가 난다.

풍수에서는 위치의 차이를 두 가지로 나누어 길흉을 판단한다. 하나는 특정 장소의 땅속에 있는 물의 적당량이고, 다른 하나는 땅 밖에 흘러 다니는 공기가 얼마만큼 안정됐는지와 좌향을 통해 길(吉)한 바람을 얼마만큼 얻는가이다.

길지는 산이 사방을 감싸 바람이 잠자는 곳인데, 결국 명당은 흙으로 이루어져 물을 적당히 품고 있는 터이고, 바람이 잠자는 장풍국(藏風局)의 형세를 취한 곳이다. 물의 기운은 땅속의 지질적 여건에 따라 달라지고, 공기의 세기는 어느 방위에서 공기를 받아들이냐에 따라 달라진다.

풍수에 작용하는 동기감응

동기감응론의 내용은 이렇다. 뼈를 구성하는 원소는 생체 에너지와 독특한 진동 파장을 가지는데, 유골이 산화하면서 발생하는 전자 파장이 동일한 유전인자의 기를 가진 후손과 서로 감응을 일으켜 그들의 운명에 영향을 준다는 것이다.

이때 생기가 조상의 뼈와 어떻게 감응하는지에 따라 후손의 길흉화복이 달라진다. 길한 생기와 감응하면 부귀영화를 누리고, 나쁜 살기(殺氣)와 감응하면 불행과 재앙이 닥친다. 진혈(眞穴)에 매장한 유골은 우주의 큰 생명력과 오기(五氣)의 상호작용 덕분에 백골이라도 다시 살아나 황골(黃骨)이 되며 영원히 부식되지 않는다. 그리고 유골에서 발하는 방사선은 직계 자손의 방사선 파장과 합치되니, 혈에 가득한 우주의 정기는 후손에게 지대한 영향을 미쳐 흥망을 좌우한다.

동기감응론의 해석

풍수 경전인 《장경》은 조상의 뼈가 후손에게 영향을 미치는 일을 다음과 같이 설명한다. "서촉(西蜀)에 있는 동산(銅山)이 붕괴되니, 한나라 동쪽의 미앙궁에 있던 종이 저절로 울렸다. 황제가 동방삭에게 물었더니, 이 종은 동산에서 캐낸 동으로 만들었기 때문에 동질의 기가 서로 감응을 일으켜 저절로 울렸다고 말했다. 그러자 황제는 '미천한 물질도 서로 감응을 일으키는데 만물의 영장인 사람은 조상과 후손 사이에 얼마나 많은 감응을 일으킬 것인가!'라고 말했다. 또 봄이 되면 앙상하던 밤나무에서 새싹이 돋고 창고에 저장해둔 밤에서도 싹이 돋는데, 이것은 부모인 밤나무와 자식인 밤이 서로 봄날의 따뜻한 기운에 감응을 일으킨 결과다."[是以銅山西崩 靈鐘東應 木華於春 粟芽於室]

화장의 영향
화장이란 사체를 불에 태운 뒤 뼈만을 추려 장사 지내는 방법인데, 화장된 유골은 후손에게 영향을 미칠 유전인자까지 모두 타버려 풍수적으로 무득무해(無得無害)하다. 오늘날에는 경제적, 법적 제재 때문에 길지보다는 흉지를 묘지로 선택할 가능성이 크다. 부모를 흉지에 장사 지낼 상황이라면 고인의 혼백을 편안케 하고 또 후손이 입을 재난도 피할 겸 화장을 권한다.

또 다른 풍수 경전인《청오경靑烏經》에는 이런 말로 동기감응을 말한다. "동쪽 산에서 연기가 피어오르니 서쪽 산에서 구름이 일어난다."[東山吐焰 西山起雲]

4대 봉사를 한 이유

고인이 돌아가신 기일(忌日)에 혼령에게 음식을 바쳐 정성을 표하는 예절인 제사(祭祀)는 보통 4대(부모 → 조부모 → 증조부모 → 고조부모) 봉사(奉祀)를 원칙으로 한다. 5대 조상 이상은 음력 10월에 산소에서 시향(時享)을 지낸다. 여기서 4대만 제사를 올리는 이유는 자연적인 상태라면 땅속에 매장된 조상의 뼈는 120년(30년×4대) 동안 존재하며, 그 이상 오래된 조상은 뼈가 흙이 되어 없어졌으니 자손에게 음덕을 주지 못한다고 보는 풍수적 이유 때문이다. 물론 나라에 업적이 많아 불천위(不遷之位의 준말로, 예전에 큰 공훈이 있어 영원히 사당에 모시기를 나라에서 허락한 신위를 말함)로 지정된 조상은 신위를 사당에 모시고 계속 기일에 제사를 올린다. 이를 가문의 자랑으로 여겼다.

뼈는 기의 결정체

'기절했다'는 말이 있다. 모든 생물은 기가 모여 응결된 결정체로 기가 모이면 강력한 생명력을 발동해 번창하지만, 기가 흩어지거나 빠지면 생명력을 잃고서 죽는다는 뜻이다.

사람은 만물의 영장으로 생물 가운데 가장 강력한 기가 응결된다. 특히 뼈는 기를 잘 흡수하기 때문에 인체 가운데 가장 많은 기가 응결된다. 사람을 매장하면 피와 살은 곧 썩어 없어지지만, 뼈만은 오랫동안 남아 서서히 산화한다. 따라서 남은 뼈는 같은 유전인자와 성분을 가진 후손과 시공을 초월해 좋고 나쁜 감응을 일으킨다.

백골과 황골

보통 땅에 장사 지내면 시신의 살과 피가 뼈에서 떨어져 나가고 뼈는 흰색으로 보인다. 이것을 백골이라 한다. 하지만 명당에 장사 지내면 살의 지방질과 피가 뼈 안으로 스며들어 뼈가 노랗게 보이는데 이를 황골이라 한다. 뼈의 표면이 지방과 피로 노랗게 코팅되면 수백 년이 흘러도 뼈는 그대로 보전되기 때문에 황골이 좋다고 말한다.

동기감응을 향한 비판에 대해

앞서 살펴봤듯 동기감응론은 풍수지리를 설명하는 중요한 원리다. 그러나 조선의 실학자들은 일찍이 이를 비판하기도 했다. 정약용은 "살아생전에 자식을 무릎 앞에 꿇어앉혀 놓고 '너 잘되라.'라고 타일러도 실상은 잘못되기가 십상이다. 하물며 죽은 자의 혼백에 있어서야."라는 말을 했고, 홍대용도 "큰 죄를 범한 죄수가 뼈가 부러지는 형벌을 당해도, 그 자식 놈의 몸에 종기조차 생겼다는 말을 들어보지 못했다."라고 말했다.

현대 과학의 눈으로 봐도 동기감응론은 초현실적인 요소로 치부되기 일쑤다. 그렇지만 과학과 합리라는 잣대 역시 많은 모순에 싸여 있기는 마찬가지이다. 뉴턴의 만유인력도 아인슈타인이 상대성 원리를 발견하자, 진리라는 위상을 잃어버렸다. 동양의 침술학이 현대에 이르러 점점 그 효용성을 인정받고 있듯이 동기감응론 역시 이 시대에 이해받지 못하고 있을 뿐 미래에 증명될 가능성은 얼마든지 있다.

동기감응론을 믿거나 믿지 않는 것은 개인의 판단에 달려 있을 뿐이다. 과학으로 증명된 것도 맹신할 필요가 없듯이, 미신으로 여겨지는 것 역시 영원히 미신으로 남지 않을 수 있다. 그런 의미에서 풍수 사상은 아직 과학으로 증명되지 않은 또 다른 과학일 수도 있다.

풍수에서 활용하는 음양오행론

음양론은 우주 만상에 대한 변증법적 사고로 용어는 주역에서 차용했으나 역(易)의 원리를 그대로 따르진 않았다. 음양론은 서로 다른 성질을 가진 기(氣) 두 개가 대립과 교감을 통해

만물을 탄생시키고, 또 성장한 뒤에 절멸한다는 이론이다. 이
것은 사람의 운명까지도 지배한다. 또 음양의 기는 일정한 주
기를 가지고 서로를 보완하거나 약화해 지배하기도 한다. 그
상호 보완 작용 때문에 우주 만물은 변화하며, 또 질서를 유지
하면서 진화한다.

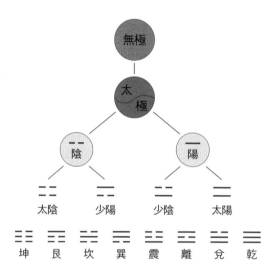

음기와 양기

우주의 모든 존재와 활동에는 대립 요소가 둘 있다. 즉, 밝음
이 있으며 어둠이 있으니 대소(大小), 동정(動靜), 생멸(生滅), 남
녀(男女)와 같이 대립적 관계로 파악한다. 음기는 양기를 받아
만물을 창조하는 정적인 기운으로 여자, 달, 산(땅) 등에 해당
한다. 양기는 음기를 변화시키는 동적인 기운으로 남자, 태양,
바람과 물(수) 등에 해당한다.

오행론이란?

오행은 우주 만물의 본질을 이루는 활동적 요소를 가리키며,

목(木), 화(火), 토(土), 금(金), 수(水)의 다섯 가지로 분류한다. 삼라만상, 즉 자연과 인간은 이 오행의 소장활동(消長活動) 법칙에 따라 길흉화복이 좌우된다고 본다.

동양 철학은 사물의 성분과 작용 법칙을 오행이란 방법으로 분류해 이들의 상호 상생과 상극에 의해 우주 만상이 창조된다고 보았다. 즉, 음양오행이 상생(相生), 상극(相剋), 화합(化合), 동정(動靜), 순역(順逆) 활동을 해서 만물이 생장하고 소멸하는 것으로 우주를 파악한 것이다. 풍수지리는 오행의 상생과 상극에 지배받으며, 이 음양오행설은 민중 철학으로 자리 잡은 채 역사적으로 여러 전통문화에 영향을 미쳤기 때문에 현대에 이르러서도 풍수 사상은 사라지지 않았다. 다음은 오행의 속성을 정리한 표다.

오성도(五星圖)

木

火

土

金

水

오행		목(木)	화(火)	토(土)	금(金)	수(水)
10천간 (十天干)	양(陽)	갑(甲)	병(丙)	무(戊)	경(庚)	임(壬)
	음(陰)	을(乙)	정(丁)	기(己)	신(辛)	계(癸)
12지지 (十二地支)	양(陽)	인(寅)	오(午)	진술(辰戌)	신(申)	자(子)
	음(陰)	묘(卯)	사(巳)	축미(丑未)	유(酉)	해(亥)
방위(方位)		동(東)	남(南)	중앙(中央)	서(西)	북(北)
계절(季節)		춘(春)	하(夏)	사계절 (四季節)	추(秋)	동(冬)
색상(色相)		청(靑)	적(赤)	황(黃)	백(白)	흑(黑)
오장(五臟)		간(肝)	심(心)	비(脾)	폐(肺)	신(腎)
오금(五金)		금(金)	은(銀)	동(銅)	철(鐵)	석(錫)

오행의 상생과 상극

나무를 태우면 불이 나고, 타고 남은 재는 흙이 되며, 금속이 흙에서 나오고, 금속은 공기 중의 물기를 차게 응고시켜 물방울을 만들며, 식물은 물을 얻어 번성한다. 이것이 오행의 상생

관계다. 이는 다음과 같이 표현한다. 수(水) → 목(木) → 화(火) → 토(土) → 금(金).

상극 관계도 이처럼 이해하면 된다. 불로 쇠를 녹이고, 금속으로 나무를 자르고, 나무로 흙을 파고, 흙으로 물을 막고, 물로 불을 끈다. 이를 간단히 표현하면 이렇다. 수(水) → 화(火) → 금(金) → 목(木) → 토(土).

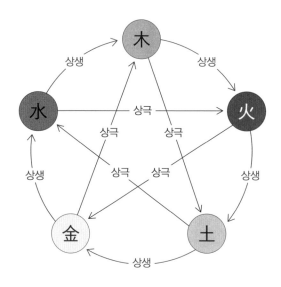

오행의 상생 상극

오행과 건축

건축물의 형태나 지붕도 뒷산의 모양새에 맞춰 상생하는 형태가 되어야 한다. 뒷산이 화성(火星)인데 물결 같은 지붕이거나, 금성(金星)인데 뾰족한 지붕, 목성(木星)인데 둥근 지붕이라면 상극 관계이기 때문에 흉하다. 또 건물의 외장 벽도 화국(火局)에서는 빨간색이나 푸른색이 어울리고, 수국(水局)에서는 검정이나 백색이 어울린다.

8괘방과 음양오행

주역의 8괘(八卦)방은 방위뿐만 아니라 음양과 오행의 속성을 지닌다. 따라서 양택풍수에서 주택의 길흉을 판단하는 데 사용한다. 감(坎)은 양(차남)이며 수(水)이고, 간(艮)은 양(삼남)이며 토(土)다. 진(震)은 양(장남)이며 목(木)이고, 손(巽)은 음(장녀)이며 목(木)이다. 이(離)는 음(차녀)이며 화(火)이고, 곤(坤)은 음(어머니)이며 토(土)다. 태(兌)는 음(삼녀)이며 금(金)이고, 건(乾)은 양(아버지)이며 금(金)이다.

2부

양택풍수의
이해

제1장

좋은 운을 부르는 집이란?

양택풍수로 복을 부르다

양택풍수는 지기가 왕성한 곳을 택해 사람이 거주하는 주택을 짓는 데 활용하는 방법론이다. 생활하기 편리하도록 건물의 형태와 구조와 방위를 결정하고, 나아가 실내장식뿐만 아니라 주택의 내외부 환경을 풍수적으로 잘 꾸민다. 풍수적 요건이 좋은 주택은 '기(氣)가 찬 집'이 되어 우주의 생기가 집 안에 머문다. 이런 집은 그곳에 사는 사람에게 건강과 행운을 가져다준다.

양택풍수의 특징

양택풍수는 자연의 기가 왕성한 곳을 택해 집을 짓고, 그 집에 사는 사람이 지기의 발동에 힘입어 번영을 누리도록 하는 풍수지리의 방법론이다. 물론 목적은 탈신공개천명에 있으며, 구빈(救貧)의 방편으로 이용한다.

양택은 음택인 묘에 비해 발복이 신속하고 강하나, 집에 사는 사람에게만 영향을 줘서 그 범위가 작고 시기도 짧다. 보통 그 집에서 잉태했거나 태어났거나 성장한 사람 또는 현재 살고 있는 사람에 한해 효험이 나타난다. 비록 형제 사이라도 잉태지, 출생지, 성장지, 주거지가 다르면 집의 발복을 공유하지 못한다. 양택풍수는 묘처럼 후손에게 발복이 전해지지 않으며, 그래서 질병 중 가족끼리 물려받을 확률이 높은 '가족력 질환'은 생가의 입지나 그 집에서 태어나 살던 때와 관련이 있다는 주장이 있다.

양택풍수의 방법론

양택풍수라 하면 보통 풍수 인테리어를 떠올리나 실상은 주택이 입지한 터가 우선이다. 사람이 살기에 적합한 곳이라면 첫째, 무엇보다 집터가 좋아야 한다. 아무리 집을 크고 호화롭게 짓고 좋은 좌향으로 배치해도, 터가 나쁘면 결함이 있는 집일 뿐이다. 좋은 터란 용, 혈, 사, 수를 제대로 갖춘 풍수적 길지를 말한다. 좋은 묘지를 구할 때와 같은 조건이다.

둘째, 《양택삼요》에 맞춰 집을 구성하는 주요 구조부인 대문과 안방, 부엌의 배치가 풍수적으로 길해야 한다. 《양택삼요》는 마당의 한가운데에 서서 대문이 위치한 방위를 패철로 판단한 후, 안방이 위치한 방위를 보아 8택론(八宅論)으로 구분한다. 사람이 복을 받고 살려면 네 가지 복택(福宅), 즉 생기택, 연년택, 천을택, 복위택 중 하나에 살아야 한다.

셋째, 주택 내외부 환경을 잘 꾸며 생기가 충만하도록 하는 방법을 쓴다. 보통 가상이라 부른다.

넷째, 비보풍수를 이용한다. 주택 내외부 환경이 풍수적으

로 결함이 있거나 생기가 약하다면 가상을 바꿔 기를 복원하
거나 가구 배치를 바꿔 기를 강화하는 것이다. 현대는 이 방법
을 풍수 인테리어라고 부른다.

마지막으로 본명궁(本命宮) 풍수가 있다. 사람마다 타고난 기
질을 구성(九星)으로 판단해 생활소품, 조명, 화초류 등을 이용
해 그들의 운기(運氣)를 강화하는 방법이다.

좋은 집터의 요건

풍수의 본질은 천지의 생기를 땅을 통해 받아 행복과 번영을
꾀하는 데 있다. 양택풍수에서도 먼저 땅의 형세를 살펴서 산
수가 조화롭고 오행의 상생에 따라 생기가 왕성한 곳을 택해
살아야 복을 받는다고 말한다. 그리고 득수를 갖추고 나아가
사신사(四神砂)를 고루 갖춘 장소가 길지이니 결국 집터를 선
택하는 조건은 묘지를 선택하는 조건과 다를 바 없다.

한국에서 길지로 소문난 집들은 모두 집터가 좋다는 이야
기로 한정돼 민간에 전해졌다. 이것은 '인걸은 지령'이란 말로
대표되는 공간적 운명론으로 발전했다.

사신사
지리사세(地理四勢)라고도 하며
혈의 사방을 둘러싸고 있는 산
(山)을 말한다.

양택삼요가 말하는 양택의 세 조건

집을 구성하는 주요 구조부인 대문[門], 안방[主], 부엌[灶]이 위
치한 방위를 우선 24방위로 측정한 다음, 이 방위를 다시 8괘
방위로 치환한다. 그리고 그들이 속한 방위를 동서사택론(東西
四宅論), 음양론, 오행론으로 구분한다. 이어서 대문과 안방의
방위 관계가 서로 같은 사택 혹은 다른 사택에 속하는지를 판
단해 길흉을 논하고, 음양론으로 보아 서로 배합인지 불배합
인지를 살펴 길흉을 논한다. 나아가 오행으로 보아 대문과 안
방이 상생 혹은 상극인지를 살핀 뒤, 세 가지 요소를 종합 판
단해 8택론(八宅論)으로 구분한다.

8택론은 세상의 모든 집을 여덟 가지로 구분한다. 복택(福宅)에는 연년택(延年宅), 생기택(生氣宅), 천을택(天乙宅), 복위택(伏位宅)이 있고, 흉가(凶家)에는 육살택(六殺宅), 오귀택(五鬼宅), 절명택(絶命宅), 화해택(禍害宅)이 있다.

부엌은 8택론으로 구분한 집의 길흉을 보태거나 감하는 요소다. 즉, 대문과 부엌을 살펴 그 집을 연년택, 오귀택 등으로 부르지 않으며, 다만 집이 좋은데 부엌도 길하면 더 좋은 집 정도로만 판단한다. 이처럼 양택삼요에서 제시한 (집의 길흉을 판단하는) 기준은 동서양에서 널리 이용된다.

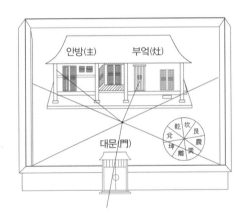

양택삼요에서 대문, 안방, 부엌의 구성

환경을 바꾸는 풍수, 가상

가상은 주택의 내외부 환경을 살펴 풍수적으로 길한 것은 좇고, 흉한 것은 피해 복을 구하는 풍수의 한 갈래다. 자연에서 오랜 세월 집을 짓고 살아온 사람들은 집이 들어선 부지의 특성, 건물 구조나 배치, 건축 부재, 조경 등이 사람의 길흉화복에 다양한 영향을 미쳤음을 경험으로 터득했다. 이렇게 전해

내려온 가상은 오랫동안 사람들이 민간 신앙처럼 믿어왔다. 가상은 비록 학문적 체계를 갖추진 못했지만, 우리 조상이 가장 큰 영향을 받은 사상이다.

살기를 반사하는 거울

풍수 인테리어는 비보풍수

집이 들어선 터나 집의 내외부 환경이 풍수적으로 결함이 있거나 지기가 허약한 경우, 가상을 바꾸거나 변형해 약점을 치유하는 것이 비보풍수다. 특히 침실에 있는 침대 위치를 교정해 건강을 증진하거나, 자녀 방의 책상 위치를 교정해 학업 효과를 높이는 등 가구를 이용해 집 안의 기를 보강하거나 복원하는 것도 비보풍수의 한 방법이다.

사람은 타고난 기질이 서로 다른데, 이것을 구성으로 판단해 사람의 운기(運氣)를 강화하는, 이른바 '본명궁 풍수'도 있다. 생활소품, 조명, 화초류, 거울 등을 이용해 생기를 강화하고 복을 구하는 데 활용한다. 보통 풍수 인테리어라고 부른다.

양택풍수의 효험

양택과 관련해 한국에 전해지는 풍수지리는 앞에서 알아본 네 가지 중 집터에 국한된 것이 전부이고, 《양택삼요》가 말하는 길흉의 기준이나 가상 또는 비보풍수와 관련한 내용은 거의 없거나 무시되고 있다. 그러므로 양택풍수의 효험을 주관적으로 판단하면 집터 40%, 양택삼요 30%, 가상 10%, 비보풍수 10%, 본명궁 풍수 10%가 되지 않을까 생각한다. 그렇지만 현대 도시 생활에서 길지에 집을 짓고 살기는 불가능하다. 양택풍수 중 집터의 효험이 가장 크다는 사실은 알지만, 좋은 집터를 골라 발복을 구하기는 불가능에 가깝다.

또 집의 세 가지 구조부인 대문, 안방, 부엌의 방위적 배치를 길하게 해 집 안에 좋은 기가 머물도록 하는 《양택삼요》의 방법도 풍수적 식견을 가지고 집의 기본부터 설계하지 않으면 성취가 어렵다. 주택의 내외부 환경을 풍수에 맞게 꾸미는 방법 역시 공동생활의 도덕과 규칙에 얽매여 살아가는 도시인들에게는 실행하기가 난감하다.

이 때문에 집 안에서 타인의 간섭 없이 스스로 할 수 있는 풍수 인테리어가 널리 유행하고 있다. 침대나 책상의 위치를 바꾸거나 벽지와 바닥재, 거울과 조명, 커튼과 모빌, 화초류와 그림 등을 선택해 풍수적인 기를 보완하는 방법 말이다. 풍수 인테리어가 비록 효험은 작지만 현대 생활에서 언제나 실천할 수 있는 풍수라는 점이 사람들의 관심을 끌었다고 생각한다. 따라서 양택의 길흉 판단은 집터, 《양택삼요》의 방법론, 가상, 비보풍수, 본명궁 풍수 등을 종합해서 판단해야 한다. 우선 《양택삼요》를 알아보자.

양택풍수의 공부 순서
《양택삼요》의 이론→《양택삼요》의 실무→가상의 과학→본명궁(풍수 인테리어)→토지(집터) 풍수(이론)→토지(집터) 풍수(실무)

《양택삼요》에 대해

《양택삼요》는 청나라의 조정동이 저술한 책으로, 양택의 풍수적 길흉을 판단하는 풍수 경전이다. 조정동은 이 책에서 양택 풍수론을 새롭게 주창한 것이 아니고, 당나라 황석공(黃石公)의《택경》처럼 그때까지 전해진 여러 이론에다 자신의 연구와 깨우침, 실증을 통해 얻은 결과를 집대성해 정리했다. 현대에 들어와 양택풍수와 관련한 논문들은 대개《양택삼요》에 바탕을 두고 이 책이 제시한 이론을 현장에 적용해 주택 내 건물의 배치 현황과 길흉을 밝힌 것들이 대부분이다.

조정동은 이 책의 서문에서 "조공정통역리관어서촉"(趙公精通易理官於西蜀)이라고 말했다. 이것으로 보아, 그가 가경제 시대에 서촉의 관리였음을 짐작할 수 있다. 그리고《지리오결》의 서문에서 '嘉慶十一年八月朔一日'(가경제의 재위 기간은 1795~1820년)에 책을 썼다고 했으므로《양택삼요》도 이와 비슷한 1806년 전후에 집필한 것으로 추정한다.

책의 구성은 모두 4권으로 각각의 내용을 살펴보면 이렇다. 제1권(양택 총강)은 양택의 길흉 판단에 기초가 되는 음양오행과 8괘, 하도와 낙서, 구성과 그 배합에 대해 언급했다. 또 상당 부분을 할애해 관청의 길흉을 판단하는 법을 설명했다.

제2권(서사택론)에서는 서사택 32대문과 32안방을 설명했는데 이와 관련한 각각의 8부엌에 대해 길흉을 판단했다. 제3권(동사택론)은 동사택 32대문과 32안방을 설명했는데, 이와 관련한 각각의 8부엌에 대해 길흉을 판단했다. 제4권은 동서사택 64부엌과 64대문에 대해 주역의 64괘를 준용해 설명하고, 이 응용 방법을 설명했다.

양택의 3요소란 대문, 안방[高大], 부엌을 말한다. 주택 내에서 이들이 위치한 방위를 패철로 살펴 풍수적 길흉을 판단한

조정동의 풍수관

《지리오결》에서 조정동은 다음과 같이 말했다. "옛날 성현이 말한 법이 세상에 가득해도 세상은 무릇 그 법대로 되지 못하였고, 군자는 하나의 미묘한 기술만을 그 자식에게 남기었다. 세상 인심이 그러한데. 내 글을 진실로 믿고서 일일이 법과 같이 실행에 옮긴다면 위로는 조상이 편안하고, 그 복은 후손들에게 돌아온다."

다. 《양택삼요》의 원리가 현대에 들어 명쾌한 과학성을 입증받지는 못했다.

그렇지만 이 원리는 오랜 세월 동아시아인들이 집을 짓고 살면서 터득한 경험을 법칙으로 체계화한 것들이다. 공간이 사람의 운명에 미치는 영향을 음양오행론으로 풀이하고 해석한 것으로 집을 단순히 사람이 사는 공간으로만 바라보지 않았다. 서양 주택과 다르게 심미성, 경제성, 주거 편의성만을 강조하지 않고, 어떤 집에 살아야 사람이 보다 건강하고 행복하게 살 수 있는지를 탐구했다. 사람을 중심에 두고 주택을 설계하는 방법을 제시했다는 점에 《양택삼요》의 의의가 있다.

패철과 방위의 이해

풍수 이론의 무기, 패철

방위란 사람이 지닌 공간 의식의 한 형태로 서양은 8방위를 주로 쓰고, 동양에서는 24방위를 일상적으로 사용했다. 동양 과학자들은 45억 년에 걸쳐 형성된 땅의 모양과 지질 변화, 순환 원리를 연구해 그 결과를 패철(佩鐵)의 각 층에 속속들이 담았다.

따라서 패철은 '남쪽을 가리키는 쇠'라는 뜻의 지남철(나침반)과는 쓰임이 다르다. 나침반은 항해나 여행 시에 동서남북의 방위만 보는 물건이고, 패철은 방위뿐만 아니라 풍수 이론을 자연 현장에 투영해 혈을 잡고 좌향을 놓는 물건이다.

12지신과 방위

중국에서 패철이 처음 만들어졌을 때는 주역의 후천 8괘를 응용해 12지지로 12방위만을 표시했다. 12지지란 땅을 지키는 신장(神將) 12명을 도교 신앙에 따라 12방위에 배치한 것을 말한다. 12지신은 얼굴이 짐승이지만 몸이 사람으로 김유신 장군의 묘에서 보듯이 주로 능묘(陵墓)의 호석에 새겨서 묘를 침입하는 잡귀를 물리치도록 했다.

12지지란 자(子. 쥐), 축(丑. 소), 인(寅. 호랑이), 묘(卯. 토끼), 진(辰. 용), 사(巳. 뱀), 오(午. 말), 미(未. 양), 신(申. 원숭이), 유(酉. 닭), 술(戌. 개), 해(亥. 돼지)를 가리킨다. 동쪽에 묘를, 서쪽에 유를, 남쪽에 오를, 북쪽에 자를 배치해 방위를 분별한다.

12지신이 새겨진
김유신 장군의 묘

10천간과 방위

풍수지리가 혈을 찾는 방법론으로 심화 발전하면서 음(陰)인 지지로 이루어진 12방위로는 땅의 길흉 중 일부만을 판단하고, 정작 산줄기가 뻗어 나간 원리를 제대로 이해할 수 없었다. 왜냐하면 땅은 음이지만, 음은 다시 음과 양의 기운이 혼합되어 생성되므로 음기에 내재된 양기를 판단할 수 없었기 때문이다.

그래서 땅속의 양기를 판단하기 위해 한나라의 장량(張良)은 양기를 재는 12천간을 추가해 24방위를 완성했다. 이것이 천간(天干)으로 12지지(음이며 여자)를 상대하는 12천간(양이며 남자)을 가리킨다. 하지만 60갑자 중 양기인 천간은 열 개밖에 없어 12지지와 서로 짝을 이룰 수 없었다. 갑(甲), 을(乙), 병(丙), 정(丁), 무(戊), 기(己), 경(庚), 신(辛), 임(壬), 계(癸)가 바로 그들이다.

24방위의 성립

동양 사상은 음양오행론에 기초를 두는데, 10천간 역시 오행으로 구분되어 갑·을은 목(木), 병·정은 화(火), 무·기는 토(土), 경·신은 금(金), 임·계는 수(水)로 구분한다. 그렇지만 음인 12지지와 짝을 지어야 할 천간이 열 개밖에 없어, 주역에서 방위를 나타내는 8괘를 차용했다.

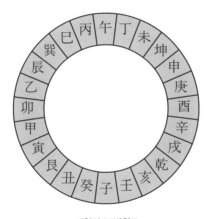

패철의 24방위도

8괘는 진(震·동), 손(巽·남동), 이(離·남), 곤(坤·남서), 태(兌·서), 건(乾·북서), 감(坎·북), 간(艮·북동)으로, 10천간 중 개성 없이 토(土)에 해당하는 무·기(戊·己)를 빼내어 8간(八干)으로 삼고, 8괘에서 건·곤·간·손인 4유(維)를 차용해 12천간을 만들었다. 이것이 바로 4유 8간(四維八干)이다.

이제 12지지와 천간이 만들어졌으니, 서로 짝을 지어주는 일만 남았다. 여기에도 음양오행론이 적용되어 천간(남)과 지지(여)가 만나 12쌍을 만드니, 임자(壬子), 계축(癸丑), 간인(艮寅), 갑묘(甲卯), 을진(乙辰), 손사(巽巳), 병오(丙午), 정미(丁未), 곤신(坤申), 경유(庚酉), 신술(辛戌), 건해(乾亥)가 그들이다.

위치가 고정된 12동궁

패철의 24방위는 천간과 지지가 한 쌍이 되어 모두 12쌍을 이룬다. 이것을 동궁(同宮)이라 한다. 즉, 임자(壬子)의 경우 임(壬)은 천간(天干)-양기(陽氣)-남자-동적(動的)이고, 자(子)는 지지(地支)-음기(陰氣)-여자-정적(靜的)인 동궁으로 임방과 자방은 비록 방위 각도는 다르나, 풍수에서는 부부이기 때문에 같은 방위로 간주한다. 계축(癸丑)~건해(乾亥)도 양과 음, 천간과 지지로 이루어진 동궁이라 마찬가지다.

방위를 나타내는 12쌍의 위치는 항상 고정되어 있다. 임자는 북, 갑묘는 동, 병오는 남, 경유는 서쪽에 위치하며 간인, 손사, 곤신, 건해는 북동, 남동, 남서, 북서방에 있다. 계축, 을진, 정미, 신술은 각각 임자와 간인 사이, 갑묘와 손사 사이, 병오와 곤신 사이, 경유와 건해 사이에 자리한다. 따라서 풍수의 방위 개념을 익히려면 반드시 24방위가 위치한 그 상태대로 외워야 한다. 풍수 공부의 첫걸음은 24방위를 외우는 것이니, 탈신공개천명의 달성을 위해서라도 큰 소리로 외워보자.

패철의 사용

패철은 둥근 원판에 동심원을 층층으로 그린 다음, 중앙에는 자침을 올려놓은 나침반의 일종이다. 자침은 지구 자기장의 영향으로 자연스럽게 남북을 가리킨다. 패철 중앙의 바늘을 천지침(天地針)이라 하며, 흰 표시가 있는 곳은 자방(子方)으로 북쪽을 가리킨다. 지구의 자전축(自轉軸)과 자기축(磁氣軸)이 일치하지 않으므로 패철은 위도에 따라 진남북(眞南北), 즉 지구의 자전축과의 편차 정도가 다르게 나타난다.

《양택삼요》에 의하면 풍수를 공부하려는 사람은 반드시 패철이 있어야 한다. 패철은 9층으로 구성된 것을 산다. 시중에서 5만 원 정도면 쓸 만한 패철을 살 수 있다. 인터넷 검색창에 '패철'이라 검색하면 패철을 판매하는 여러 사이트가 뜨는데, 그중 하나를 선택해 구입한다. 인간문화재가 만든 패철은 개당 150만 원이 넘는다. 풍수 초보자는 비싼 패철에 마음을 쓰지 않는 것이 현명하다.

전통 패철

현재 한국에서 전통 패철을 만드는 사람은 중요무형문화재 제110호 윤도장(輪圖匠)으로 지정된 김종대 선생이고, 그는 고창군 성내면 산림리 낙산마을에 산다. 이 마을은 300년 동안이나 패철을 만들어온 유서 깊은 고장으로, 마을 뒷산에는 '거북 바위'가 있다. 동서로 가로놓인 바위 위에는 구멍이 일곱 개 있는데, 완성한 패철을 바위 위에 놓으면 남북이 정확히 맞는지 확인할 수 있다. 다른 마을에서 패철을 만들어 '거북 바위'에 올려놓으면 남북이 잘 맞지 않는다고 한다.

제2장

대문, 안방, 부엌에 깃든 길흉

《양택삼요》의 이론적 배경

《양택삼요》가 제시하는 길흉 판단의 기준은 《주역》에 뿌리를
두고 있으며, 이는 음양이란 줄기와 오행이란 가지에 열린 열
매와도 같다. 즉, 《양택삼요》는 8괘방위를 바탕으로 문(門)·주
(主. 안방)·조(灶. 부엌)가 위치한 방위를 측정한 뒤 이들이 속한
8괘방위에 내포한 음양의 배합과 불배합, 오행의 상생과 상
극, 동서사택의 배합과 불배합을 살펴 집의 길흉을 판단하는
방식이다.

《주역》의 원리
주역은 사람이 태어나 살아가
면서 겪는 모든 흥망성쇠가 자
연 법칙에 의해 지배받는다고
믿는다. 그래서 자연에 순응
한 생활을 영위해야만 번영하
고, 만약 거역하면 패가망신한
다고 본다. 개인, 집단, 국가의
길흉화복을 자연 순리 안에서
파악하되, 모든 현상과 문제
점을 8괘를 상하로 조합한(上
卦·下卦) 예순네 개의 점괘(占
卦)로 표시하며, 그것을 풀이
해서 해결 방안을 얻으려고
한다.

양택의 3요소

좋은 집이란 무엇일까. 사람은 집에서 수면과 휴식을 취해 피
로를 풀고 활력을 되찾는다. 사람은 가사(假死) 상태로 잠을 자
며, 잠을 자는 동안은 정신적 신체적 방어 능력이 가장 취약하
다. 따라서 잠자리가 쾌적하고 편안해야 만사가 형통하다. 또
집은 음식을 해먹는 공간이다. 만병은 음식 때문에 생겨나는

데, 부엌은 음식 재료를 저장하고 조리하고 먹는 공간이므로 중요하다. 그리고 집은 자식을 낳고 키우는 공간이다. 집 내부에 기가 원활히 순환해야 그곳에 사는 사람도 질병이 없고 건강하다.

《양택삼요》에서는 이 같은 집을 가려내는 방법으로 세 가지 요소를 활용한다. 이제부터 대문, 안방, 부엌이라는 세 가지 요소를 차례대로 알아보자.

경계이자 입구, 대문

대문은 외부의 기(陽氣. 바람)가 주택 안으로 출입하는 통로로 사람의 출입이 가장 빈번하고, 제일 큰 바깥문을 말한다. 전통 가옥의 경우 대문은 주택 내부와 외부를 구분 짓는 경계이고, 기가 흐르는 입구다. 마치 사람의 코와 입과 같다. 따라서 대문은 양택에서 가장 중요한 요소이고, 방위를 측정할 때에도 가장 먼저 판단하는 대상이다.

전통 한옥의 대문

봄이면 대문에 '입춘대길'(立春大吉)이나 '용·호'(龍·虎) 등을

53

써 붙이는 풍습이 있다. 이런 풍습이 있다는 사실은 대문이 길흉화복을 부르거나 막는 장소로서 우리 삶에 중요한 의미를 지니고 있다는 점을 알려준다.

가장 중요한 공간, 안방

앞서 세 가지 요소 중 하나로 안방을 꼽았지만, 사실 《양택삼요》에서는 '주'(主)라 언급했고 주택 안에서 '고대'(高大. 높고 큰 곳)한 곳이라 했다. 주(主)는 단순히 넓고 큰 방 혹은 안방만을 가리키는 것은 아니다. 어떤 특정 공간 안에서 가장 중요한 일이 행해지는 장소를 말한다. 따라서 사랑채라면 남자 주인이 거주하고 손님을 맞이하는 사랑방이 주가 되고, 안채라면 부부가 잠을 자고, 정배(正配)하고, 아이를 생육(生育)하는 안방이 주가 된다. 방 안에서는 잠을 자는 동안 사람 몸으로 기가 출입하는 머리가 여기에 해당한다.

안방 모습

음식을 만들고 저장하는 곳, 부엌

부엌[조(灶)]은 양생(養生)을 위한 식록(食祿. 식자재, 조리, 식복을 의미)과 관계가 깊으며, 음식을 만들거나 저장하는 시설을 그곳에 배치하고, 나아가 방의 온도를 조절하는 기능까지 지닌다.

부엌은 질병과 관계가 밀접하므로 주택 구성의 주요 요소로 보았다. 현대 풍수에서는 음식을 조리하는 레인지(가스, 전자, 오븐) 혹은 전기밥솥의 위치를 중요하게 여기며, 음식을 저장하는 냉장고는 상대적으로 덜 중요하다. 하지만 식사를 하는 식탁의 위치는 중요하다. 음식을 조리하거나 먹을 때, 기가 음식에 스며들기 때문이다.

부엌 모습

담장의 역할

담은 주택을 외부와 내부로 구분 짓는 경계다. 타인이나 도적의 무단 침입을 막고, 소음과 먼지를 막는 효과도 있다. 풍수지리에서는 담장을 '집을 에워싼 청룡과 백호'로 보아 밀폐형 담장이라면 대문을 기가 출입하는 수구(水口)로 판단하지만, 통풍형 담장은 바람이 사방에서 집 내부로 불어오므로 대문을 기가 출입하는 수구로 여기지 않는다. 따라서 대문과 안방이 위치한 방위를 중요시하는《양택삼요》의 풍수론은 밀폐형 담장을 전제로 한다.

선암사의 담장(전남 순천)

《양택삼요》의 8택론

《양택삼요》가 말하는 양택풍수론은 세상의 모든 집을 여덟 가지로 구분해 좋고 나쁨을 판단한다. 어떤 집도 예외가 없으며 여덟 가지 중 하나에 해당한다. 여덟 가지로 구분하는 방법은 이렇다. 마당의 중심에서 패철을 이용해 대문과 안방이 위치한 방위를 24방위로 판단한 후, 24방위를 8괘방으로 치환한다.

그 후에 대문과 안방이 속한 8괘방이 지닌 동서사택론(東西四宅論)의 일치와 불일치, 음양의 배합과 불배합, 오행의 상생과 상극을 종합적으로 살펴 복택(福宅) 네 개, 흉가(凶家) 네 개로 구분한다. 복택에는 생기택, 연년택, 천을택, 복위택이 있고, 흉가에는 화해택, 절명택, 오귀택, 육살택이 있다.

24방위를 8괘방위로 치환하는 법

마당의 한가운데에 서서 패철을 이용해 대문과 안방이 위치한 방위를 판단할 때면 언제든지 24방위로 위치를 판단한다. 왜냐하면 패철에는 8괘방위가 표시되어 있지 않고, 24방위만 표시되어 있기 때문이다. 마당의 한가운데가 어디를 말하는지는 나중에 '방위 측정의 기준점'을 설명할 때 자세히 알아볼 것이다.

패철을 사용하는 순서

방위를 알아내는 데 패철을 사용한다. 다음 순서대로 사용하기 바란다.

1. 마당의 한가운데를 정확히 설정한다.
2. 패철을 땅과 수평으로 유지하고, 가슴 높이로 치켜든다.
3. 몸과 주변에 자석이 있는지 확인한다. 자침에 오류가 발생할 수 있다.
4. 패철을 좌우로 돌려 자침의 북쪽이 패철의 자(子, 360도)자 중앙에 오도록 조절한 뒤 그 상태 그대로 유지한다.
5. 지시봉을 이용해 대문이 속한 방위를 패철 4층(지반정침)의 방위로 판단해 ○門인가를 결정한다. 판단이 정확해야 한다.
6. 지시봉을 이용해 안방이 속한 방위를 패철 4층(지반정침)의 방위로 판단해 ○主인가를 결정한다. 판단이 정확해야 한다.
7. 대문과 안방이 속한 방위를 8괘방위로 치환해 ○門○主로 이름 짓는다.

8괘방과 24방위

1) 壬·子·癸(북방) → 坎(감),   2) 丑·艮·寅(북동방) → 艮(간)

3) 甲·卯·乙(동방) → 震(진),   4) 辰·巽·巳(남동방) → 巽(손)

5) 丙·午·丁(남방) → 離(이),   6) 未·坤·申(남서방) → 坤(곤)

7) 庚·酉·辛(서방) → 兌(태),   8) 戌·乾·亥(북서방) → 乾(건)

8괘방위 치환의 예시

마당의 한가운데에서 패철을 사용해 대문이 속한 방위를 측정하고 문(門)의 방위 값으로 삼는다. 안방이 속한 방위를 측

정해 주(主)의 방위 값으로 삼은 다음, 그 방위에 해당하는
8괘방위로 치환해 ○門○主라 이름 짓는다. 다음 예시를 살펴
보자.

1) 대문 방위는 자방(子方)이고 안방 방위는 병방(丙方)이다.
  이때는 자문병주(子門丙主) → 子(坎), 丙(離) → 감문이주(坎
  門離主)

2) 대문 방위는 묘방(卯方)이고 안방 방위는 유방(酉方)이다.
  그러면 묘문유주(卯門酉主) → 卯(震), 酉(兌) → 진문태주(震
  門兌主)

3) 대문 방위는 손방(巽方)이고 안방 방위는 술방(戌方)이다.
  이때는 손문술주(巽門戌主) → 巽(巽), 戌(乾) → 손문건주(巽
  門乾主)

4) 대문 방위는 미방(未方)이고 안방 방위는 인방(寅方)이다.
  이때는 미문인주(未門寅主) → 未(坤), 寅(艮) → 곤문간주(坤
  門艮主)

8괘방위의 괘상

주역의 8괘방위는 괘상(卦象)이 있는데, 각 효(爻)는 양[—]과
음[- -]으로 구성된다. 그리고 한 괘는 효(爻) 세 개가 상하로 겹
쳐서 형성한다. 아래의 효를 하효(下爻), 중간의 효를 중효(中
爻), 위쪽의 효를 상효(上爻)라 부른다. 태극기에 그려진 건(乾),
곤(坤), 감(坎), 리(離)도 그중 하나다. 우리 조상은 8괘의 괘상
을 기억하기 어려웠는지 괘상의 특징을 고려해 다음과 같이
시처럼 외웠다.

坎	☵	감중연(坎中連) 중효만 연결되었다.(상, 하효는 음)
艮	☶	간상연(艮上連) 상효만 연결되었다.(중, 하효는 음)
震	☳	진하연(震下連) 하효만 연결되었다.(상, 중효는 음)
巽	☴	손하절(巽下絕) 하효만 끊어졌다.(상, 중효는 양)
離	☲	이허중(離虛中) 중효가 끊어졌다.(상, 하효는 양)
坤	☷	곤삼절(坤三絕) 세 효가 모두 끊어졌다.(세 효가 모두 음)
兌	☱	태상절(兌上絕) 상효만 끊어졌다.(중, 하효는 양)
乾	☰	건삼연(乾三連) 세 효가 모두 연결되었다.(세 효가 모두 양)

양택의 괘상 표시

대문과 안방의 방위를 8괘로 치환한 다음, 그 괘에 해당하는 괘상을 표시할 수 있다. 건문(乾門)이면 (☰)으로, 이주(離主)면 (☲)로 표시한다. 문괘를 상괘에 놓고 주괘를 하괘에 놓는다.

1. 離門巽主(이문손주)→☲(상괘, 대문) ☴(하괘, 안방)
2. 坎門兌主(감문태주)→☵(상괘, 대문) ☱(하괘, 안방)
3. 坤門艮主(곤문간주)→☷(상괘, 대문) ☶(하괘, 안방)
4. 乾門震主(건문진주)→☰(상괘, 대문) ☳(하괘, 안방)

8괘방위와 음양론

8괘방위는 음양의 속성을 가지는데, 이것은 주역의 기본 원리를 따른 것이다. 坎(陽. 2男), 艮(陽. 3男), 震(陽. 長男), 巽(陰. 長女), 離(陰. 2女), 坤(陰. 母), 兌(陰. 3女), 乾(陽. 父)이다.

여기서 대문과 안방이 속한 8괘방의 음양이 서로 같은 음의 방위이면 순음(純陰)이라 하여 흉하고, 같은 양의 방위이면 순양(純陽)이라 하여 흉하다. 모두 음양이 불배합되었다고 본다. 음과 양은 서로 배합되어야 만물이 생성하고 풍성해진다.

순음의 경우는 과부만 한집에 사는 격으로 아무리 태몽 꿈을 꾸어도 자식을 낳지 못하고, 순양은 홀아비가 한 집에 사는 격으로 이가 서 말이라 한다. 따라서 대문이 양의 방위이면 안방은 음의 방위가 되어야 길하고, 대문이 음의 방위라면 안방은 마땅히 양의 방위가 되어야 음양이 배합되어 길하다. 결국 음양은 배합되어야 길하다.

8괘방과 음양론

음양론으로 본 길흉 판단의 예시

패철을 사용해 대문 방위와 안방 방위를 측정한 다음 8괘방으로 치환해 ○門○主(坤門坎主)라 이름을 짓는다. 그다음은 8괘방에 속한 음양을 판단해 ○門○主(陰門陽主)로 규정하며 문(門)과 주(主)가 음양이 배합되어 있으면 길하고, 음양이 같은 순양 혹은 순음이면 흉하다고 판단한다. 다음 예시를 살펴보자.

순음

 양택풍수에서 대문과 안방의 방위적 관계가 순음이면 질병이 많이 생겨나고, 순양이라면 재물은 불어나지만 자손이 적다. 음(陰)이 양궁(陽宮)에 들어가면 딸을 먼저 낳고, 양(陽)이 음궁(陰宮)에 들어가면 남자아이를 낳는다.

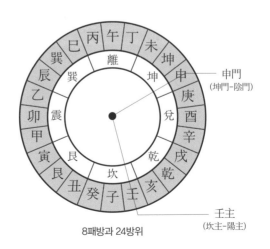

申門
(坤門-陰門)

壬主
(坎主-陽主)

8패방과 24방위

1) 대문 방위는 임방(壬方)이고 안방 방위는 오방(午方)이다. 그렇다면 다음과 같다. 壬門午主→坎門離主→〈坎→陽, 離→陰〉→陽門陰主→吉 따라서 길하다.

2) 대문 방위가 을방(乙方)이고 안방 방위가 축방(丑方)이라면 乙門丑主→震門艮主→〈震→陽, 艮→陽〉→陽門陽主→凶, 즉 흉하다.

3) 대문 방위는 사방(巳方)이고 안방 방위는 건방(乾方)이다. 8괘방으로 치환해 음양을 따지면 巳門乾主→巽門乾主→〈巽→陰, 乾→陽〉→陰門陽主→吉, 즉 길하다.

4) 대문 방위는 미방(未方)이고 안방 방위는 경방(庚方)이다. 이를 치환하면 未門庚主→坤門兌主→〈坤→陰, 태→陰〉→陰門陰主→凶, 즉 흉하다.

5) 대문 방위는 해방(亥方)이고 안방 방위는 손방(巽方)이다. 亥門巽主→乾門巽主→〈乾→陽, 巽→陰〉→陽門陰主→吉, 즉 길하다.

8괘방위의 오행론

8괘방위는 오행의 속성을 지니는데, 이것은 주역의 기본 원리를 따른 것이다. 坎(水), 艮(土), 震(木), 巽(木), 離(火), 坤(土), 兌(金), 乾(金)이다. 여기서 대문과 안방이 속한 8괘방의 오행이 서로 상생(相生, 水→木→火→土→金→水)이면 길하고, 상극(相剋, 水→火→金→木→土→水)이면 흉하며, 서로 같은 오행이라면(木→木, 土→土, 金→金) 비화(比和)가 되어 흉하지도 길하지도 않는다.

8괘방과 오행론

오행론으로 본 길흉 판단의 예시

다음 여섯 가지 예시를 통해 오행으로 길흉을 어떻게 파악하는지 이해해보자.

1) 대문 방위는 임방(壬方)이고 안방 방위는 오방(午方)이다. 壬門午主→坎門離主→〈坎→水, 離→火〉→水門火主→凶, 즉 흉이다.

2) 대문 방위는 을방(乙方)이고 안방 방위는 병방(丙方)이다. 乙門丙主→震門離主→〈震→木, 離→火〉→木門火主→吉, 즉 길이다.

3) 대문 방위는 사방(巳方)이고 안방 방위는 건방(乾方)이다. 巳門乾主→巽門乾主→〈巽→木, 乾→金〉→木門金主→凶, 즉 흉이 된다.

4) 대문 방위는 미방(未方)이고 안방 방위는 경방(庚方)이다. 그렇다면 未門庚主→坤門兌主→〈坤→土, 兌→金〉→土門金主→吉, 즉 길이 된다.

5) 대문 방위는 해방(亥方)이고 안방 방위는 손방(巽方)이다.

이를 치환하면 亥門巽主→乾門巽主→〈乾→金, 巽→
木〉→金門木主→凶, 즉 흉이 된다.

6) 대문 방위는 갑방(甲方)이고 안방 방위는 사방(巳方)이
다. 甲門巳主→震門巽主→〈震→木, 巽→木〉→木門木
主→比和, 비화로 길도 흉도 아니다.

8괘방위의 동서사택론

《양택삼요》에 동사택은 감리진손(坎離震巽)이고, 서사택은 건
곤간태(乾坤艮兌)라고 하여, 8괘방을 동사택 네 개 방위, 서사택
네 개 방위로 구분했다. 대문과 안방, 부엌 모두를 동사택의
방위 내에 둔다면 자손이 번창하고 영화는 정해져 있다. 그러
나 한집 안에 대문과 안방, 부엌의 방위가 동사택과 서사택이
서로 섞여 있다면 사람이 상하거나 죽고, 화(禍)가 거듭해 닥
친다고 한다.

　　마당의 한가운데에서 대문이 위치한 방위를 보아 대문 방위

양택의 길흉 판단

집은 사람이 태어나고, 자고,
먹고, 휴식을 취하는 곳이다.
따라서 통풍, 채광(조명), 한난
조절, 견고성, 편리성, 위생, 실
용성, 미관(색채) 등이 복합적
으로 만족되어야 좋은 집이다.
그런데 가상은 주로 통풍과 채
광을 위주로 하여 집의 길흉을
판단하는데, 일부분만 보고 전
체를 판단해서는 안 된다. 즉,
집터는 좋지 못하나 집 안의
건물 배치가 훌륭해 단점을 보
완한 경우도 많다. 어느 한 부
분에 치우쳐 판단하지 말고,
대국적으로 살펴보고 판단해
야 한다.

8괘방과 동서사택론

가 동사택에 속하면 그 집은 동사택 집이고, 서사택에 속하면 서사택 집이다. 따라서 대문이 동사택 방위에 있을 때 안방이 동사택 방위에 있으면 길하고, 대문이 서사택 방위에 있을 때 안방이 서사택 방위에 있으면 길하다. 반대로 대문이 동사택 방위에 있을 때 안방이 서사택 방위에 있으면 흉하고, 대문이 서사택 방위에 있을 때 안방이 동사택 방위에 있으면 흉하다.

 이처럼 동사택과 서사택이 섞이면 흉한 이유가 무엇일까. 만약 동사택에 서사택이 섞이거나 서사택에 동사택이 섞이면, 목극토가 아니면 화극금 혹은 금극목이 될 것이다. 이것은 육살, 화해, 오귀, 절명택의 하나가 된다. 음을 극(剋)하면 부녀가 상하고, 양을 극하면 남자가 상할 것이니 한 집도 이로움이 없기 때문이다.

동·서사택론으로 본 길흉 판단의 예시
다음 여섯 가지 예시를 통해 동·서사택론으로 길흉을 어떻게 판단하는지 이해해보자.

산골과 도시의 양택론
산골에 있는 집과 도시에 있는 집의 풍수적 길흉을 살피는 방법은 같지가 않다. 산골에서는 먼저 만두(巒頭, 입수맥)를 위주로 보고, 다음에는 내룡을 살핀다. 내룡의 기가 장하고, 물이 환포해 흐르면 크게 발복한다. 하지만 도시의 집은 택법(宅法, 집을 짓는 법)을 위주로 본다. 집을 구성하는 대문과 안방, 부엌과 아궁이가 서로 조화롭게 배치해 있으면 효험이 크다. 산골의 집은 집터가 먼저고, 도시의 주택은 주요 구조부의 방위적 배치가 먼저다.

1) 대문 방위는 임방(壬方)이고 안방 방위는 오방(午方)이다. 이때는 壬門午主→坎門離主→〈坎→東, 離→東〉→東門東主→吉, 즉 길하다.
2) 대문 방위는 을방(乙方)이고 안방 방위는 경방(庚方)이다. 치환하면 乙門庚主→震門兌主→〈震→東, 兌→西〉→東門西主→凶, 즉 흉이 된다.
3) 대문 방위는 사방(巳方)이고 안방 방위는 건방(乾方)이다. 巳門乾主→巽門乾主→〈巽→東, 乾→西〉→東門西主→凶, 즉 흉이 된다.
4) 대문 방위는 미방(未方)이고 안방 방위는 경방(庚方)이다. 未門庚主→坤門兌主→〈坤→西, 兌→西〉→西門西

主→吉, 즉 길이다.

5) 대문 방위는 해방(亥方)이고 안방 방위는 손방(巽方)이
다. 亥門巽主→乾門巽主→〈乾→西, 巽→東〉→西門東
主→凶, 즉 흉이 된다.

6) 대문 방위는 갑방(甲方)이고 안방 방위는 정방(丁方)이
다. 甲門丁主→震門離主→〈震→東, 離→東〉→東門東
主→吉, 즉 길이 된다.

세 가지 잣대로 살펴보는 길흉 판단

지금까지의 논의를 정리하면 이렇다. 《양택삼요》는 마당의
한가운데에 서서 패철을 이용해 대문과 안방이 위치한 방
위를 24방위로 판단한 다음, 그 방위를 8괘방으로 치환해
○門○主(坤門坎主)를 결정한다. 그다음은 대문과 안방을 8괘
가 가진 동서사택론, 음양론, 오행론의 세 가지 잣대로 평가해
길함과 흉함을 구분해서 판단한다.

동서사택론은 문·주(門·主)가 서로 같은 사택에 위치하면 길
하고, 동서사택이 혼재해 있으면 흉하다. 음양론은 문주의 음
양이 배합되면 길하고, 불배합된 순양과 순음은 흉하다. 또 오
행론은 문주가 상생의 관계이면 길하고, 상극이면 흉하며 비
화이면 보통이다. 예를 들어 해문임주(亥門壬主)는 건문감주(乾
門坎主)로서 서문동주(西門東主)라 흉하고, 양문양주(陽門陽主)라
흉하며, 금문수주(金門水主)의 상생이라 길하다.

방위 측정의 한계
패철로 방위를 측정할 때, 8괘
방위는 45도 각도를 차지하는
데, 예로서 24방위로 보아 임
방(壬方), 자방(子方), 계방(癸方)
은 모두 8괘방으로 감방(坎方)
에 속한다. 이 뜻은 대문의 방
위가 임문(壬門)이든 계문(癸門)
이든 모두 감문(坎門)에 속하며
집의 길흉 판단은 동일하다.
그렇지만 임문과 계문은 15도
이상 ~ 45도 이하까지 각도
범위가 벌어질 수 있으니 《양
택삼요》는 정교함에서 어느 정
도 한계를 노출하고 있다.

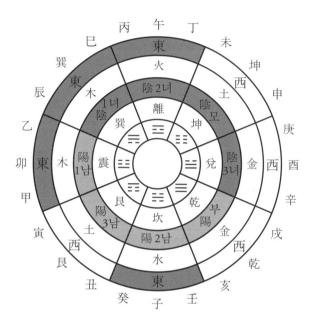

양택의 음양·오행·동서사택론도

세 가지 기준으로 본 길흉 판단의 예시

음양, 오행, 동서사택론이라는 기준을 이용해 다음 여섯 가지 예시의 길흉을 종합적으로 판단해보자.

구성 길흉궁

생기택·천의택(天醫宅) 혹은 천을택(天乙宅)·연년택은 부귀하고 후손이 번창하는데, 내룡이 진룡(眞龍)이고 생기가 왕성하다면 3년이 지나지 않아 발복한다. 또는 용맥의 후박(厚薄)에 따라 좌우되기도 한다. 오귀택·화해택·절명택은 문(門), 주(主), 조(灶)가 모두 범해서는 안 되는 것이고, 만약 이것을 범하면 용진기장(龍眞氣壯)해도 발복은 되지 못한다.

1) 대문 방위는 임방(壬方)이고 안방 방위는 오방(午方)이다. 그러면 다음과 같다. 坎門離主→東門東主(吉), 陽門陰主(吉), 水門火主(凶)

2) 대문 방위는 을방(乙方)이고 안방 방위는 축방(丑方)이다. 이때는 모두 흉이 된다. 震門艮主→東門西主(凶), 陽門陽主(凶), 木門土主(凶)

3) 대문 방위는 사방(巳方)이고 안방 방위는 건방(乾方)이다. 巽門乾主→東門西主(凶), 陰門陽主(吉), 木門金主(凶) 음양론으로 봤을 때만 길하다.

4) 대문 방위는 미방(未方)이고 안방 방위는 경방(庚方)이다.
坤門兌主→西門西主(吉), 陰門陰主(凶), 土門金主(吉) 음
양론으로 봤을 때만 흉하다.

5) 대문 방위는 해방(亥方)이고 안방 방위는 오방(午方)이다.
乾門離主→西門東主(凶), 陽門陰主(吉), 金門火主(凶) 음
양론으로 봤을 때만 길하다.

6) 대문 방위는 갑방(甲方)이고 안방 방위는 유방(酉方)이다.
震門兌主→東門西主(凶), 陽門陰主(吉), 木門金主(凶) 음
양론으로 봤을 때만 길하다.

제3장
길흉을 판단하는 법(1)
대문과 안방

다시 정리한 8택론

앞서 《양택삼요》의 8택론을 알아봤다. 다시 한번 말하자면, 길흉을 판단하고자 할 때는 먼저 마당의 한가운데에 서서 대문[門]과 안방[主]의 방위를 패철로 판단한다. 그 후, 그들의 상호관계를 동서사택론, 음양론, 오행론으로 각각 길흉을 판단한다. 그리고 그들의 길하고 흉한 상황을 종합해 8택론으로 구분하는데, 세상의 모든 집은 다음 여덟 가지 집 중 하나에 속한다.

　복택에는 생기택, 연년택, 천을택, 복위택이 있다. 흉가(凶家)에는 화해택, 절명택 오귀택, 육살택이 있다.

　동사택 중 풍수가 가장 좋은 집은 생기택이고, 서사택에서는 연년택이라 이름 지었다. 풍수가 가장 나쁜 집은 오귀택이다. 또 천을택 중에서 곤문태주(坤門兌主)와 진문감주(震門坎主)는 천의택이라 한다.

동서사택론	음양론	오행론	8택론		비고
			동사택	서사택	
길	길	길	생기택	연년택	
길	길	흉/비화	연년택	생기택	
길	흉	길	천을택	천을택	
길	흉	비화	복위택	복위택	東-生 西-延
흉	길	길/흉	화해택	화해택	
흉	길	흉	절명택	절명택	
흉	흉	흉/길	육살택	육살택	
흉	흉	흉	오귀택	오귀택	

복택과 흉가의 구분

《양택삼요》에서 양택을 8택론으로 구분 짓는 방법은 오로지 문(門)과 주(主)의 방위적 관계만으로 판단한다. 부엌의 위치가 대문과 견주어 길한가 혹은 흉한가 하는 것은 8택론에 어떤 영향도 미치지 않는다. 그리고 문과 주를 살피되, 음양론과 오행론의 길흉에 관계 없이 동서사택론이 길하면 무조건 복택에 해당하고, 동서사택론이 흉하면 어떤 경우든 흉가에 해당

명기(明基)로 소문난
윤증 고택(논산 소재)

오행과 질병

1. 금(金)은 해소 기침과 공포증을 앓고 수척해지거나 곪는 부스럼과 피고름이 나고, 근육과 뼈가 아프다.

2. 목(木)은 사지가 불리하고 두통과 간에 병이 생긴다. 가래가 끓고 피가 뜨거워지며 구안와사(입이 돌아감)에 걸린다.

3. 화(火)는 두통으로 머리가 뜨겁고, 三焦口渴(애가 타서 입이 마름)에 허튼소리를 하고, 심장과 배가 욱신거리며 아프고, 고약한 부스럼과 눈병이 난다.

4. 수(水)는 오랜 냉병과 정력이 떨어지고 허리와 신장이 뚝뚝 떨어지는 고통과 토사에 구역질을 하며, 기생충에 시달리는 등 잡병에 걸린다.

5. 토(土)는 비장과 위장이 연약하고, 황달에 걸려 부스럼이 일고, 염병에 걸리기 쉽다.

6. 금목(金木)은 흉사(凶死)와 미친병에 걸리고, 수토(水土)는 서로 범하나 불화하며, 목토(木土)는 비장과 위장이 상하고, 수금(水金)은 피로에 지치거나 기생충에 화를 당한다.

한다. 그러므로 문과 주가 같은 사택 내에 속하면 복택인 생기택, 연년택, 천을택(천의택), 복위택 중의 하나에 해당한다. 문과 주가 다른 사택 내에 속하면 흉가인 화해택, 절명택, 오귀택, 육살택 중의 하나에 속하니, 동서사택론이 복택과 흉가를 분류하는 기준이다.

음양론과 오행론의 길흉 판단은 음양론의 비중이 크고 오행론의 비중이 그보다 적다. 즉, 음양이 배합이면 길함을 보태고 흉함을 감(減)하며, 불배합이면 길함을 감하고 흉함을 보탠다. 또 오행이 상생이면 길함을 보태고 흉함을 감하며, 상극이면 길함을 감하고 흉함을 보태는데, 오행론보다는 음양론의 효험과 역할이 더 크다. 복택과 흉가의 순서를 정리하면 다음과 같다.

동사택(東四宅)
① 복택 순서 : 복위택 〈 천을택 〈 연년택 〈 생기택
② 흉가 순서 : 화해택 〈 절명택 〈 육살택 〈 오귀택

서사택(西四宅)
① 복택 순서 : 복위택 〈 천을택 〈 생기택 〈 연년택
② 흉가 순서 : 화해택 〈 절명택 〈 육살택 〈 오귀택

8택의 길흉 내역

복위택(伏位宅)

양기가 왕성해 초년에는 재산이 늘고 귀하게 된다. 하지만 이 집에 오래 살면 남자는 단명하고 집 안에는 질병이 많아 결국은 여자가 외롭게 집을 지킨다. 후사가 끊어지니 양자를 들이는 집이다.

천을택(天乙宅)

초년에는 재산을 모으고 귀하게 되고 가족 모두가 건강하고 장수한다. 하지만 이 집에 오래 살면 아내와 화합하지 못하고 남자들의 수명이 짧다. 천을택 중 곤문태주(坤門兌主)와 진문감주(震門坎主)는 천의택이라 부르는데 복록과 부귀를 누리며, 아내와 자손들이 모두 인자하고 착하다. 아들 셋을 얻고, 둘째 아들이 유리하다.

연년택(延年宅)

후손이 번창한다. 공명을 떨치며 초년에 가난하다가 일시에 부자가 된다. 뛰어난 재주를 가진 가족들이 많이 태어난다. 복(福)·녹(祿)·수(壽)를 함께 누리며, 덕행과 학식이 가득하다. 다만 오래 살면 아내에게 눈병 같은 질병이 따른다.

생기택(生氣宅)

세상에서 귀하게 된다. 크게 부귀하고 공명이 현달한다. 남자는 총명하고 여자는 빼어나니 가산(家産)이 늘어서 부자가 된다. 부부가 화목하게 해로하고 장수를 누린다.

북서방의 대문은 흉조

한국에서 북서방은 흉하고 두려운 방위로 인식된다. 겨울이면 찬 바람이 불어오고, 북쪽의 오랑캐가 침입해온 방위이기 때문이다. 조선의 도읍인 한양의 경우, 경복궁에서 보아 북서방인 창의문 쪽이 낮고 허해 국도의 요건상 문제가 발생했다. 그래서 창의문을 세웠으나 대문을 열어두지 않고, 백성의 원성이 커지자 닭상을 문루에 조각해 흉한 살기를 제압한 후 문을 개방했다. 현재도 대문이 북서방으로 난 집이나 건물은 흉상으로 여긴다.

화해택(禍害宅)

재산이 패한다. 초년에는 부귀를 누리나 부녀자의 성질이 강해 남편을 압도한다. 이 집에 오래 살면 부녀자가 죽고 도둑이 들며 소송 사건에 휘말린다. 특히 여자들이 시끄럽게 하며, 대체로 재산이 있으면 건강하지 못하고, 건강하면 재산이 없다.

절명택(絕命宅)

후손이 끊어지고 파산하며 집안이 화목하지 못하다. 남녀가 모두 젊어서 해를 당하고, 둘째 아들이 단명한다. 또 하인들도 도망가서 외롭게 살며, 재산은 사기를 당해 흩어진다.

육살택(六殺宅)

관재구설에 휘말려 패가(敗家)한다. 아내와는 상극이라 맞지 않고 자식들은 상한다. 또 신경계통과 소화기계통에 질병이 생겨 남자들이 일찍 죽으니 집안이 망한다.

오귀택(五鬼宅)

만병에 시달리며 단명한다. 집의 안팎으로 흉하니 구설·화재·도둑·도박의 재난을 당하거나 이상한 병에 걸려 자식이 젊어서 죽는다. 아내와는 상극이고 맏아들의 대가 끊어진다.

건문팔주(乾門八主)의 8택론

마당 한가운데에 대문이 위치한 방위가 건방(乾方. 戌·乾·亥)이면 이 집은 서사택이다. 이때 안방 위치는 8괘방으로 진(震), 손(巽), 이(離), 곤(坤), 태(兌), 건(乾), 감(坎), 간(艮)의 여덟 개 방위에 있을 수 있다. 그 결과 건문팔주는 대문을 건방에 고정한 채 안방의 방위를 여덟 곳에 배치해서 그 집의 길흉을 논하는 것이다.

	동서사택론		음양론		오행론		8택론
건문건주	西門西主	吉	陽門陽主	凶	金門金主	比和	伏位宅
건문감주	西門東主	凶	陽門陽主	凶	金門金主	吉	六殺宅
건문간주	西門西主	吉	陽門陽主	凶	金門土主	吉	天乙宅
건문진주	西門東主	凶	陽門陽主	凶	金門木主	凶	五鬼宅
건문손주	西門東主	凶	陽門陰主	吉	金門木主	凶	禍害宅
건문이주	西門東主	凶	陽門陰主	吉	金門火主	凶	絶命宅
건문곤주	西門西主	吉	陽門陰主	吉	金門土主	吉	延年宅
건문태주	西門西主	吉	陽門陰主	吉	金門金主	比和	生氣宅

건문건주(乾門乾主. 복위택)

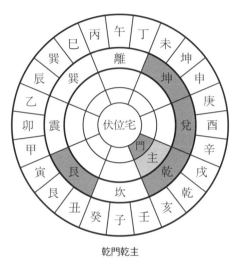

乾門乾主

동서사택론		음양론		오행론		8택론
西門西主	吉	陽門陽主	凶	金門金主	比和	伏位宅

복위택(伏位宅)이다. 순양(純陽. 문도 양이고 주도 양) 집으로 초년에는 발부발귀(發富發貴)하나 순금(純金. 문도 금이고 주도 금)이 불화(不化)하니 양이 승(勝)하고 음이 쇠(衰)한다. 이 집에 오래살

건문감주(乾門坎主. 육살택)

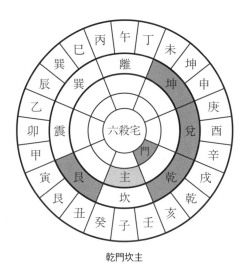

乾門坎主

동서사택론		음양론		오행론		8택론
西門東主	凶	陽門陽主	凶	金門金主	吉	六殺宅

육살택(六殺宅)이다. 안방으로 흉하고, 육살이면 여자가 죽는
다. 초년에는 간혹 재물이 있으나 이 집에 오래 살면 아내와
자식이 죽고 재산을 탕진하며 집안이 망한다.

건문간주(乾門艮主. 천을택)

乾門艮主

동서사택론		음양론		오행론		8택론
西門西主	吉	陽門陽主	凶	金門土主	吉	天乙宅

천을택(天乙宅)이다. 천을은 복신(福神)이며 집을 지으면 아들 셋을 낳는다. 밭은 2~3단(段. 300평이 1단)을 두겠고 염불을 하고 불경 보는 것을 좋아한다. 초년에는 부(富), 귀(貴), 수(壽)와 자손이 있으며, 남자는 어질고 여자는 의롭다. 단, 순양이 불화해 이 집에 오래 살면 아내를 잃고 자식이 상해 과부가 양자로 대를 이어간다.

건문진주(乾門震主. 오귀택)

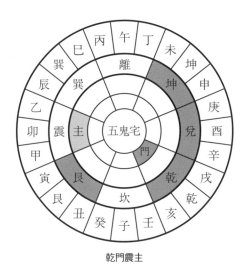

乾門震主

동서사택론		음양론		오행론		8택론
西門東主	凶	陽門陽主	凶	金門木主	凶	五鬼宅

오귀택(五鬼宅)이다. 바깥 기운이 안을 극하여 화가 가장 빠르게 닥친다. 소송, 구설, 화재, 도적이 든다. 또한 남녀는 요절하고 심장과 배에 병이 들며, 재산은 점점 없어지고 가축도 키우기 어렵다. 장남에게 먼저 해가 닥칠 것이고 이어서 다른 형제에게 화가 미치니 크게 흉하다.

건문손주(乾門巽主. 화해택)

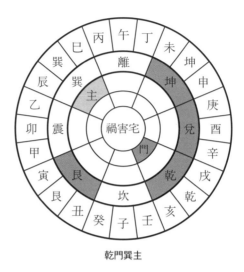

乾門巽主

동서사택론		음양론		오행론		8택론
西門東主	凶	陽門陰主	吉	金門木主	凶	禍害宅

화해택(禍害宅)이다. 건손(乾巽)은 애를 낳다가 죽으며 심장과 다리가 아프다. 초년에는 간혹 재물과 자손이 일어나는 집이 있으나, 이 집에 오래 살면 부녀자가 죽고 도적이 들며 관재 (官災)를 당해 불리하다.

건문이주(乾門離主. 절명택)

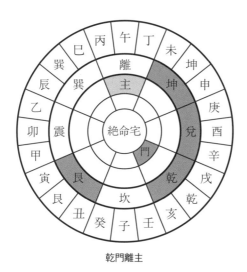

乾門離主

동서사택론		음양론		오행론		8택론
西門東主	凶	陽門陰主	吉	金門火主	凶	絶命宅

절명택(絶命宅)이다. 건리(乾離)는 과부가 살며 눈병이 생긴다.
노인이 폐병을 앓아 단명하고 안질, 두통, 악창(고치기 힘든 부스
럼) 같은 질병이 생긴다. 또 도적을 당해 재산이 흩어지고, 과
부가 살며 후손이 끊어진다.

건문곤주(乾門坤主. 연년택)

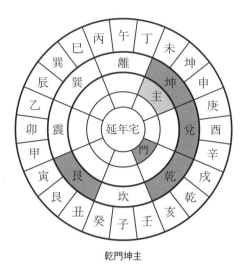

乾門坤主

동서사택론		음양론		오행론		8택론
西門西主	吉	陽門陰主	吉	金門土主	吉	延年宅

연년택(延年宅)이다. 부부 간에 금실이 좋고 4형제를 얻는다.
집안이 화목하여 자식은 효도하고 손자들은 어질며 부귀가
집안에 가득하다. 백 살까지 장수하는데 연년(延年)을 얻었기
때문이다.

건문태주(乾門兌主. 생기택)

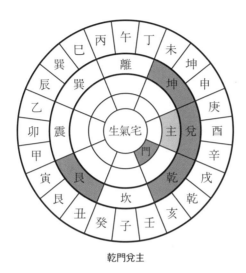

乾門兌主

동서사택론		음양론		오행론		8택론
西門西主	吉	陽門陰主	吉	金門金主	比和	生氣宅

생기택(生氣宅)이다. 재산은 많으나 음란하다. 노인과 소녀가
부부로 맺어져 초년에는 재물과 자손이 번창하나, 이 집에 오
래 살면 처첩을 여러 명 둔다. 따라서 홀어미가 집안을 관장하
니 차길이다.

곤문팔주(坤門八主)의 8택론

마당 한가운데에서 대문이 위치한 방위를 측정했을 때 곤방
(坤方. 未·坤·申)이면 이 집은 서사택이다. 이때 안방 위치는 8
괘방으로 진(震), 손(巽), 이(離), 곤(坤), 태(兌), 건(乾), 감(坎), 간
(艮)의 여덟 개 방위에 있을 수 있다. 그 결과 곤문팔주는 대문
을 곤방에 고정한 채 안방 방위를 여덟 곳에 배치해서 그 집의
길흉을 논하는 것이다. 주(主)의 방위가 서사택에 해당하면 복
택에 해당하고, 동사택에 해당하면 흉가에 해당한다.

	동서사택론		음양론		오행론		8택론
곤문곤주	西門西主	吉	陰門陰主	凶	土門土主	比和	伏位宅
곤문태주	西門西主	吉	陰門陰主	凶	土門金主	吉	天醫宅
곤문건주	西門西主	吉	陰門陽主	吉	土門金主	吉	延年宅
곤문감주	西門東主	凶	陰門陽主	吉	土門水主	凶	絕命宅
곤문간주	西門西主	吉	陰門陽主	吉	土門土主	比和	生氣宅
곤문진주	西門東主	凶	陰門陽主	吉	土門水主	凶	禍害宅
곤문손주	西門東主	凶	陰門陰主	凶	土門水主	凶	五鬼宅
곤문이주	西門東主	凶	陰門陰主	凶	土門火主	吉	六殺宅

곤문곤주(坤門坤主. 복위택)

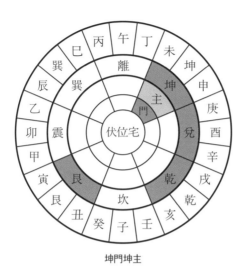

坤門坤主

동서사택론		음양론		오행론		8택론
西門西主	吉	陰門陰主	凶	土門土主	比和	伏位宅

복위택(伏位宅)이다. 토(土)가 두 개나 되니 땅 덕분에 초년에는
부자가 된다. 그러나 이 집에 오래 살면 순음(純陰)으로 남자가
상하고 핍사(乏嗣)한다. 후손이 없어 양자로 대를 이으며, 부녀
자가 집안을 이끌어가는데, 건(乾)의 안방으로 보수하면 대길
하다. 간(艮)의 안방도 역시 좋다.

핍사
풍수에서 자주 등장하는 핍사
라는 말은 쉽게 말해 절손(絶
孫)되어 후손이 없다는 말이다.

곤문태주(坤門兌主. 천의택)

坤門兌主

동서사택론		음양론		오행론		8택론
西門西主	吉	陰門陰主	凶	土門金主	吉	天醫宅

천의택(天醫宅)으로 부녀자들이 착하고 초년에는 발복한다. 하
지만 이 집에 오래 살면 음(陰)이 승하고 양(陽)이 쇠해 남자가
일찍 죽고 어린애를 키우기 어렵다. 홀어미가 집안을 꾸려나
가며 양자로 대를 잇고, 딸과 사위만 총애하니 집안이 화목하
지 못하다.

곤문건주(坤門乾主. 연년택)

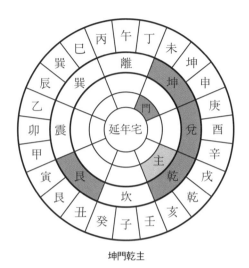

坤門乾主

동서사택론		음양론		오행론		8택론
西門西主	吉	陰門陽主	吉	土門金主	吉	延年宅

연년택(延年宅)이다. 땅이 천문에서 시작하니 부귀가 왕성하다.
음양(陰陽)이 조화롭고 남녀 모두 장수한다. 부부는 화목하고
자손이 많아 번성한다. 자식은 효도하고 손자는 어질며 부귀
가 번창한다. 아름다움이 끝이 없는 집이다.

곤문감주(坤門坎主. 절명택)

坤門坎主

동서사택론		음양론		오행론		8택론
西門東主	凶	陰門陽主	吉	土門水主	凶	絶命宅

절명택(絶命宅)이다. 수극토(水剋土)라서 심장과 배가 아프다. 중남(中男. 차남)이 단명하며 수절 과부가 양자로 대를 이으며, 재산이 점점 없어져 망한다. 도적이 들고 사기를 당한다. 소송과 구설이 있으며, 둘째 아들이 먼저 망하고 이어서 다른 형제도 망한다.

곤문간주(坤門艮主. 생기택)

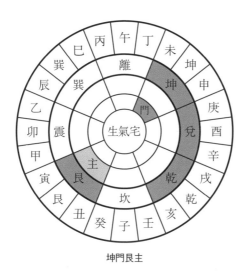

坤門艮主

동서사택론		음양론		오행론		8택론
西門西主	吉	陰門陽主	吉	土門土主	比和	生氣宅

생기택(生氣宅)이다. 토(土)가 두 개로 비화이니 재산이 날로 더해지고 가축도 흥왕하며 남녀가 모두 오래 산다. 집안에 아들과 딸들이 가득하고 자식들은 효도하며 손자들은 어질지만, 이 집에 오래 살면 재앙을 면하기 어려워 차길이다.

곤문진주(坤門震主. 화해택)

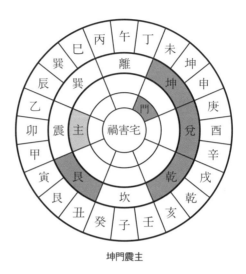

坤門震主

동서사택론		음양론		오행론		8택론
西門東主	凶	陰門陽主	吉	土門水主	凶	禍害宅

화해택(禍害宅)이다. 목극토(木剋土)하니 모자(母子)가 불화하고
먼저 재산이 줄어든다. 다음에는 위와 간에 병이 생겨 사람
이 상한다. 재산이 있으면 후손이 없고, 후손이 있으면 재산이
없다.

곤문손주(坤門巽主. 오귀택)

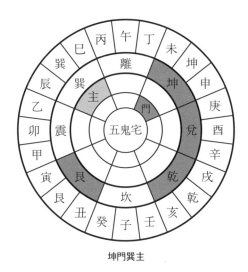

坤門巽主

동서사택론		음양론		오행론		8택론
西門東主	凶	陰門陰主	凶	土門水主	凶	五鬼宅

오귀택(五鬼宅)이다. 목극토(木剋土)하니 노모가 일찍 죽고 남녀
가 불리하다. 순음(純陰)으로 남자가 단명하고 위와 간에 병이
있다. 소송과 관재구설이 있으며, 방탕과 도박으로 패가망신
한다. 초년에는 두 아들을 두나 이 집에 오래 살면 후사가 끊
어져 양자로 대를 잇는다.

곤문이주(坤門離主. 육살택)

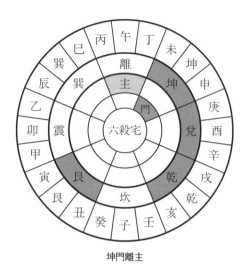

坤門離主

동서사택론		음양론		오행론		8택론
西門東主	凶	陰門陰主	凶	土門火主	吉	六殺宅

육살택(六殺宅)이다. 집에 불이 나고, 홀어머니가 많다. 기운이
빠지며 남자가 일찍 죽으니, 부녀자가 집안을 꾸려나간다. 이
집에 오래 살면 내란이 굉장히 심해져 핍사한다.

간문팔주(艮門八主)의 8택론

마당 한가운데에서 측정한 대문 방위가 간방(艮方. 丑·艮·寅)이
면 이 집은 서사택이다. 이때 안방 위치는 8괘방으로 진(震),
손(巽), 이(離), 곤(坤), 태(兌), 건(乾), 감(坎), 간(艮)의 여덟 개 방
위에 있을 수 있다. 그 결과 간문팔주는 대문을 간방에 고정한
채 안방 방위를 여덟 곳에 배치해서 그 집의 길흉을 논하는 것
이다. 주(主)의 방위가 서사택에 해당하면 복택이고, 동사택에
해당하는 경우라면 흉가다.

	동서사택론		음양론		오행론		8택론
간문간주	西門西主	吉	陽門陽主	凶	土門土主	比和	伏位宅
간문진주	西門東主	凶	陽門陽主	凶	土門木主	凶	六殺宅
간문손주	西門東主	凶	陽門陰主	吉	土門木主	凶	絶命宅
간문이주	西門東主	凶	陽門陰主	吉	土門火主	凶	禍害宅
간문곤주	西門西主	吉	陽門陰主	吉	土門土主	比和	生氣宅
간문태주	西門西主	吉	陽門陰主	吉	土門金主	吉	延年宅
간문건주	西門西主	吉	陽門陽主	凶	土門金主	吉	天乙宅
간문감주	西門東主	凶	陽門陽主	凶	土門水主	凶	五鬼宅

간문간주(艮門艮主. 복위택)

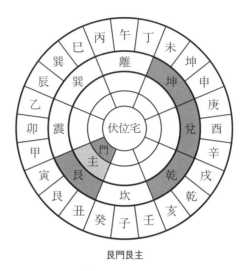

艮門艮主

동서사택론		음양론		오행론		8택론
西門西主	吉	陽門陽主	凶	土門土主	比和	伏位宅

복위택(伏位宅)이다. 토(土)가 두 개나 되니 땅으로 부를 이룬다. 초년에는 재물이 순조롭게 일어난다. 이 집에 오래 살면 순양(純陽)으로 처를 극하고 자식이 상해 후손이 적다.

간문진주(艮門震主. 육살택)

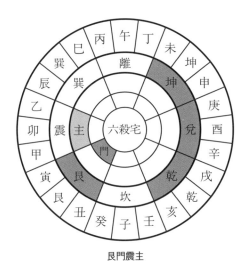

艮門震主

동서사택론		음양론		오행론		8택론
西門東主	凶	陽門陽主	凶	土門木主	凶	六殺宅

육살택(六殺宅)이다. 집안이 편하지 못하며, 재산은 흩어지고
핍사한다. 간과 위에 병이 있다. 초년에는 가난하고 힘들어도
후손은 이어지는데, 이 집에 오래 살면 처를 극하여 후사가 끊
어진다.

간문손주(艮門巽主. 절명택)

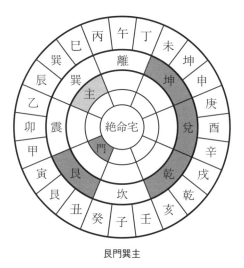

艮門巽主

동서사택론		음양론		오행론		8택론
西門東主	凶	陽門陰主	吉	土門木主	凶	絶命宅

절명택(絶命宅)이다. 토(土)가 목(木)의 극을 받아 어린아이를
키우기 어렵다. 홀어미가 양자로 대를 이으며, 노복(奴僕)은 도
망간다.

간문이주(艮門離主. 화해택)

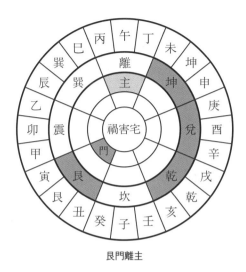

艮門離主

동서사택론		음양론		오행론		8택론
西門東主	凶	陽門陰主	吉	土門火主	凶	禍害宅

화해택(禍害宅)이다. 불이 뜨거워 땅이 건조하다. 음이 승하고 양이 쇠하니 남자가 나약해진다. 여자가 드세니 집안이 화목하지 못하다. 혹은 애첩이 처를 투기하고 총애를 믿고 교만하며 이 집에 오래 살면 폄사한다.

간문곤주(艮門坤主. 생기택)

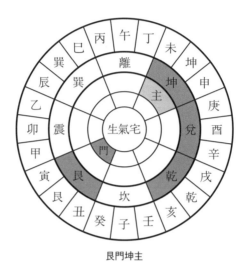

艮門坤主

동서사택론		음양론		오행론		8택론
西門西主	吉	陽門陰主	吉	土門土主	比和	生氣宅

생기택(生氣宅)이다. 토(土)가 겹치니 땅으로 부자가 되며, 집안
이 매우 번성하고 재산이 나날이 늘어난다. 공명현달하고 부
부가 오래 살며 자식이 효도하고 손자는 어질다. 단, 이 집에
오래 살면 어린아이에게 풍병(風病), 비질(脾疾) 등이 생겨 차길
택(次吉宅)이다. 그러나 자손만큼은 왕성하다.

간문태주(艮門兌主. 연년택)

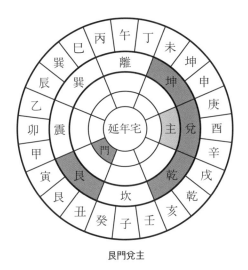

艮門兌主

동서사택론		음양론		오행론		8택론
西門西主	吉	陽門陰主	吉	土門金主	吉	延年宅

연년택(延年宅)으로 금성등전(金星登殿)의 집이다. 토금(土金)이
상생해 부부가 화목하고 소년이 등과하며, 재물이 쌓이고 자
식은 효도하고, 손자는 어질며, 부녀자는 준수하고 빼어나다.
남녀가 백수를 기약하며 가업이 번영한다. 서사택 중에서 제1
의 길택이다.

간문건주(艮門乾主. 천을택)

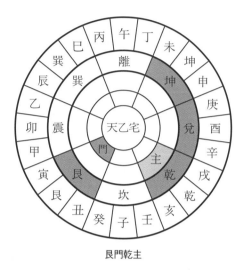

艮門乾主

동서사택론		음양론		오행론		8택론
西門西主	吉	陽門陽主	凶	土門金主	吉	天乙宅

천을택(天乙宅)이다. 집안이 화목하고, 삼형제를 두며 부귀를
얻고 남자가 장수한다. 단, 이 집에 오래 살면 순양(純陽)으로
아내를 잃고 자식이 상해 홀아비가 양자로 대를 이어가니 차
길이다.

간문감주(艮門坎主. 오귀택)

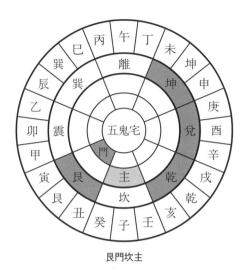

艮門坎主

동서사택론		음양론		오행론		8택론
西門東主	凶	陽門陽主	凶	土門水主	凶	五鬼宅

오귀택(五鬼宅)이다. 강물에 투신하거나 목을 매어 자살하고, 소송이나 관재구설에 시달리고 도적과 화재로 집안이 망한다. 부자와 형제 사이가 화목하지 않다. 처를 극하고 자식이 상하는데, 자식은 오만하고 불손하다.

태문팔주(兌門八主)의 8택론

마당의 한가운데에 서서 측정한 대문 방위가 태방(兌方. 庚·酉·辛)이면 이 집은 서사택이다. 이때 안방 위치는 8괘방으로 진(震), 손(巽), 이(離), 곤(坤), 태(兌), 건(乾), 감(坎), 간(艮)의 여덟 개 방위에 있을 수 있다. 그 결과 태문팔주는 대문을 태방에 고정한 채 안방 방위를 여덟 곳에 배치해서 그 집의 길흉을 논하는 것이다. 주(主)의 방위가 서사택에 해당하면 복택이고, 동사택에 해당하면 흉가다.

	동서사택론		음양론		오행론		8택론
태문태주	西門西主	吉	陰門陰主	凶	金門金主	比和	伏位宅
태문건주	西門西主	吉	陰門陽主	吉	金門金主	比和	生氣宅
태문감주	西門東主	凶	陰門陽主	吉	金門水主	吉	禍害宅
태문간주	西門西主	吉	陰門陽主	吉	金門土主	吉	延年宅
태문진주	西門東主	凶	陰門陽主	吉	金門木主	凶	絶命宅
태문손주	西門東主	凶	陰門陰主	凶	金門木主	凶	六殺宅
태문이주	西門東主	凶	陰門陰主	凶	金門火主	凶	五鬼宅
태문곤주	西門西主	吉	陰門陰主	凶	金門土主	吉	天乙宅

태문태주(兌門兌主. 복위택)

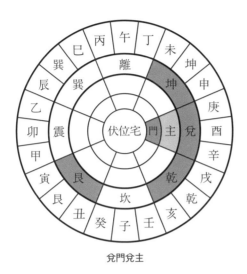

兌門兌主

동서사택론		음양론		오행론		8택론
西門西主	吉	陰門陰主	凶	金門金主	比和	伏位宅

복위택(伏位宅)이다. 금(金)이 두 개이니 초년에는 재산을 모으나 이 집에 오래 살면 순음(純陰)으로 남자의 수명이 짧고 후손이 적어 차길이다.

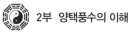

태문건주(兌門乾主. 생기택)

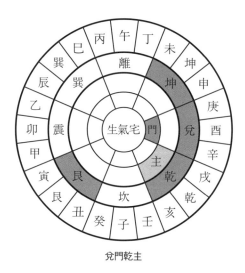

兌門乾主

동서사택론		음양론		오행론		8택론
西門西主	吉	陰門陽主	吉	金門金主	比和	生氣宅

생기택(生氣宅)이다. 금(金)이 두 개이니 재산이 날로 늘어가고 후손은 번창한다. 단, 부녀자의 수명이 짧아져서 처첩을 두거나 이 집에 오래 살면 과부가 많이 생긴다.

태문감주(兌門坎主. 화해택)

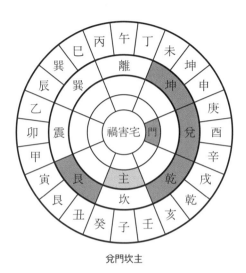

兌門坎主

동서사택론		음양론		오행론		8택론
西門東主	凶	陰門陽主	吉	金門水主	吉	禍害宅

화해택(禍害宅)이다. 기운이 빠지는 집이다. 산업은 패하고 젊은 부녀자가 요절하며, 도박을 하고 음탕하다. 이 집에 오래 살면 패절하고 후손이 없으니 흉하다.

태문간주(兌門艮主. 연년택)

兌門艮主

동서사택론		음양론		오행론		8택론
西門西主	吉	陰門陽主	吉	金門土主	吉	延年宅

연년택(延年宅)이다. 성궁(星宮)이 상생으로 남자는 총명하고
여자는 수려하며 충효현량하다. 집안은 화목하며 부귀번창하
고, 곡식은 창고에 쌓이고 돈은 썩을 정도로 풍족하다. 장원으
로 연이어 급제하고, 남녀가 모두 장수한다. 4년, 9년에 발복
해 사유축(巳酉丑)년에 대길하니, 서사택에서 제1의 길택이다.

태문진주(兌門震主. 절명택)

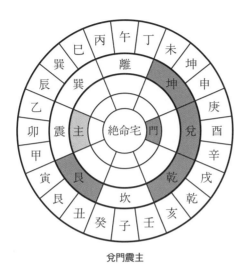

兌門震主

동서사택론		음양론		오행론		8택론
西門東主	凶	陰門陽主	吉	金門木主	凶	絶命宅

절명택(絶命宅)이다. 금극목(金剋木)이니 과부가 수절하면서 살다 죽고, 장남과 장녀가 요절한다. 심장과 배, 허리와 다리가 아프고 남편은 상하며, 자식과 부모가 맞지 않아 집안이 화목하지 못하다. 또 재산이 점점 없어져 망한다.

태문손주(兌門巽主. 육살택)

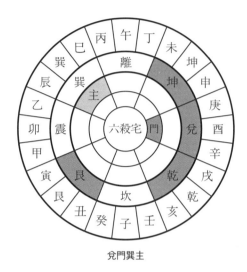

兌門巽主

동서사택론		음양론		오행론		8택론
西門東主	凶	陰門陰主	凶	金門木主	凶	六殺宅

육살택(六殺宅)이다. 금극목(金剋木)으로 두 여자가 함께 있어 음이 성하고 양이 쇠한다. 남편과 뜻이 맞지 않고 자식이 상한다. 사람과 재물이 패하고 병이 많이 생긴다.

태문이주(兌門離主. 오귀택)

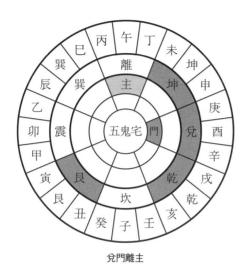

兌門離主

동서사택론		음양론		오행론		8택론
西門東主	凶	陰門陰主	凶	金門火主	凶	五鬼宅

오귀택(五鬼宅)이다. 음화(陰火)가 음금(陰金)을 극하니 부녀자가 난동을 부리며 처가 드세니 남자의 수명이 짧다. 자손이 많지 않고 인명이 흉사(凶死)하며 재산은 패한다. 또한 질병으로 인한 재앙이 많으니 대흉(大凶)하다.

태문곤주(兌門坤主. 천을택)

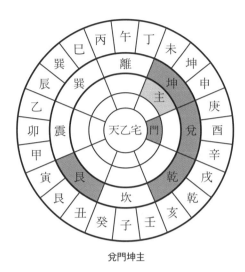

兌門坤主

동서사택론		음양론		오행론		8택론
西門西主	吉	陰門陰主	凶	金門土主	吉	天乙宅

천을택(天乙宅)이다. 천을(天乙)은 복신(福神)이라 가도(家道)가
일어난다. 단, 음(陰)이 많고 양(陽)이 약하니 여자가 많고 남자
가 적다. 모녀가 착하나 딸과 사위만 총애하니 대가 끊어져 양
자로 계승할 것이다. 먼저는 길하고 후에는 흉하다.

감문팔주(坎門八主)의 8택론

마당의 한가운데에서 측정한 대문 방위가 감방(坎方. 壬·子·癸)
이면 이 집은 동사택이고 안방 위치는 8괘방으로 진(震), 손
(巽), 이(離), 곤(坤), 태(兌), 건(乾), 감(坎), 간(艮)의 여덟 개 방위
에 있을 수 있다. 그 결과 감문팔주는 대문을 감방에 고정한
채 안방 방위를 여덟 곳에 배치해서 그 집의 길흉을 논하는 것
이다. 주(主)의 방위가 동사택에 해당하면 복택이고, 서사택에
해당하면 흉가다.

	동서사택론		음양론		오행론		8택론
감문감주	東門東主	吉	陽門陽主	凶	水門水主	比和	伏位宅
감문간주	東門西主	凶	陽門陽主	凶	水門土主	凶	五鬼宅
감문진주	東門東主	吉	陽門陽主	凶	水門木主	吉	天乙宅
감문손주	東門東主	吉	陽門陰主	吉	水門木主	吉	生氣宅
감문이주	東門東主	吉	陽門陰主	吉	水門火主	凶	延年宅
감문곤주	東門西主	凶	陽門陰主	吉	水門土主	凶	絕命宅
감문태주	東門西主	凶	陽門陰主	吉	水門金主	吉	禍害宅
감문건주	東門西主	凶	陽門陽主	凶	水門金主	吉	六殺宅

감문감주(坎門坎主. 복위택)

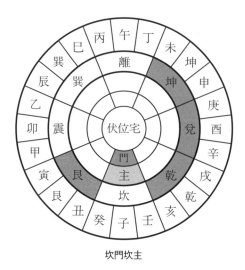

坎門坎主

동서사택론		음양론		오행론		8택론
東門東主	吉	陽門陽主	凶	水門水主	比和	伏位宅

복위택(伏位宅)이다. 순양(純陽)의 집으로 초년에는 크게 발복하나, 이 집에 오래 살면 처를 극하고 자식이 상해 홀아비가살며 핍사하는 집이 많다. 감(坎)이 거듭되는 것은 두 남자가동거하는 격으로 처첩이 없는 것과 같다.

감문간주(坎門艮主. 오귀택)

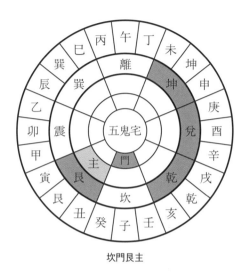

坎門艮主

동서사택론		음양론		오행론		8택론
東門西主	凶	陽門陽主	凶	水門土主	凶	五鬼宅

오귀택(五鬼宅)이다. 간(艮)이 감(坎)을 범해 어린아이가 많이
불리하고 투신자살과 관재구설 및 시비가 발생한다. 도적으로
재산을 잃고, 집안이 망하며, 병과 재난이 발생해 모든 일이
불리하다.

감문진주(坎門震主. 천을택)

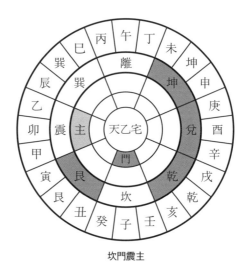

坎門震主

동서사택론		음양론		오행론		8택론
東門東主	吉	陽門陽主	凶	水門木主	吉	天乙宅

천을택(天乙宅)이다. 가난을 구제하는 데 제일이다. 초년에는 자손이 크게 번창하고 공명현달(功名顯達)하며 과거에 장원으로 연속해서 급제한다. 온 집안이 경사롭고 덕을 쌓는 것을 좋아하니 매사에 유리하다. 단, 이 집에 오래 살면 고독한 과부가 수절하고, 부녀자가 집안을 장악한다. 순양(純陽)이기 때문이다.

감문손주(坎門巽主. 생기택)

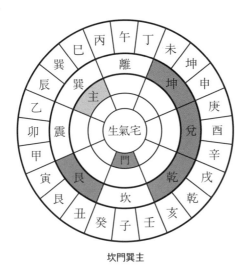

坎門巽主

동서사택론		음양론		오행론		8택론
東門東主	吉	陽門陰主	吉	水門木主	吉	生氣宅

생기택(生氣宅)이다. 다섯 아들이 과거에 급제하는 집으로, 남자는 총명하고 여자는 빼어나다. 자식은 효도하고 손자는 어질며, 후손이 왕성하고 부귀공명하다. 부귀를 완전히 갖춘 동사택 중 제1의 길택이다.

감문이주(坎門離主. 연년택)

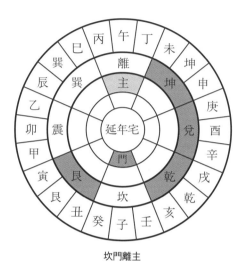

坎門離主

동서사택론		음양론		오행론		8택론
東門東主	吉	陽門陰主	吉	水門火主	凶	延年宅

연년택(延年宅)이다. 무곡금성(武曲金星)이니 네 아들이 강하고 부부가 화목하다. 부귀가 있고 재산과 가축이 모두 흥왕하다. 다만 이 집에 오래 살면 처를 극하고, 창자에 통증이 있으며 눈병이 생긴다.

감문곤주(坎門坤主. 절명택)

坎門坤主

동서사택론		음양론		오행론		8택론
東門西主	凶	陽門陰主	吉	水門土主	凶	絶命宅

절명택(絶命宅)이다. 토극수(土剋水)이니 곤(坤)이 감(坎)을 범한
다. 중남이 죽고, 과부가 난다. 창자에 동통이 오고, 기생충과
종기가 생기며 남녀가 요절한다.

감문태주(坎門兌主. 화해택)

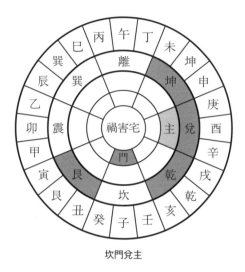

坎門兌主

동서사택론		음양론		오행론		8택론
東門西主	凶	陽門陰主	吉	水門金主	吉	禍害宅

화해택(禍害宅)이다. 재산은 흩어지고 집안이 망하며, 거듭 장가를 들어 처첩을 둔다. 부녀자들이 젊어서 죽고 해수(기침병), 토담(吐痰. 가래가 끓는 병), 폐병, 종기 등의 병증이 많다.

감문건주(坎門乾主. 육살택)

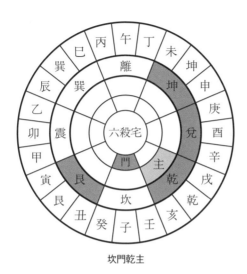

坎門乾主

동서사택론		음양론		오행론		8택론
東門西主	凶	陽門陽主	凶	水門金主	吉	六殺宅

육살택(六殺宅)이다. 방탕한 자가 나오며, 재산은 흩어지고 핍사한다. 처를 극하고 자식을 상하게 한다. 초년에는 간혹 발복하기도 하지만 십수 년에 불과하며 곧바로 어려워져 망한다. 이것은 순양(純陽)인 까닭이다.

이문팔주(離門八主)의 8택론

마당의 한가운데에서 측정한 대문 방위가 이방(離方. 丙·午·丁)
이면 이 집은 동사택이다. 이때 안방 위치는 8괘방으로 진(震),
손(巽), 이(離), 곤(坤), 태(兌), 건(乾), 감(坎), 간(艮)의 여덟 개 방
위에 있을 수 있다. 그 결과 이문팔주는 대문을 이방에 고정한
채 안방 방위를 여덟 곳에 배치해서 그 집의 길흉을 논하는 것
이다. 주(主)의 방위가 동사택에 해당하면 복택이고, 서사택에
해당하면 흉가다.

	동서사택론		음양론		오행론		8택론
이문이주	東門東主	吉	陰門陰主	凶	火門火主	比和	伏位宅
이문곤주	東門西主	凶	陰門陰主	凶	火門土主	吉	六殺宅
이문태주	東門西主	凶	陰門陰主	凶	火門金主	凶	五鬼宅
이문건주	東門西主	凶	陰門陽主	吉	火門金主	凶	絶命宅
이문감주	東門東主	吉	陰門陽主	吉	火門水主	凶	延年宅
이문간주	東門西主	凶	陰門陽主	吉	火門土主	吉	禍害宅
이문진주	東門東主	吉	陰門陽主	吉	火門木主	吉	生氣宅
이문손주	東門東主	吉	陰門陰主	凶	火門木主	吉	天乙宅

이문이주(離門離主. 복위택)

離門離主

동서사택론		음양론		오행론		8택론
東門東主	吉	陰門陰主	凶	火門火主	比和	伏位宅

복위택(伏位宅)이다. 초년에는 재물이 생기나 남자의 수명은
짧다. 이 집에 오래 살면 과부가 되고 절손으로 후손이 없다.
양자로 대를 잇는다.

이문곤주(離門坤主. 육살택)

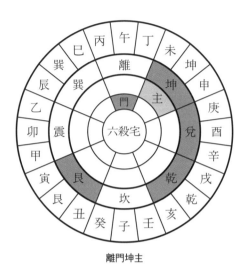

離門坤主

동서사택론		음양론		오행론		8택론
東門西主	凶	陰門陰主	凶	火門土主	吉	六殺宅

육살택(六殺宅)이다. 순음(純陰)이니 자손이 귀하고 남자의 수명이 짧다. 초년에는 간혹 발복하는 사람이 있으나 결국에는 과부가 혼자서 살고, 부인이 집을 꾸려나가며, 타인이 재산을 인수한다. 친자식은 없다.

이문태주(離門兌主. 오귀택)

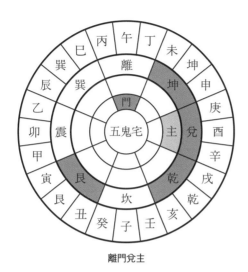

離門兌主

동서사택론		음양론		오행론		8택론
東門西主	凶	陰門陰主	凶	火門金主	凶	五鬼宅

오귀택(五鬼宅)이다. 이화(離火)가 태금(兌金)을 극해 재산은 흩어지고 처를 극하며, 부녀자의 성질이 드세다. 살인강도가 들며 핍사하고, 요절한다. 해수, 토담, 악창의 질병이 있다. 양자로 대를 이으며 남이 권세를 등에 업고 괴롭힌다. 순음(純陰)으로 여자가 많고 남자는 적다.

이문건주(離門乾主. 절명택)

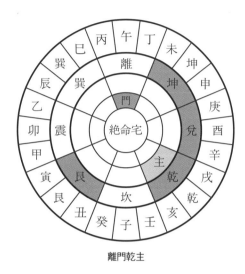

離門乾主

동서사택론		음양론		오행론		8택론
東門西主	凶	陰門陽主	吉	火門金主	凶	絕命宅

절명택(絶命宅)이다. 재산은 흩어지고 핍사하며, 부녀자가 집안의 권한을 장악한다. 음이 승하고 양이 쇠해 여자가 많고 남자가 적다. 안질, 두통, 악창과 화기(火氣)가 상승해 생기는 병이 있다.

이문감주(離門坎主. 연년택)

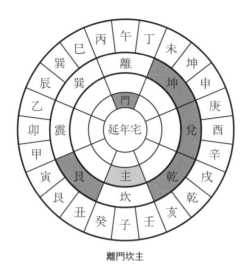

離門坎主

동서사택론		음양론		오행론		8택론
東門東主	吉	陰門陽主	吉	火門水主	凶	延年宅

연년택(延年宅)이다. 부부가 화목한 집이다. 복록수(福祿壽)가
온전하고 자식은 효도하며 손자는 어질고 충효현량하다. 아들
넷을 낳으며 아이들이 집 안에 가득하다. 단, 이 집에 오래 살
면 처를 극하고 심장과 배에 통증이 있으며 질병이 많다. 진손
(震巽)의 부엌을 갖추면 흉함이 해소되면서 모두가 길하다.

이문간주(離門艮主. 화해택)

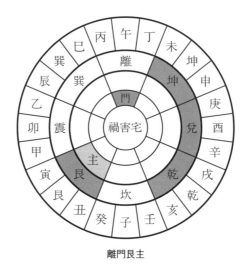

離門艮主

동서사택론		음양론		오행론		8택론
東門西主	凶	陰門陽主	吉	火門土主	吉	禍害宅

화해택(禍害宅)이다. 초년에는 간혹 부귀가 발복하는 사람도 있으나, 부녀자가 드세어 남편의 권한을 뺏는다. 단, 이 집에 오래 살면 자손이 귀하고 양자로 대를 이어가나 생육이 안 된다. 서(書)에 이르길 "이간(離艮)은 여자가 드세다."라고 했다.

이문진주(離門震主. 생기택)

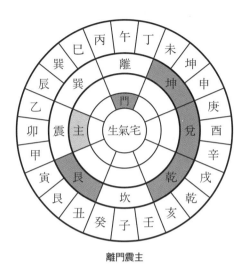

離門震主

동서사택론		음양론		오행론		8택론
東門東主	吉	陰門陽主	吉	火門木主	吉	生氣宅

생기택(生氣宅)이다. 목생화(木生火)이니 대부대귀하고 공명현달하며, 처는 어질고 자식은 효도한다. 남자는 총명하고 여자는 준수하다. 삼 년 대길에 다시 팔 년이 길하며, 장원급제에 유리하다. '마른하늘에서 날벼락이 친다'(平地一聲雷)라고 할 정도로 수재가 나와 장원급제를 하는데, 가난한 서생이 홀연히 부귀해지는 것은 대개가 이런 집이다. 손(巽)방에 부엌을 갖추면 더욱 이롭다.

이문손주(離門巽主. 천을택)

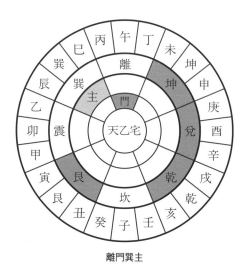

離門巽主

동서사택론		음양론		오행론		8택론
東門東主	吉	陰門陰主	凶	火門木主	吉	天乙宅

천을택(天乙宅)이다. 인의(仁義)를 갖춘 남녀가 태어나며, 부귀
가 있고 부인이 집안을 꾸려나간다. 초년에는 크게 발복하나
나중에는 핍사하고, 재산이 비록 흥왕하나 양자가 집안을 관
장한다.

진문팔주(震門八主)의 8택론

마당의 한가운데에서 측정한 대문 방위가 진방(震方. 甲·卯·乙)
이면 이 집은 동사택이다. 이때 안방 위치는 8괘방으로 진(震),
손(巽), 이(離), 곤(坤), 태(兌), 건(乾), 감(坎), 간(艮)의 여덟 개 방
위에 있을 수 있다. 그 결과 진문팔주는 대문을 진방에 고정한
채 안방 방위를 여덟 곳에 배치해서 그 집의 길흉을 논하는 것
이다. 주(主)의 방위가 동사택에 해당하면 복택이고, 서사택에
해당하면 흉가다.

	동서사택론		음양론		오행론		8택론
진문진주	東門東主	吉	陽門陽主	凶	木門木主	比和	伏位宅
진문손주	東門東主	吉	陽門陰主	吉	木門木主	比和	延年宅
진문이주	東門東主	吉	陽門陰主	吉	木門火主	吉	生氣宅
진문곤주	東門西主	凶	陽門陰主	吉	木門土主	凶	禍害宅
진문태주	東門西主	凶	陽門陰主	吉	木門金主	凶	絶命宅
진문건주	東門西主	凶	陽門陽主	凶	木門金主	凶	五鬼宅
진문감주	東門東主	吉	陽門陽主	凶	木門水主	吉	天醫宅
진문간주	東門西主	凶	陽門陽主	凶	木門土主	凶	六殺宅

진문진주(震門震主. 복위택)

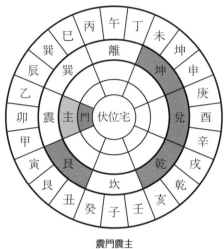

震門震主

동서사택론		음양론		오행론		8택론
東門東主	吉	陽門陽主	凶	木門木主	比和	伏位宅

복위택(伏位宅)이다. 두 남자가 동거하니 초년에는 부귀가 있
으나, 양이 승하고 음이 쇠하니 부인이 수명이 짧고 자손이 귀
하다. 이 집에 오래 살면 양자로 대를 이으며 홀아비가 산다.

진문손주(震門巽主. 연년택)

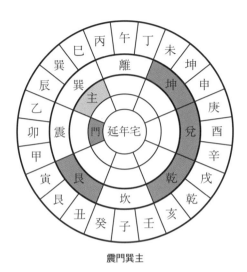

震門巽主

동서사택론		음양론		오행론		8택론
東門東主	吉	陽門陰主	吉	木門木主	比和	延年宅

연년택(延年宅)이다. 목(木) 두 개가 숲을 이루니, 장원급제에 가장 유리하다. 가난한 집이 홀연히 크게 부귀해진다면 이런 집이다. '마른하늘에서 날벼락이 친다'라고 하며, 나무가 다 자란 후에 금(金)을 만난 격이다. 주로 공명현달하고 아들 넷을 낳으니 대길하다.

진문이주(震門離主. 생기택)

震門離主

동서사택론		음양론		오행론		8택론
東門東主	吉	陽門陰主	吉	木門火主	吉	生氣宅

생기택(生氣宅)이다. 나무가 타서 불이 되는 목생화(木生火)이고 성궁(星宮)이 상생비화다. 다섯 아들이 과거에 급제하고, 부부가 화목하고, 집안이 번창하며, 재산이 나날이 늘어난다. 남자는 총명하고 여자는 준수하다. 자손들이 집안에 가득하고 며느리는 어질고 착하며, 수명은 백세에 이르니 대길하다.

진문곤주(震門坤主. 화해택)

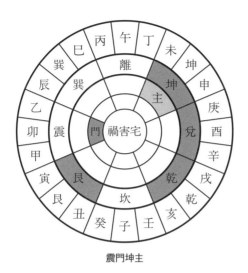

震門坤主

동서사택론		음양론		오행론		8택론
東門西主	凶	陽門陰主	吉	木門土主	凶	禍害宅

화해택(禍害宅)이다. 나무로 흙을 파헤치는 목극토(木剋土)이니 황종(黃腫. 구충류 때문에 생기는 기생충병), 비위(脾胃)에 병이 생기고, 진(震)이 곤궁(坤宮)에 들어가니 어머니가 아버지와 헤어진다. 초년에는 자손이 있으나 이 집에 오래 살면 자손과 재물을 지키지 못한다. 자손이 있으면 재물이 없고, 재물이 있으면 자손이 없는데, 열에 아홉 집은 가난하다.

진문태주(震門兌主. 절명택)

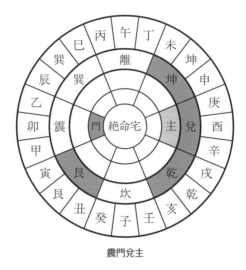

震門兌主

동서사택론		음양론		오행론		8택론
東門西主	凶	陽門陰主	吉	木門金主	凶	絶命宅

절명택(絶命宅)이다. 음양이 상극하니 자손과 재물은 모두 부족하다. 쇠로 나무를 자르는 금극목(金剋木)이니 허리와 다리, 심장과 배가 아프며, 혼자 살아가는 과부가 나온다. 핍사를 범해 외톨이로 의지할 데가 없다. 만약 동택으로 다섯째 층의 방이 고대하면 20~30년은 크게 발복하나 오래 살면 불길하다.

진문건주(震門乾主. 오귀택)

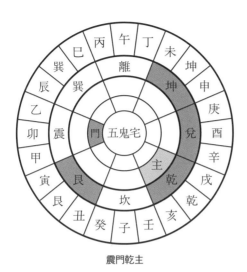

震門乾主

동서사택론		음양론		오행론		8택론
東門西主	凶	陽門陽主	凶	木門金主	凶	五鬼宅

오귀택(五鬼宅)이다. 노인이 해를 입고, 집주인의 수명이 짧아
지며, 괴이한 병과 아픔으로 죽는다. 사람 목숨과 관계된 관재
구설이 있으며 도적, 구설, 시비가 있다. 또한 처를 상하고 자
식을 극하며 재산은 점점 없어져 망한다. 거듭 장가를 들어 처
첩을 두며, 계집질과 도박으로 음탕하다. 화재와 눈병과 악창
이 생기며, 애를 낳다가 죽고, 허리와 다리와 심장과 배에 통
증이 생기는 흉한 집이다.

진문감주(震門坎主. 천의택)

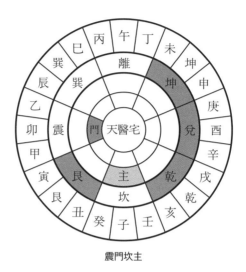

震門坎主

동서사택론		음양론		오행론		8택론
東門東主	吉	陽門陽主	凶	木門水主	吉	天醫宅

천의택(天醫宅)이다. 대문과 안방이 상생으로 초년에는 대길하다. 순양(純陽)으로 이 집에 오래 살면 처를 상하고 자식을 극해 자손이 불리하다. 다만 남녀가 매우 착해 인정이 많고 의리도 있다.

진문간주(震門艮主. 육살택)

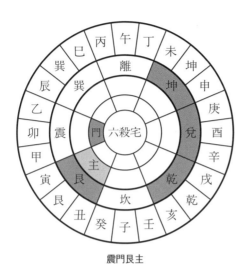

震門艮主

동서사택론		음양론		오행론		8택론
東門西主	凶	陽門陽主	凶	木門土主	凶	六殺宅

육살택(六殺宅)이다. 진간(震艮)이 상극을 범해 어린아이가 죽고 후손이 없으며, 남녀가 요절한다. 토(土)가 목(木)의 극을 받으니 풍질, 비위, 황종의 병이 생기며, 재산은 흩어지고 핍사한다. 양자가 집안을 장악하며 도적과 관재가 있다.

손문팔주(巽門八主)의 8택론

마당의 한가운데에서 측정한 대문 방위가 손방(巽方. 辰·巽·巳)
이면 이 집은 동사택이다. 이때 안방 위치는 8괘방으로 진(震),
손(巽), 이(離), 곤(坤), 태(兌), 건(乾), 감(坎), 간(艮)의 여덟 개 방
위에 있을 수 있다. 그 결과 손문팔주(巽門八主)는 대문을 손방
에 고정한 채 안방 방위를 여덟 곳에 배치해서 그 집의 길흉을
논하는 것이다. 주(主)의 방위가 동사택에 해당하면 복택이고,
서사택에 해당하면 흉가다.

	동서사택론		음양론		오행론		8택론
손문손주	東門東主	吉	陰門陰主	凶	木門木主	比和	伏位宅
손문이주	東門東主	吉	陰門陰主	凶	木門火主	吉	天乙宅
손문곤주	東門西主	凶	陰門陰主	凶	木門土主	凶	五鬼宅
손문태주	東門西主	凶	陰門陰主	凶	木門金主	凶	六殺宅
손문건주	東門西主	凶	陰門陽主	吉	木門金主	凶	禍害宅
손문감주	東門東主	吉	陰門陽主	吉	木門水主	吉	生氣宅
손문간주	東門西主	凶	陰門陽主	吉	木門土主	凶	絕命宅
손문진주	東門東主	吉	陰門陽主	吉	木門木主	比和	延年宅

손문손주(巽門巽主. 복위택)

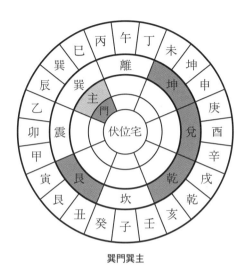

巽門巽主

동서사택론		음양론		오행론		8택론
東門東主	吉	陰門陰主	凶	木門木主	比和	伏位宅

복위택(伏位宅)이다. 부녀자가 집안을 꾸려나간다. 초년에는 재물이 있으나 음이 승하고 양이 쇠해 남자의 수명이 짧다. 주로 여자가 많고 남자가 적다. 단, 이 집에 오래 살면 절손(絶孫)되어 양자로 대를 잇는다.

손문이주(巽門離主. 천을택)

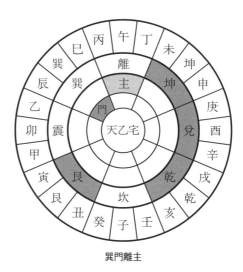

巽門離主

동서사택론		음양론		오행론		8택론
東門東主	吉	陰門陰主	凶	木門火主	吉	天乙宅

천을택(天乙宅)이다. 나무가 타 불이 되는 목생화(木生火)이니 부귀하고 부녀자가 준수하다. 집안 사람들은 매우 착하며, 사람을 구제하고 만사에 유리하다. 단, 이 집에 오래 살면 순음(純陰)이 오래가지 못하니 남자의 수명이 짧고 후손이 없어서 과부가 혼자 산다.

손문곤주(巽門坤主. 오귀택)

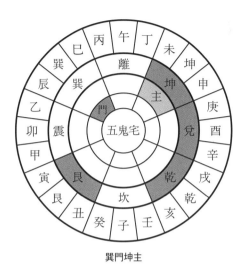

巽門坤主

동서사택론		음양론		오행론		8택론
東門西主	凶	陰門陰主	凶	木門土主	凶	五鬼宅

오귀택(五鬼宅)이다. 목극토(木剋土)라서 관재, 도적, 구설, 시비
와 유랑으로 파산한다. 고부간에 화목하지 못하고, 부녀자들
이 드세며, 질병이 있다. 남녀의 수명이 짧으며, 황종과 비위
의 병이 있다. 먼저 아들을 낳으나 이 집에 오래 살면 핍사하
고, 홀어미가 집안을 지키고, 양자들이 서로 다툰다.

손문태주(巽門兌主. 육살택)

巽門兌主

동서사택론		음양론		오행론		8택론
東門西主	凶	陰門陰主	凶	木門金主	凶	六殺宅

육살택(六殺宅)이다. 음이 음을 극하니 부녀자가 불리하고, 금 극목(金剋木)이니 근육에 통증이 있다. 남녀의 수명이 짧고 과 부가 혼자서 살며 양자가 대를 잇는다.

손문건주(巽門乾主. 화해택)

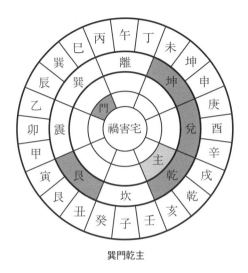

巽門乾主

동서사택론		음양론		오행론		8택론
東門西主	凶	陰門陽主	吉	木門金主	凶	禍害宅

화해택(禍害宅)이다. 양금(陽金)이 음목(陰木)을 극하여 양이 승하고 음이 쇠한다. 부녀자들의 수명이 짧다. 애를 낳다가 죽거나 눈병이 있으며, 허리와 다리, 심장과 배에 병이 있다. 초년에는 간혹 후손과 재산이 있고, 작은 공명을 얻는 사람도 있으니 이런 집은 주의 깊게 살펴야 한다. 만약 건손향(乾巽向)에 네 번째 층의 건물이 고대한 동택이라면 20~30년은 크게 발복한다.

손문감주(巽門坎主. 생기택)

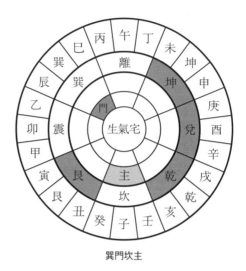

巽門坎主

동서사택론		음양론		오행론		8택론
東門東主	吉	陰門陽主	吉	木門水主	吉	生氣宅

생기택(生氣宅)이다. 다섯 아들이 과거에 급제하고 남녀가 준
수하며, 자식은 효도하고 손자는 어질다. 자손들이 집안에 가
득하고 부귀하며, 부부가 서로 존경하고 과거에 연달아 장원
급제한다. 대를 이어 영화를 누리는 제일의 복택으로 자손들
이 크게 왕성하고, 부녀자는 어질고 착하며 집안에 벼슬을 못
하는 사람이 없다.

손문간주(巽門艮主. 절명택)

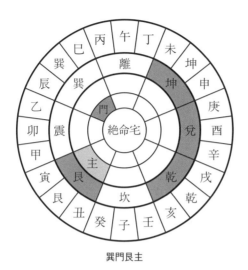

巽門艮主

동서사택론		음양론		오행론		8택론
東門西主	凶	陰門陽主	吉	木門土主	凶	絶命宅

절명택(絶命宅)이다. 손(巽)의 대문이 안방을 상하여, 풍으로 인해 삼대에 걸쳐 과부가 나온다. 어린 자식이 상하여 양자로 대를 이으며 관재와 도적이 있다. 황종이 생기고, 비장에 질환이 생기며 구설 등 많은 재앙이 있다.

손문진주(巽門震主. 연년택)

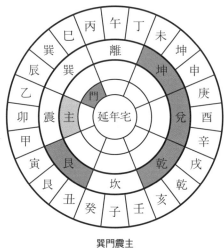

巽門震主

동서사택론		음양론		오행론		8택론
東門東主	吉	陰門陽主	吉	木門木主	比和	延年宅

연년택(延年宅)이다. 목(木) 두 개가 숲을 이루니 공명이 발달하고, 목이 성해 금(金)을 만나면 동량(棟梁)의 재목이 되어 갑과(甲科)에 급제한다. 이런 집은 '마른하늘에서 벼락이 친다.'라고 말한다. 먼저 가난하고 뒤에 부자가 되며, 수재가 장원급제하는 집이다.

팔문팔주(八門八主)의 요해(要解)

마당의 한가운데에서 측정한 대문 방위는 8괘방으로 구분해 8문(八門)이 있고, 각 대문별로 안방 위치는 다시 8괘방으로 구분해 8주(八主)가 있다. 결국 《양택삼요》에 따른 집의 길흉은 서사택 32택(4門×8主)과 동사택 32택(4門×8主) 총 64택으로 구분 짓는다.

건문팔주(乾門八主)
① 乾西門 → 乾西主 : 伏位宅   ② 乾西門 → 坎東主 : 六殺宅
③ 乾西門 → 艮西主 : 天乙宅   ④ 乾西門 → 震東主 : 五鬼宅
⑤ 乾西門 → 巽東主 : 禍害宅   ⑥ 乾西門 → 離東主 : 絶命宅
⑦ 乾西門 → 兌西主 : 生氣宅   ⑧ 乾西門 → 坤西主 : 延年宅

곤문팔주(坤門八主)
① 坤西門 → 坤西主 : 伏位宅   ② 坤西門 → 兌西主 : 天醫宅
③ 坤西門 → 乾西主 : 延年宅   ④ 坤西門 → 坎東主 : 絶命宅
⑤ 坤西門 → 艮西主 : 生氣宅   ⑥ 坤西門 → 震東主 : 禍害宅
⑦ 坤西門 → 巽東主 : 五鬼宅   ⑧ 坤西門 → 離東主 : 六殺宅

간문팔주(艮門八主)
① 艮西門 → 艮西主 : 伏位宅   ② 艮西門 → 震東主 : 六殺宅
③ 艮西門 → 巽東主 : 絶命宅   ④ 艮西門 → 離東主 : 禍害宅
⑤ 艮西門 → 坤西主 : 生氣宅   ⑥ 艮西門 → 兌西主 : 延年宅
⑦ 艮西門 → 乾西主 : 天乙宅   ⑧ 艮西門 → 坎東主 : 五鬼宅

태문팔주(兌門八主)
① 兌西門 → 兌西主 : 伏位宅   ② 兌西門 → 乾西主 : 生氣宅

집의 길흉을 살피는 절차

1. 멀리서 그 집의 윤곽과 명암에서 느껴지는 인상을 잡는다. 음기가 많은 집의 경우 가까이 들어서면 어딘가 모르게 음산하게 느껴지고 산만해 보인다.

2. 대문의 크기, 형태, 위치, 방향과 담의 특징을 고루 살핀 다음, 대문과 담 주변의 특징들도 세심하게 살펴본다.

3. 택지 모양으로 좋고 나쁨을 판단하고, 지붕 모양이 주변 산천의 모양과 비교해 상생 관계인지 혹은 상극 관계인지를 살핀다. 창문 크기로 적당한지 혹은 비례가 적합한지를 살핀다.

4. 현관의 장단점과 청소 상태, 신발이 잘 정돈되었는지를 살핀다. 이것으로 집주인의 정신 상태와 교양 정도를 판가름할 수 있다. 주인의 교양은 현관→화장실→부엌 순으로 살피되, 역시 주인의 마음을 살피는 것이 가장 중요하다.

5. 화장실, 거실, 부엌을 집의 중심에서 보아 판단하고, 정원의 각종 부속 건물이나 시설을 참작한다.

③ 兌西門 → 坎東主 : 禍害宅　④ 兌西門 → 艮西主 : 延年宅
⑤ 兌西門 → 震東主 : 絶命宅　⑥ 兌西門 → 巽東主 : 六殺宅
⑦ 兌西門 → 離東主 : 五鬼宅　⑧ 兌西門 → 坤西主 : 天乙宅

감문팔주(坎門八主)

① 坎東門 → 坎東主 : 伏位宅　② 坎東門 → 艮西主 : 五鬼宅
③ 坎東門 → 震東主 : 天乙宅　④ 坎東門 → 巽東主 : 生氣宅
⑤ 坎東門 → 離東主 : 延年宅　⑥ 坎東門 → 坤西主 : 絶命宅
⑦ 坎東門 → 兌西主 : 禍害宅　⑧ 坎東門 → 乾西主 : 六殺宅

이문팔주(離門八主)

① 離東門 → 離東主 : 伏位宅　② 離東門 → 坤西主 : 六殺宅
③ 離東門 → 兌西主 : 五鬼宅　④ 離東門 → 乾西主 : 絶命宅
⑤ 離東門 → 坎東主 : 延年宅　⑥ 離東門 → 艮西主 : 禍害宅
⑦ 離東門 → 震東主 : 生氣宅　⑧ 離東門 → 巽東主 : 天乙宅

진문팔주(震門八主)

① 震東門 → 震東主 : 伏位宅　② 震東門 → 巽東主 : 延年宅
③ 震東門 → 離東主 : 生氣宅　④ 震東門 → 坤西主 : 禍害宅
⑤ 震東門 → 兌西主 : 絶命宅　⑥ 震東門 → 坎東主 : 天醫宅
⑦ 震東門 → 乾西主 : 五鬼宅　⑧ 震東門 → 艮西主 : 六殺宅

손문팔주(巽門八主)

① 巽東門 → 巽東主 : 伏位宅　② 巽東門 → 離東主 : 天乙宅
③ 巽東門 → 坤西主 : 五鬼宅　④ 巽東門 → 兌西主 : 六殺宅
⑤ 巽東門 → 乾西主 : 禍害宅　⑥ 巽東門 → 坎東主 : 生氣宅
⑦ 巽東門 → 艮西主 : 絶命宅　⑧ 巽東門 → 震東主 : 延年宅

64택(宅)의 정리

구분	乾主	坤主	艮主	兌主	坎主	離主	震主	巽主
乾 門	伏	延	天	生	六	絕	五	禍
坤 門	延	伏	生	天醫	絕	六	禍	五
艮 門	天	生	伏	延	五	禍	六	絕
兌 門	生	天	延	伏	禍	五	絕	六
坎 門	六	絕	五	禍	伏	延	天	生
離 門	絕	六	禍	五	延	伏	生	天
震 門	五	禍	六	絕	天醫	生	伏	延
巽 門	禍	五	絕	六	生	天	延	伏

화장실·창고의 위치

사람이 거주하지 않는 화장실과 창고 같은 공간은 본 집의 사택 방위와는 반대 위치에 둬야 길하다. 즉, 집의 주요 구조물이 동사택 내에 있다면 이들은 서사택 내의 방위에 두고, 주택의 주요 구조물이 서사택 내에 있다면 이들은 동사택 방위 내에 둔다. 문(門)과 주(主)의 방위가 동사택에 있는 경우 화장실과 창고는 서사택의 방위에 두고, 문과 주가 서사택에 있는 경우 화장실과 창고는 동사택에 둬야 길하다.

제4장
길흉을 판단하는 법(2)
부엌

《양택삼요》에서 바라본 부엌

제3장에서는 《양택삼요》가 대문과 안방의 방위를 기준으로 집의 길흉을 어떻게 판단하는지를 살펴봤다. 그렇다면 부엌은 어떻게 바라봐야 할까. 《양택삼요》는 다음과 같이 말한다.

"문(門)은 기가 출입하는 곳이고 부엌[조(灶)]은 식록(食祿)이니 부엌과 문이 모두 귀중하다. 사람들이 이 이치를 가볍게 보나, 많은 집이 대문과 안방이 서로 조화가 있어 부귀를 누리면서도 이상한 질병에 시달리는 것은 모두 부엌이 흉하기 때문이다. 만병은 대개 음식에 의해 생기므로 부엌이 길하면 자손이 번성하고, 부엌이 흉하면 자손이 없다. 여러 번을 시험해도 백발백중하기 때문에 부엌을 삼요(三要)의 하나로 삼은 것이다."

부엌은 보조 수단

《양택삼요》에 의한 집의 길흉 판단은 전적으로 문(門)과 주(主)의 관계만을 살펴 어떤 택(宅)인지를 확정한다. 즉, 양택을 생기택 혹은 오귀택 등으로 이름 짓는 것은 오로지 문과 주와의 방위적 관계만으로 판단한다. 어떤 경우든 문(門)과 조(灶. 부엌) 혹은 주(안방)와 부엌의 상호 관계를 살펴 집의 이름을 정하지 않는다. 그러므로 부엌[灶]이 길하면서 택이 좋으면 금상첨화이고, 부엌이 길하면서 택이 흉하다면 택의 흉함이 감(減)해진다. 만약 부엌이 흉한데 택이 길하면 택의 길함이 감해지고, 택이 흉하다면 더욱 흉해져 설상가상이다.

부엌의 길흉 판단

부엌의 길흉을 판단할 때에는 대문과 부엌의 관계만 살핀다. 어떤 경우든 안방과 부엌의 방위를 보아 부엌의 길흉을 말하지 않는다. 부엌에 기를 공급하는 수구가 안방이 아닌 대문이기 때문이다. 즉, 대문으로 들어온 기는 마당의 한가운데에 모였다가 부엌문을 지나 부엌으로 기를 공급한다. 따라서 마당의 중심에서 문과 조(灶. 부엌)의 방위를 24방위로 본 다음, 8괘방으로 치환하고 이것을 '○門○主'식으로 판단한다.

8택론에 따라 이미 생기택, 오귀택이란 이름을 지었기 때문에, 문과 부엌의 관계도 생기 부엌, 오귀 부엌으로 부른다. 예를 들어 건문진주(乾門震主)는 오귀택인데, 건문진조(乾門震灶)이면 오귀 부엌이라 부른다. 감문손주(坎門巽主)이면 생기택인데, 감문손조(坎門巽灶)이면 생기 부엌이라 한다.

부엌의 길흉
부엌은 일가의 길흉화복이 메아리처럼 생겨나는 곳이다. 부엌은 생명을 기르는 원천으로 모든 병들이 음식에 따라 생기기 때문이다. 부엌은 생기, 천을, 연년의 3길방(三吉方)이 마땅하다. 만약 흉방(凶方)이면 인구(人口)가 불안하고 질병이 많은데, 오귀가 첫째요, 육살이 다음이다.

길한 부엌의 종류

부엌 내의 아궁이
옛날에 부엌은 음식을 조리하
고 저장하며, 난방하는 곳이었
다. 이때 음식은 사람의 질병
과 직결되므로 밥을 짓고 국과
반찬을 만드는 아궁이를 중요
하게 여겼다. 이런 관례에 따
라 현대 풍수에서도 부엌에 있
는 가스레인지의 위치를 가장
중요시한다.

천의 부엌(天醫灶)

아이를 낳아 키우기 어렵고, 늙어서도 자식이 없거나 가족이
안정되지 못한다. 오래된 병이 완쾌되지 않을 경우 천의방에
부엌을 두어야 한다. 또 주인의 본명궁을 찾아 천의방에 조리
대(오븐, 전자레인지)와 아궁이(가스레인지)를 두면 대길하다.

생기 부엌(生氣灶)

책을 읽어도 성공하지 못하거나 공명이 불리한 경우, 또는 집
안이 가난하면 생기방에 부엌을 둔다. 재물을 얻고자 한다면
이 역시 생기부엌을 삼는다. 100일 안에 효험을 보고 3년 동
안 길하다.

부뚜막과 아궁이
부엌을 만들 때면, 먼저 진사
방(辰巳方)에 있는 겉흙을 5치
깊이로 제거한 다음 그 아래의
정토(淨土)를 취한다. 정화수와
향수, 술과 돼지 간을 진흙과
섞어 새 벽돌을 만들고, 세토
(細土)를 써서 만든다. 만약 벽
흙이나 부엌에 남았던 흙, 우
물을 파서 나온 흙을 쓰면 크
게 흉하다.
　임신 중인 부인이 있으면, 작
은 공사까지 피한다. 특히 아
궁이를 뜯거나 부뚜막을 고치
는 일은 반드시 피한다. 가신
(家神) 중에 부뚜막에 사는 조
왕신이 있기 때문이다. 조왕신
의 노여움을 두려워해 함부로
토역을 꺼리고, 부뚜막에 걸터
앉지도 않는 풍습이 있다.

연년 부엌(延年灶)

남녀의 수명이 짧거나 집에 이로움이 없으면 연년방에 부엌
을 둔다. 즉각 수명이 늘어나고 재산이 불어난다. 문과 주가
연년택이고, 부엌이 천의조(天醫灶)이면 효과가 가장 빠르다.
천의, 생기, 연년의 세 부엌은 모두 집과 본명궁이 서로 맞아
야 하고, 만약 맞지 않으면 조리대와 아궁이를 본명궁과 대비
해 길한 방위에 둔다. 그러면 길하다.

건문(乾門) 64조(灶)의 길흉

건문건주팔조(乾門乾主八灶)

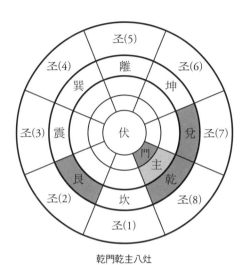

乾門乾主八灶

1	건문감조(乾門坎灶)	초년에는 상생의 도(道)를 얻어 길하나, 이 집에 오래 살면 재산은 흩어지고 가난으로 고달프다. 음탕과 도박으로 처자가 상하니, 양자로 대를 잇고 해수병(기침을 심하게 하는 병)이 있다.
2	건문간조(乾門艮灶)	초년에는 부귀가 쌍전하고 아들 셋을 낳는다. 이 집에 오래 살면 순양(純陽)으로 거듭 장가를 들어 첩을 두어도 부녀자가 상해 후손이 끊어지는 핍사를 당한다. 따라서 양자로 대를 잇는다.
3	건문진조(乾門震灶)	장남이 불리하고, 소송의 구설이 있다. 사람이 상하고 재산이 흩어지며, 도둑질을 하다가 흉사한다.
4	건문손조(乾門巽灶)	초년에는 조금 길하나 이 집에 오래 살면 부녀자들의 수명이 짧고, 허리와 다리와 심장과 배 등에 통증이 있다.

5	건문이조(乾門離灶)	음이 성하고 양이 상해 여자가 많고 남자가 적다. 자손과 재물이 없다. 두통과 안질 등의 질병이 있으며 부인은 성질이 강하고 핍사한다.
6	건문곤조(乾門坤灶)	부부가 금실이 좋아 정배(正配)하고, 아들을 넷이나 낳고 복(福), 수(壽), 녹(綠)을 함께한다.
7	건문태조(乾門兌灶)	초년에는 자손과 재물이 있으나 이 집에 오래 살면 거듭 장가를 가 처첩을 거느린다. 허나 결국은 수절 과부만 집에 남는다.
8	건문건조(乾門乾灶)	초년에는 발복하나 이 집에 오래 살면 처가 상해 핍사한다.

건문감주팔조(乾門坎主八灶)

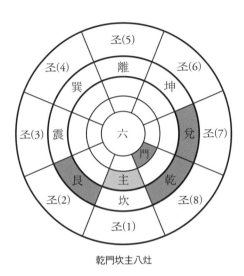

乾門坎主八灶

1	건문감조(乾門坎灶)	가정은 생육을 못하고, 재산은 흩어지고 흉한 일이 일어난다.
2	건문간조(乾門艮灶)	아들 세 명을 낳지만 오귀를 범해 애를 키우기 어렵다. 중남의 수명이 짧고, 심장과 배가 아프며, 흉한 기운으로 배가 부른 질병이 있다.
3	건문진조(乾門震灶)	초년에는 약간 괜찮으나 이 집에 오래 살면 크게 흉하다.
4	건문손조(乾門巽灶)	초년에는 자손과 재산 모두 좋으나 이 집에 오래 살면 근육에 통증이 있고, 부인의 수명이 짧으며, 어질고 착한 부녀가 많이 상한다.
5	건문이조(乾門離灶)	남녀의 수명이 짧으며 반은 길하고, 반은 흉하다.
6	건문곤조(乾門坤灶)	자손과 재산이 모두 번성하나 수절과부가 나오며, 중남 집이 핍사한다.
7	건문태조(乾門兌灶)	자손은 번창하나 부인의 수명이 짧다.
8	건문건조(乾門乾灶)	건조(乾灶)는 대문과는 비화이고, 안방과는 육살로 절손(絶孫)한다.

건문간주팔조(乾門艮主八灶)

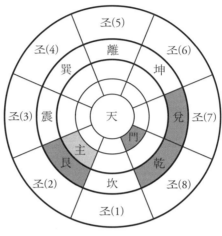

乾門艮主八灶

1	건문감조(乾門坎灶)	심장과 배가 아프고 비장에 허로증이 있으며, 애를 키우기 어렵다. 남녀가 요절하고 거듭 장가를 들어 처첩을 두며, 사악한 기운이 스며든다.
2	건문간조(乾門艮灶)	재산은 흥왕하나 아들과 딸이 상하고, 자손은 귀하다.
3	건문진조(乾門震灶)	자손이 귀하다. 기생충병을 앓고, 지라(비장)에 병이 생겨 흉하다.
4	건문손조(乾門巽灶)	근육이 아프며, 처를 극하고 자식이 상한다. 산고(産苦)와 황달이 있으며, 어린이에게 풍질이 있다.
5	건문이조(乾門離灶)	부녀자의 성질이 강해 아내를 두려워한다. 머리가 어지럽고 눈병이 있다.
6	건문곤조(乾門坤灶)	연년과 생기로 크게 길하다.
7	건문태조(乾門兌灶)	상서로운 일이 순조롭게 일어난다.
8	건문건조(乾門乾灶)	초년에는 부귀가 발복하나 이 집에 오래 살면 처를 극하고 자식이 상한다.

건문진주팔조(乾門震主八灶)

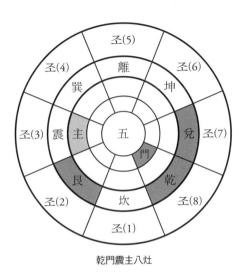

乾門震主八灶

1	건문감조(乾門坎灶)	초년에는 오히려 좋으나, 이 집에 오래 살면 자손이 귀하다.
2	건문간조(乾門艮灶)	재물은 있으나 자손이 귀하다. 어린이가 병에 걸리고, 아픈 것이 거듭된다.
3	건문진조(乾門震灶)	오귀를 범해 크게 흉하다.
4	건문손조(乾門巽灶)	부녀자들의 수명이 짧고, 근육에 통증이 있다. 낙태를 하고, 해산(解産)하다 죽는다.
5	건문이조(乾門離灶)	남자가 요절한다.
6	건문곤조(乾門坤灶)	대문과는 상생이고, 안방과는 상극이라 길과 흉이 반반이다.
7	건문태조(乾門兌灶)	대문과는 비화(金門金灶)이고, 안방과는 상극이라 흉하다.
8	건문건조(乾門乾灶)	반드시 후손이 끊어지며 크게 흉하다.

건문손주팔조(乾門巽主八灶)

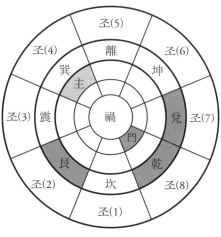

乾門巽主八灶

1	건문감조(乾門坎灶)	초년에는 재물과 자손이 있으나, 이 집에 오래 살면 왕성하지 못하다.
2	건문간조(乾門艮灶)	핍사하며 불길하다.
3	건문진조(乾門震灶)	오귀로 크게 흉하다.
4	건문손조(乾門巽灶)	부녀자들의 수명이 짧다.
5	건문이조(乾門離灶)	부녀자들이 집에서 폭력을 휘두르며, 남자의 수명이 짧다.
6	건문곤조(乾門坤灶)	노모가 일찍 죽는다.
7	건문태조(乾門兌灶)	남녀의 수명이 짧다.
8	건문건조(乾門乾灶)	처가 상하고 자식이 극한다.

건문이주팔조(乾門離主八灶)

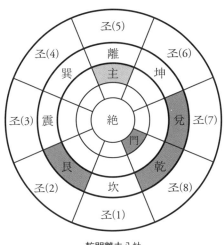

乾門離主八灶

인정(人丁)
인재와 장정을 의미하며, 주로 대를 이을 남자 후손을 가리킨다.

1	건문감조(乾門坎灶)	재산이 흩어지고 처를 극하며 음탕하다.
2	건문간조(乾門艮灶)	자손이 현명하고 선량하다. 부녀자의 성품이 사납다.
3	건문진조(乾門震灶)	오귀를 범해 크게 흉하다.
4	건문손조(乾門巽灶)	맏며느리가 낙태를 하고, 애를 낳다가 요절한다.
5	건문이조(乾門離灶)	대문과 상극으로 흉하다.
6	건문곤조(乾門坤灶)	반은 길하고 반은 흉하다.
7	건문태조(乾門兌灶)	대문과는 비화이고 안방과는 상극으로 흉하다.
8	건문건조(乾門乾灶)	대문과는 비화이고 안방과는 상극으로 불길하다.

건문곤주팔조(乾門坤主八灶)

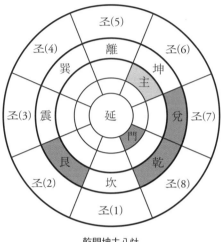

乾門坤主八灶

1	건문감조(乾門坎灶)	차남이 단명하고, 대장과 소장이 아프며 불길하다.
2	건문간조(乾門艮灶)	남녀가 매우 착하고 크게 길하다.
3	건문진조(乾門震灶)	대흉하다.
4	건문손조(乾門巽灶)	노모와 맏며느리가 일찍 죽는다.
5	건문이조(乾門離灶)	화극금(火克金)의 상극으로 흉하다.
6	건문곤조(乾門坤灶)	대길하다.
7	건문태조(乾門兌灶)	사람을 구제하고, 만물이 유리하다. 부귀를 누리나 이 집에 오래 살면 과부가 되며, 사위를 사랑해 사위가 대를 잇는다.
8	건문건조(乾門乾灶)	대문과는 비화, 안방과는 상생으로 길하다.

건문태주팔조(乾門兌主八灶)

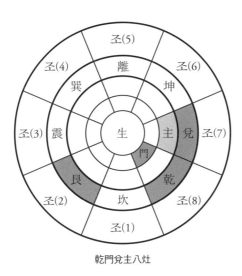

乾門兌主八灶

1	건문감조(乾門坎灶)	자녀의 생육이 안 되며, 재산은 흩어지고 핍사한다. 처를 극하고 음탕하다.
2	건문간조(乾門艮灶)	천을의 부엌으로 크게 길하다.
3	건문진조(乾門震灶)	오귀의 부엌으로 흉하다.
4	건문손조(乾門巽灶)	애를 낳다가 죽으며, 근육에 통증이 있다.
5	건문이조(乾門離灶)	남녀의 수명이 짧고, 재산은 흩어지며 크게 흉하다.
6	건문곤조(乾門坤灶)	연년의 부엌이고 안방과 상생되어 길하다.
7	건문태조(乾門兌灶)	길하다.
8	건문건조(乾門乾灶)	부녀자가 일찍 죽고, 수절 과부가 살아가며 음탕하다.

곤문(坤門) 64조(灶)의 길흉

곤문곤주팔조(坤門坤主八灶)

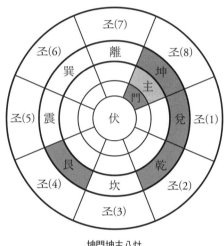

坤門坤主八灶

육축(六畜)
집에서 기르던 짐승으로 소, 말, 돼지, 양, 닭, 개를 말한다.

1	곤문태조(坤門兌灶)	사람을 구제하고, 만물이 유리하다. 부귀를 누리나 이 집에 오래 살면 과부가 되며, 사위를 사랑해 사위가 대를 잇는다.
2	곤문건조(坤門乾灶)	연년의 부엌으로 크게 길하다.
3	곤문감조(坤門坎灶)	심장과 배에 통증이 있으며, 허로증이 있다.
4	곤문간조(坤門艮灶)	생기의 부엌으로 길하다.
5	곤문진조(坤門震灶)	상극으로 흉하다.
6	곤문손조(坤門巽灶)	남녀의 수명이 짧고 크게 흉하다.
7	곤문이조(坤門離灶)	육살로 불길하다.
8	곤문곤조(坤門坤灶)	재물은 있으나 홀어미가 양자로 대를 잇는다.

곤문태주팔조(坤門兌主八灶)

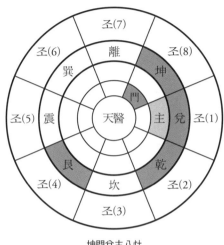

坤門兌主八灶

1	곤문태조(坤門兌灶)	크게 길하나 자식은 없다.
2	곤문건조(坤門乾灶)	연년으로 후손과 재물이 왕성하며, 수명도 길고 공명현달하다.
3	곤문감조(坤門坎灶)	상극으로 흉하다.
4	곤문간조(坤門艮灶)	대문과 비화, 안방과 상생으로 크게 길하다.
5	곤문진조(坤門震灶)	상극이라 크게 흉하다.
6	곤문손조(坤門巽灶)	불길하다.
7	곤문이조(坤門離灶)	오귀를 범해 흉한 일이 일어난다.
8	곤문곤조(坤門坤灶)	재물은 있으나 남자가 귀하다.

곤문건주팔조(坤門乾主八灶)

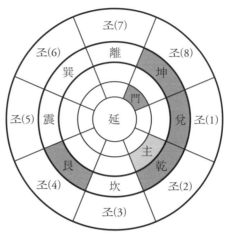

坤門乾主八灶

1	곤문태조(坤門兌灶)	삼길(三吉)의 부엌이라 크게 길하다.
2	곤문건조(坤門乾灶)	대문과 상생, 안방과 비화로 길하다.
3	곤문감조(坤門坎灶)	상극으로 흉하다.
4	곤문간조(坤門艮灶)	천을, 생기 부엌이 아름답다.
5	곤문진조(坤門震灶)	크게 흉하다.
6	곤문손조(坤門巽灶)	오귀를 범해 크게 흉하다.
7	곤문이조(坤門離灶)	흉하다.
8	곤문곤조(坤門坤灶)	삼길(三吉. 坤門乾主坤灶)의 부엌으로 크게 길하다.

곤문감주팔조(坤門坎主八灶)

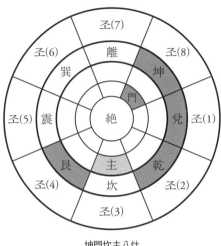

坤門坎主八灶

1	곤문태조(坤門兌灶)	남녀의 수명이 짧다.
2	곤문건조(坤門乾灶)	약간 길하나 이 집에 오래 살면 음탕하고, 집안이 쇠락해 후손이 없다.
3	곤문감조(坤門坎灶)	대문과 상극으로 흉하다.
4	곤문간조(坤門艮灶)	자손이 귀하고 흉하다.
5	곤문진조(坤門震灶)	불길하다.
6	곤문손조(坤門巽灶)	오귀를 범해 흉하다.
7	곤문이조(坤門離灶)	안방과 정배이고, 대문과 생육이 안 되니 길흉은 반반이다.
8	곤문곤조(坤門坤灶)	대문과는 비화이고, 안방과 상극이라 불길하다.

곤문간주팔조(坤門艮主八灶)

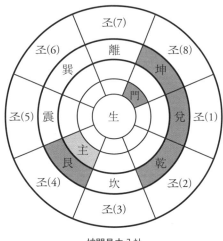

坤門艮主八灶

1	곤문태조(坤門兌灶)	대문과 상생이고, 안방과는 정배로 크게 이롭다.
2	곤문건조(坤門乾灶)	수명이 길어 길하다.
3	곤문감조(坤門坎灶)	대문, 안방과 상극으로 흉하다.
4	곤문간조(坤門艮灶)	비화로 길하다.
5	곤문진조(坤門震灶)	비위와 심장이 아프고, 남녀 수명이 짧아 불길하다.
6	곤문손조(坤門巽灶)	해산하다 죽으며, 폐병·도둑이 들고, 양(陽)이 쇠락해 부녀자가 집안을 꾸려나간다.
7	곤문이조(坤門離灶)	부녀자가 악랄하며 생리가 불순하다. 어린이를 키우기 어렵다.
8	곤문곤조(坤門坤灶)	비화로 크게 길하다.

곤문진주팔조(坤門震主八灶)

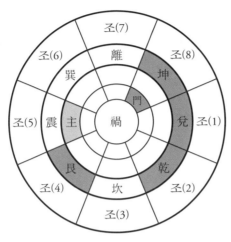

坤門震主八灶

1	곤문태조(坤門兌灶)	남녀의 수명이 짧다.
2	곤문건조(坤門乾灶)	길흉이 반반이다.
3	곤문감조(坤門坎灶)	절명(絕命)으로 배에 병이 생기고, 차남이 요절한다.
4	곤문간조(坤門艮灶)	남녀가 불리하고, 어린애를 키우기 어렵다.
5	곤문진조(坤門震灶)	불길하다.
6	곤문손조(坤門巽灶)	오귀를 범해 흉하다.
7	곤문이조(坤門離灶)	반은 길하고 반은 흉하다.
8	곤문곤조(坤門坤灶)	불길하다.

곤문손주팔조(坤門巽主八灶)

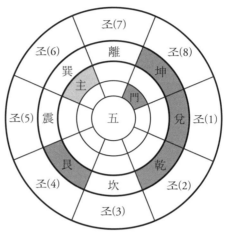

坤門巽主八灶

1	곤문태조(坤門兌灶)	남녀가 요절하니 흉하다.
2	곤문건조(坤門乾灶)	부녀자의 수명이 짧다.
3	곤문감조(坤門坎灶)	대문과는 상극, 안방과는 상생으로 길흉이 반반이다.
4	곤문간조(坤門艮灶)	삼대를 거쳐 과부가 나오며 핍사하고, 부녀자가 집을 꾸려 나간다.
5	곤문진조(坤門震灶)	부녀자가 불길하다.
6	곤문손조(坤門巽灶)	오귀를 범해 남녀가 요절해 흉하다.
7	곤문이조(坤門離灶)	반은 길하고 반은 흉하다.
8	곤문곤조(坤門坤灶)	대문과 비화, 안방과 상극이라 흉하다.

곤문이주팔조(坤門離主八灶)

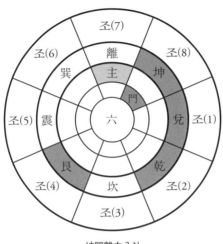

坤門離主八灶

1	곤문태조(坤門兌灶)	오귀를 범해 크게 흉하다.
2	곤문건조(坤門乾灶)	남자의 수명이 짧고, 과부가 수절하며 산다.
3	곤문감조(坤門坎灶)	대문과 상극이라 불길하다.
4	곤문간조(坤門艮灶)	재물은 쌓이나, 부녀자가 교활하고 흉악하다.
5	곤문진조(坤門震灶)	길흉이 반반이다.
6	곤문손조(坤門巽灶)	오귀를 범해 불길하다.
7	곤문이조(坤門離灶)	재물이 늘어나나 이 집에 오래 살면 자손이 귀하다.
8	곤문곤조(坤門坤灶)	길흉이 반반이다.

간문(艮門) 64조(灶)의 길흉

간문간주팔조(艮門艮主八灶)

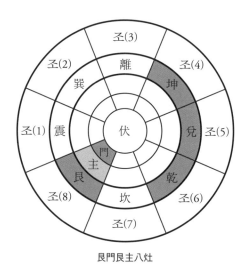

艮門艮主八灶

1	간문진조(艮門震灶)	처가 상해 대가 끊어진다.
2	간문손조(艮門巽灶)	과부가 수절하며 집안을 책임진다. 어린아이에게 황종이 나고 비장에 병이 생겨 양자로 대를 이어간다.
3	간문이조(艮門離灶)	초년에는 발복하나, 이 집에 오래 살면 악녀가 집안을 어지럽힌다.
4	간문곤조(艮門坤灶)	비화로 길하다.
5	간문태조(艮門兌灶)	상생으로 길하다.
6	간문건조(艮門乾灶)	부자가 매우 착하다. 처를 극하고 어린이에게 불리하다. 초년에는 부귀를 누리나 이 집에 오래 살면 대가 끊어져 불길하다.
7	간문감조(艮門坎灶)	오귀를 범해 매사 불리하고 크게 흉하다.
8	간문간조(艮門艮灶)	재물이 있으나 자손이 없다.

간문진주팔조(艮門震主八灶)

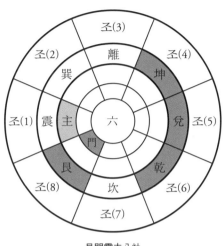

艮門震主八灶

1	간문진조(艮門震灶)	대문과 상극으로 재산이 흩어져 불리하다.
2	간문손조(艮門巽灶)	과부가 수절하고 살며, 대는 끊어진다. 풍질, 황종, 비병(脾病)이 있다.
3	간문이조(艮門離灶)	화생토(火生土)로 대문에게 기운을 빼앗기나, 안방은 생기라서 길흉이 엇갈린다.
4	간문곤조(艮門坤灶)	부엌과 대문은 비화, 안방과는 상극으로 불길하다.
5	간문태조(艮門兌灶)	재물은 있으나 남자를 극한다. 과부가 집안을 책임진다.
6	간문건조(艮門乾灶)	부엌은 안방과 오귀를 범해 흉하다.
7	간문감조(艮門坎灶)	부엌은 대문과 오귀를 범해 흉하다.
8	간문간조(艮門艮灶)	대문과 비화, 안방과 상극이라 불길하다.

간문손주팔조(艮門巽主八灶)

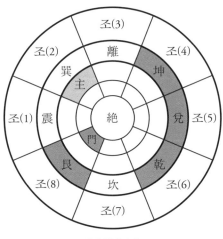

艮門巽主八灶

1	간문진조(艮門震灶)	어린이를 키우기 어렵고 대가 끊어진다.
2	간문손조(艮門巽灶)	성(姓)이 다른 자식을 길러 대를 잇는다.
3	간문이조(艮門離灶)	사나운 여자가 전권을 휘두르고 생리가 불순하며 자궁출혈이 있다.
4	간문곤조(艮門坤灶)	부엌이 안방과 상극으로 남녀가 불리하다.
5	간문태조(艮門兌灶)	부녀자가 요절한다.
6	간문건조(艮門乾灶)	해산하다 죽거나 낙태를 하며, 근육이 아프다.
7	간문감조(艮門坎灶)	부엌은 대문과 오귀로 흉하다.
8	간문간조(艮門艮灶)	대문과 비화, 안방과 상극이라 불길하다.

간문이주팔조(艮門離主八灶)

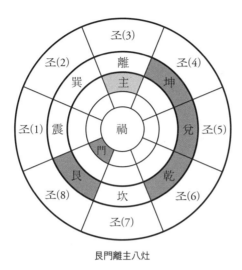

艮門離主八灶

1	간문진조(艮門震灶)	상극으로 핍사하며 불길하다.
2	간문손조(艮門巽灶)	과부가 수절하며 살고 대가 끊어진다.
3	간문이조(艮門離灶)	처가 남편의 권한을 빼앗아 집을 장악한다.
4	간문곤조(艮門坤灶)	부엌은 대문과 비화로 재물이 일어난다.
5	간문태조(艮門兌灶)	젊은 부녀자가 흉사한다.
6	간문건조(艮門乾灶)	노인의 수명이 짧다.
7	간문감조(艮門坎灶)	부엌은 대문과 오귀로 흉하다.
8	간문간조(艮門艮灶)	초년에 약간의 재물이 있어 길하다.

간문곤주팔조(艮門坤主八灶)

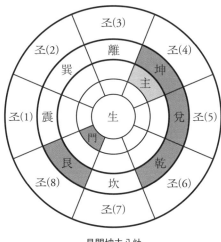

艮門坤主八灶

1	간문진조(艮門震灶)	남녀가 요절하며 어린애를 키우기 어렵고, 관재구설이 있다.
2	간문손조(艮門巽灶)	자손이 없어 대가 끊기니 불길하다.
3	간문이조(艮門離灶)	부녀자가 사나워 불길하다.
4	간문곤조(艮門坤灶)	부엌은 대문, 안방과는 비화로 길하다.
5	간문태조(艮門兌灶)	부엌은 대문, 안방과 상생으로 대길하다.
6	간문건조(艮門乾灶)	부엌은 대문과 천을로 대길하다.
7	간문감조(艮門坎灶)	크게 흉하다.
8	간문간조(艮門艮灶)	대문, 안방과 비화로 길하다.

간문태주팔조(艮門兌主八灶)

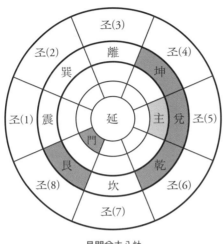

艮門兌主八灶

1	간문진조(艮門震灶)	상극으로 흉하다.
2	간문손조(艮門巽灶)	부녀자의 수명이 짧고 핍사하며 불길하다.
3	간문이조(艮門離灶)	젊은 여자가 흉사한다.
4	간문곤조(艮門坤灶)	아들을 많이 낳으며, 복록과 장수를 누리고 모든 일이 대길하다.
5	간문태조(艮門兌灶)	어진 여자가 집을 책임지며, 준수한 여자가 배출된다.
6	간문건조(艮門乾灶)	삼길의 부엌이라 부귀가 발복하고, 수명은 80~90세로 대길하다.
7	간문감조(艮門坎灶)	부엌과 대문은 오귀로 크게 흉하다.
8	간문간조(艮門艮灶)	비화로 길하다.

간문건주팔조(艮門乾主八灶)

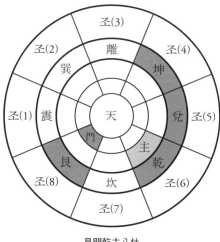

艮門乾主八灶

1	간문진조(艮門震灶)	오귀, 육살을 범해 크게 흉하다.
2	간문손조(艮門巽灶)	남녀가 요절하니 불길하다.
3	간문이조(艮門離灶)	과부가 수절한다. 재산은 흩어지고, 안질과 악창이 있다.
4	간문곤조(艮門坤灶)	대문과는 비화, 안방과는 상생으로 크게 유리하다.
5	간문태조(艮門兌灶)	상생으로 길하다.
6	간문건조(艮門乾灶)	삼양(三陽)으로 핍사하며 처를 극한다.
7	간문감조(艮門坎灶)	오귀를 범해 어린이가 요절한다.
8	간문간조(艮門艮灶)	상생, 비화로 길함이 보통이다.

간문감주팔조(艮門坎主八灶)

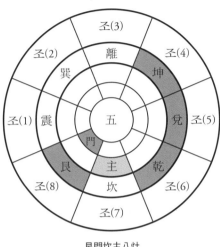

艮門坎主八灶

1	간문진조(艮門震灶)	부엌은 대문과 상극으로 불리하다.
2	간문손조(艮門巽灶)	황종과 풍병이 있고, 과부가 수절하며 살아가니 불길하다.
3	간문이조(艮門離灶)	사나운 부녀자가 집안을 어지럽힌다.
4	간문곤조(艮門坤灶)	중남의 수명이 짧다.
5	간문태조(艮門兌灶)	집안이 편안하다.
6	간문건조(艮門乾灶)	처를 극하고 자식은 상하며 재산은 흩어진다. 음탕해지고 도박을 한다.
7	간문감조(艮門坎灶)	크게 흉하다.
8	간문간조(艮門艮灶)	부엌이 안방과는 상극으로 흉하다.

태문(兑門) 64조(灶)의 길흉

태문태주팔조(兑門兑主八灶)

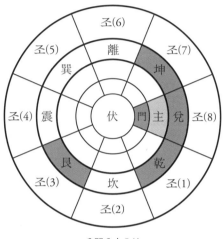

兑門兑主八灶

오복(五福)

다섯 가지 복을 일컫는다. 수(壽)는 몸의 건강을, 부(富)는 재물이 있어 넉넉하게 사는 것을, 강녕(康寧)은 편안한 마음을, 유호덕(攸好德)은 선을 베푸는 것을, 고종명(考終命)은 천수를 누리는 것을 뜻한다.

1	태문건조(兑門乾灶)	생기로 길하다.
2	태문감조(兑門坎灶)	기운이 빠져 재산은 없어지고 처를 극한다.
3	태문간조(兑門艮灶)	상생이라 크게 길하다.
4	태문진조(兑門震灶)	부엌은 대문, 안방과 상극으로 흉하다.
5	태문손조(兑門巽灶)	부녀자가 분란을 일으키며 요절하고, 자손이 없어 대가 끊어진다.
6	태문이조(兑門離灶)	악마와 귀신이 집에 들어와 크게 흉하다.
7	태문곤조(兑門坤灶)	음이 승하고 양이 쇠해 남녀의 수명이 짧다.
8	태문태조(兑門兑灶)	재물은 있으나 자손은 없다.

태문건주팔조(兌門乾主八灶)

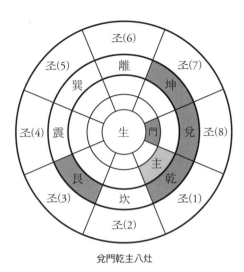

兌門乾主八灶

1	태문건조(兌門乾灶)	부엌은 대문, 안방과 비화로 길하다.
2	태문감조(兌門坎灶)	기운이 빠져 재산이 흩어지고 남녀가 요절한다.
3	태문간조(兌門艮灶)	상생이라 크게 길하다.
4	태문진조(兌門震灶)	과부가 수절하며 살아가니 불길하다.
5	태문손조(兌門巽灶)	부녀자의 수명이 짧고 맏며느리와 장남이 불리하다.
6	태문이조(兌門離灶)	부엌이 대문과 안방을 극하니 크게 흉하다.
7	태문곤조(兌門坤灶)	천을, 연년으로 크게 길하다.
8	태문태조(兌門兌灶)	부엌이 대문, 안방과 비화로 길하다.

패절(敗絶)

집안이 쇠해서 후손이 없다.

태문감주팔조(兌門坎主八灶)

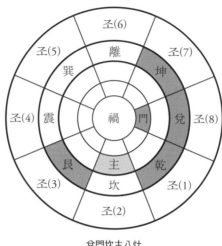

兌門坎主八灶

1	태문건조(兌門乾灶)	재산이 흩어지고 장정(壯丁)이 상하니 불길하다.
2	태문감조(兌門坎灶)	부녀자의 수명이 짧다.
3	태문간조(兌門艮灶)	어린이가 요절하고 핍사하니 불리하다.
4	태문진조(兌門震灶)	부엌은 대문과 상극으로 불길하다.
5	태문손조(兌門巽灶)	부녀자가 불리하다.
6	태문이조(兌門離灶)	오귀를 범해 크게 흉하다.
7	태문곤조(兌門坤灶)	중남이 요절하고 과부가 수절하며 핍사한다.
8	태문태조(兌門兌灶)	부녀자의 수명이 짧아 불리하다.

태문간주팔조(兌門艮主八灶)

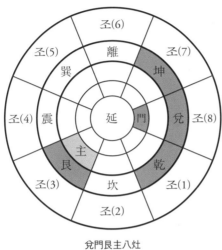

兌門艮主八灶

1	태문건조(兌門乾灶)	부엌은 안방과는 천을, 대문과는 생기로 크게 길하다.
2	태문감조(兌門坎灶)	오귀를 범해 크게 흉하다.
3	태문간조(兌門艮灶)	상생과 비화로 길하다.
4	태문진조(兌門震灶)	상극으로 흉하다.
5	태문손조(兌門巽灶)	상극으로 흉하다.
6	태문이조(兌門離灶)	오귀를 범해 흉하다.
7	태문곤조(兌門坤灶)	천을, 생기로 크게 길하다.
8	태문태조(兌門兌灶)	대문과 비화, 안방과 상생으로 길하다.

태문진주팔조(兌門震主八灶)

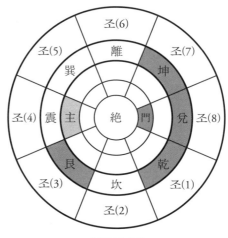

兌門震主八灶

1	태문건조(兌門乾灶)	대문과 비화, 안방과 오귀를 범해 크게 흉하다.
2	태문감조(兌門坎灶)	남자가 상하고 자식을 잃으며 처를 극해 흉하다.
3	태문간조(兌門艮灶)	불리하다.
4	태문진조(兌門震灶)	상극으로 흉하다.
5	태문손조(兌門巽灶)	부인이 요절하여 흉하다.
6	태문이조(兌門離灶)	오귀를 범해 크게 흉하다.
7	태문곤조(兌門坤灶)	상극으로 불리하다.
8	태문태조(兌門兌灶)	대문과 비화, 안방과 상극으로 흉하다.

태문손주팔조(兌門巽主八灶)

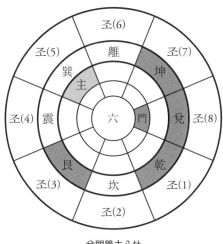

兌門巽主八灶

1	태문건조(兌門乾灶)	부녀자의 수명이 짧아 흉하다.
2	태문감조(兌門坎灶)	불리하다.
3	태문간조(兌門艮灶)	어린이에게 불리하고 과부가 수절하며, 자손이 없어 대가 끊어진다.
4	태문진조(兌門震灶)	남녀가 요절해 불길하다.
5	태문손조(兌門巽灶)	자손이 귀하고 초년에는 간혹 재물이 있으나, 자식이 없어 흉하다.
6	태문이조(兌門離灶)	오귀를 범해 크게 흉하다.
7	태문곤조(兌門坤灶)	오귀로 흉하다.
8	태문태조(兌門兌灶)	대문과 비화, 안방과 상극으로 불리하다.

태문이주팔조(兌門離主八灶)

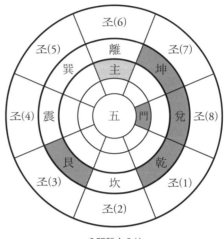

兌門離主八灶

1	태문건조(兌門乾灶)	부엌이 안방과 상극으로 남녀의 수명이 짧아 흉하다.
2	태문감조(兌門坎灶)	남녀가 요절하므로 불리하다.
3	태문간조(兌門艮灶)	편안하나 길흉은 반반이다.
4	태문진조(兌門震灶)	불길하다.
5	태문손조(兌門巽灶)	금목(金木)이 상극이니 자손이 귀하고, 초년에는 간혹 재물이 있으나 불길하다.
6	태문이조(兌門離灶)	오귀를 범해 크게 흉하다.
7	태문곤조(兌門坤灶)	길흉이 반반이다.
8	태문태조(兌門兌灶)	오귀로 크게 흉하다.

태문곤주팔조(兌門坤主八灶)

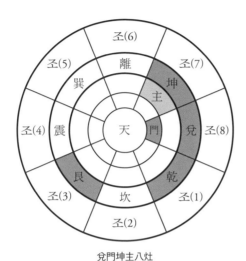

兌門坤主八灶

1	태문건조(兌門乾灶)	부엌은 생기, 연년으로 크게 길하다.
2	태문감조(兌門坎灶)	남녀가 요절하므로 흉하다.
3	태문간조(兌門艮灶)	부엌은 대문과 상생, 안방과는 비화로 모든 일이 순조롭다.
4	태문진조(兌門震灶)	상극으로 흉하다.
5	태문손조(兌門巽灶)	삼자(三者. 안방, 대문, 부엌)가 모두 극해 크게 흉하다.
6	태문이조(兌門離灶)	오귀를 범해 크게 흉하다.
7	태문곤조(兌門坤灶)	재물은 있으나 자손이 없으며, 이 집에 오래 살면 대가 끊어진다.
8	태문태조(兌門兌灶)	남편을 상하고 자식을 극한다.

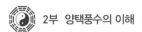

감문(坎門) 64조(灶)의 길흉

감문감주팔조(坎門坎主八灶)

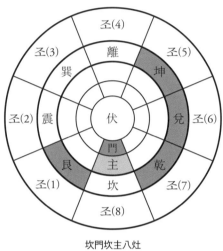

坎門坎主八灶

1	감문간조(坎門艮灶)	중남이 불리하며, 어린아이가 사망해 대흉하다.
2	감문진조(坎門震灶)	초년에는 발복하고 매우 착하나, 이 집에 오래 살면 처를 극하고 자식을 상한다. 순양(純陽)이기 때문이다.
3	감문손조(坎門巽灶)	복록수를 모두 갖춰 다섯 아들이 과거에 급제하는 부엌이라 대길하다.
4	감문이조(坎門離灶)	아들 넷을 낳으며 차길이다.
5	감문곤조(坎門坤灶)	중남이 불리하다.
6	감문태조(坎門兌灶)	젊은 여자가 요절한다.
7	감문건조(坎門乾灶)	처를 극하고 자식을 상하며, 방탕한 자가 나온다.
8	감문감조(坎門坎灶)	초년에는 부귀가 크게 발복해 자손과 집안을 모두 골고루 갖추나, 이 집에 오래 살면 처를 극하고 핍사한다.

감문간주팔조(坎門艮主八灶)

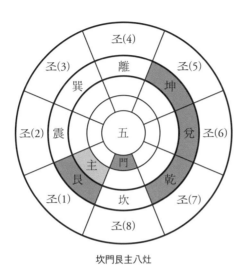

坎門艮主八灶

1	감문간조(坎門艮灶)	대문과는 상극으로 흉하다.
2	감문진조(坎門震灶)	대문과는 상생이고, 안방과는 상극으로 흉함과 길함이 반반이다.
3	감문손조(坎門巽灶)	대문과는 생기로 대길하며, 안방과는 절명으로 어린아이에게 불리하다.
4	감문이조(坎門離灶)	대문이나 안방과는 길한 편이지만 부녀자들의 성질이 억세고, 어린아이에게 불리하다.
5	감문곤조(坎門坤灶)	중남과 어린아이가 불리하며, 황종이 생기고 심장과 배에 통증이 있다. 안방과는 비화로 약간 길하다.
6	감문태조(坎門兌灶)	차길이며 부녀자가 불리하다.
7	감문건조(坎門乾灶)	해가 오래되면 처를 극하고 핍사한다.
8	감문감조(坎門坎灶)	사람이 상하고 재산이 흩어지며, 수명이 짧고 핍사하니 불길하다.

감문진주팔조(坎門震主八灶)

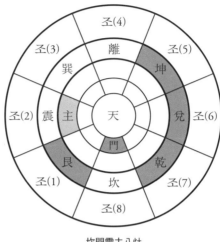

坎門震主八灶

1	감문간조(坎門艮灶)	대문, 안방과는 상극으로 대흉하며 모든 일이 불리하다.
2	감문진조(坎門震灶)	초년에는 대길하나, 이 집에 오래 살면 상서롭지 못하다.
3	감문손조(坎門巽灶)	제일 좋은 부엌이며, 복록수가 모두 모여든다.
4	감문이조(坎門離灶)	자손이 크게 왕성하며 부귀하다.
5	감문곤조(坎門坤灶)	음을 극하고 양을 극해 불길하다.
6	감문태조(坎門兌灶)	남자아이에게 불리하며, 비록 대문과는 상생이지만 기운을 빼앗긴다. 따라서 생육이 되지 않으므로 불길하다.
7	감문건조(坎門乾灶)	모든 일이 불리하고 방탕하며, 이 집에 오래 살면 핍사한다.
8	감문감조(坎門坎灶)	초년에는 크게 발복하고 부귀와 복록을 얻지만, 이 집에 오래 살면 핍사하고 과부가 수절한다.

감문손주팔조(坎門巽主八灶)

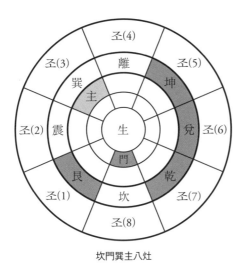

坎門巽主八灶

삼다(三多)
다복(多福), 다수(多壽), 다남(多男)을 말한다.

1	감문간조(坎門艮灶)	관재, 구설, 시비가 있으며 어린아이를 키우기 어렵고 핍사한다. 과부가 수절하고, 풍질이나 비장과 위장의 통증 같은 병증이 생긴다.
2	감문진조(坎門震灶)	동사택 중 제일 좋은 부엌이고, 삼다(三多)와 오복(五福)이 머지않아 모두 모일 것이다.
3	감문손조(坎門巽灶)	부엌은 대문과 생기이며 안방과는 비화로 대길하다.
4	감문이조(坎門離灶)	부귀가 발복하며, 아들 넷을 낳을 것이다.
5	감문곤조(坎門坤灶)	대흉한 부엌이며, 남녀가 요절하고 중남이 자손이 없어 대가 끊어진다.
6	감문태조(坎門兌灶)	여자에게 불리하고, 나머지는 길하다.
7	감문건조(坎門乾灶)	맏며느리가 불리하고, 주로 심장과 배에 통증이 있으며 애를 낳다 죽는 질병이 있다.
8	감문감조(坎門坎灶)	대길하고 수(水) 두 개가 목(木) 하나를 생해주니 가장 이롭다.

감문이주팔조(坎門離主八灶)

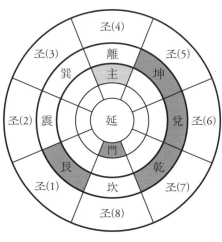

坎門離主八灶

1	감문간조(坎門艮灶)	어린아이가 불리하고 부녀자가 드세다. 거듭 장가를 들어 처첩을 둔다.
2	감문진조(坎門震灶)	삼길택(三吉宅)으로 대길하며, 순조롭지 않은 일이 없고, 아들 셋을 낳을 것이다. 자식은 효도하고 손자는 어질다.
3	감문손조(坎門巽灶)	생기, 천을의 부엌으로 부엌 중에서 가장 길하며, 남자는 총명하고 여자는 준수하다. 어질고 덕이 있는 부녀자가 나온다. 재물도 왕성하고, 연달아 장원급제를 한다.
4	감문이조(坎門離灶)	부부가 화목하다.
5	감문곤조(坎門坤灶)	남녀의 수명이 짧고 핍사하니 불길하다.
6	감문태조(坎門兌灶)	젊은 여자가 요절하며, 부녀자가 드세다.
7	감문건조(坎門乾灶)	노인을 잃고 악창이 생기며 눈을 잃는다. 과부가 나오고 남녀의 수명이 짧으니 불길하다.
8	감문감조(坎門坎灶)	대문과는 비화이고, 안방과는 정배로 길하다.

감문곤주팔조(坎門坤主八灶)

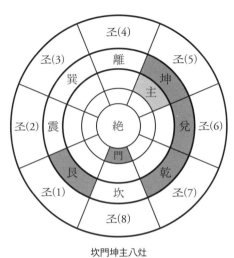

坎門坤主八灶

양택 풍습

부잣집의 소뿔을 취하여 축방(丑方)의 땅에 묻고, 소뼈를 남쪽에 묻으면 길하다.

1	감문간조(坎門艮灶)	어린아이에게 불리하며, 중남이 요절한다.
2	감문진조(坎門震灶)	노모가 불리하며, 재산이 없어져 망하고 황종과 창질(종기의 일종)이 퍼진다.
3	감문손조(坎門巽灶)	노모가 노부와 이별하고, 부녀자가 요절하니 불길하다.
4	감문이조(坎門離灶)	안방과는 육살(六殺)이며, 대문과는 연년(延年)으로 길흉이 반반이다.
5	감문곤조(坎門坤灶)	중남의 수명이 짧으며, 핍사하고 재산이 흩어져 불리하다.
6	감문태조(坎門兌灶)	안방과는 천을(天乙)이며, 대문과는 화해(禍害)로 길흉이 반반이다.
7	감문건조(坎門乾灶)	안방과는 연년이고, 대문과는 육살로 길흉이 반반이다.
8	감문감조(坎門坎灶)	대문과는 비화이고, 안방과는 상극을 범해 불길하다.

189

양택 풍습

큰 돌을 집의 네 귀퉁이에 두면 이상한 재앙이 일어나지 않는다.

감문태주팔조(坎門兌主八灶)

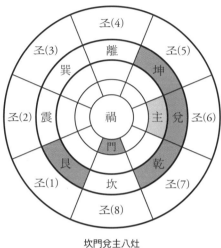

坎門兌主八灶

1	감문간조(坎門艮灶)	어린아이에게 불리하고, 부귀가 왕성하게 번창하니 길흉이 반반이다.
2	감문진조(坎門震灶)	남녀가 요절한다.
3	감문손조(坎門巽灶)	부녀자가 불리하다.
4	감문이조(坎門離灶)	부녀자가 불리하며, 어진 부녀자가 많이 상하고 주로 악창으로 흉사한다.
5	감문곤조(坎門坤灶)	대문과는 상극으로 불리하며, 안방과는 천을(天乙)로 재산이 늘어나니 길흉이 반반이다.
6	감문태조(坎門兌灶)	재산이 흩어지고 부녀자가 요절한다.
7	감문건조(坎門乾灶)	길흉이 반반이며 남녀의 수명이 짧다.
8	감문감조(坎門坎灶)	모두 불길하다.

190

감문건주팔조(坎門乾主八灶)

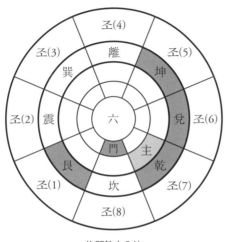

坎門乾主八灶

우물

민간 신앙에서는 집을 주재하는 성주, 집터를 주관하는 지신(地神) 터주, 부엌과 음식을 맡은 조왕과 같이 많은 가신(家神)을 섬겼다. 정화수로 뜨던 신성한 우물을 함부로 메워 버리면 신의 노여움을 산다고 믿었다.

1	감문간조(坎門艮灶)	안방과는 천을이며, 대문과는 오귀(五鬼)로 길흉이 반반이다.
2	감문진조(坎門震灶)	대문과는 천을이고, 안방과는 오귀로 길흉이 반반이다.
3	감문손조(坎門巽灶)	어진 부녀자가 상하고, 자손은 왕성하나 재산은 흩어지고 고생이 많다.
4	감문이조(坎門離灶)	노인이 장수를 하지 못하고, 처를 극한다.
5	감문곤조(坎門坤灶)	중남이 불길하며, 안방과는 토금(土金) 상생으로 길흉이 반반이다.
6	감문태조(坎門兌灶)	길흉이 반반이다.
7	감문건조(坎門乾灶)	자손이 없고 처를 극하며, 재산은 흩어진다.
8	감문감조(坎門坎灶)	재산은 흩어지고 핍사하며, 처를 극하고 자식은 상한다.

이문(離門) 64조(灶)의 길흉

이문이주팔조(離門離主八灶)

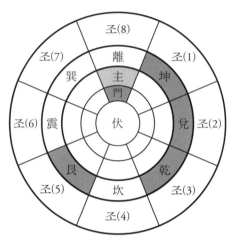

離門離主八灶

1	이문곤조(離門坤灶)	자손이 없으며 남자가 요절하고, 부녀자가 집안을 장악한다.
2	이문태조(離門兌灶)	부녀자들이 드세고 단명하며 흉사한다. 관재와 구설이 있어 불리하다.
3	이문건조(離門乾灶)	핍사하며 남자가 요절하고, 재산은 흩어진다. 악창, 안질, 머리에 동통이 있고, 과부가 집안을 장악한다.
4	이문감조(離門坎灶)	아들 넷을 낳으며, 연년의 부엌으로 대길하다. 복록수 모두를 완전히 갖추었다.
5	이문간조(離門艮灶)	부녀자가 드세고 생리불순과 자궁출혈이 있다. 양자가 집안을 장악한다.
6	이문진조(離門震灶)	자손이 크게 왕성하고 복수(福壽) 모두가 있고 대길하다.
7	이문손조(離門巽灶)	부녀자들이 매우 착하고 재물이 모이지만, 핍사하고 양자로 대를 잇는다.
8	이문이조(離門離灶)	남자의 수명이 짧고 핍사하며, 부녀자가 집안을 장악한다.

이문곤주팔조(離門坤主八灶)

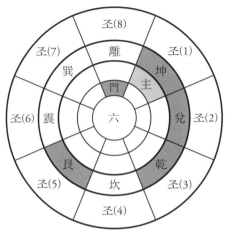

離門坤主八灶

구정물

빗물이나 부엌·욕실 등에서 나온 오물이 북동[간(艮)]과 남서방[곤(坤)]으로 빠지는 것을 피한다. 풍수에서 간과 곤 두 방위는 귀신이 출입하거나 귀신이 사는 방위라고 하는데, 간은 귀문(鬼門), 곤은 이귀문(裏鬼門)에 해당한다. 이 방위는 부정한 것을 꺼리기 때문이다.

1	이문곤조(離門坤灶)	남녀가 요절하고 핍사한다. 안질이 있고 심장이 아프며, 생리가 불순하다.
2	이문태조(離門兌灶)	재산이 흩어지고 부녀자의 수명이 짧다. 흉사와 인명에 관한 관재가 있으며 구설과 시비에 엮이고 도적이 든다.
3	이문건조(離門乾灶)	대문과는 절명이고, 안방과는 연년으로 길흉이 반반이다.
4	이문감조(離門坎灶)	중남과 중녀가 극을 받으며, 주로 남녀가 요절한다.
5	이문간조(離門艮灶)	장정이 드물며, 처가 남편의 권한을 뺏고 생리가 불순하다.
6	이문진조(離門震灶)	대문과는 상생이고, 안방과는 상극으로 길흉이 반반이다.
7	이문손조(離門巽灶)	노모의 수명이 짧으며, 자손이 귀하다. 부녀자가 집안을 장악하며, 고부간에 사이가 나쁘다.
8	이문이조(離門離灶)	초년에 재물이 일어나나, 이 집에 오래 살면 자손이 없다.

이문태주팔조(離門兌主八灶)

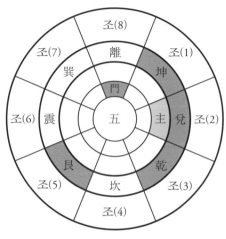

離門兌主八灶

1	이문곤조(離門坤灶)	부녀자가 매우 착하나, 남자들이 요절한다. 이 집에 오래 살면 핍사한다.
2	이문태조(離門兌灶)	재산이 흩어지고 부녀자들의 수명이 짧으며, 사람이 흉사한다.
3	이문건조(離門乾灶)	궁핍하며 남녀가 요절한다.
4	이문감조(離門坎灶)	부녀자의 수명이 짧다.
5	이문간조(離門艮灶)	대문과는 화해이고, 안방과는 연년으로 차길이다.
6	이문진조(離門震灶)	총명한 부녀자가 나오나, 여자가 많고 남자가 적다.
7	이문손조(離門巽灶)	부녀자들이 매우 착하나 자손이 귀하다.
8	이문이조(離門離灶)	대문과는 비화이고, 안방과는 상극으로 흉하다.

이문건주팔조(離門乾主八灶)

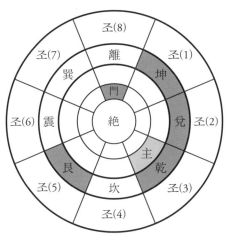

離門乾主八灶

1	이문곤조(離門坤灶)	대문과는 상생이고, 안방과도 상생으로 평안하다.
2	이문태조(離門兌灶)	재산이 흩어지고 크게 실패해 불길하다.
3	이문건조(離門乾灶)	이화(離火)가 건금(乾金)을 극해 불길하다.
4	이문감조(離門坎灶)	대문과는 상극이고 안방과도 상극으로 불길하다.
5	이문간조(離門艮灶)	대문과는 상생이나 안방과는 기가 누설되어 불길하다.
6	이문진조(離門震灶)	남자의 수명이 짧고 불길하다.
7	이문손조(離門巽灶)	남녀가 요절하므로 불길하다.
8	이문이조(離門離灶)	사람이 상하고 대흉하며, 모든 일이 불길하다.

이문감주팔조(離門坎主八灶)

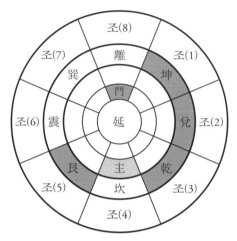

離門坎主八灶

1	이문곤조(離門坤灶)	중남의 수명이 짧으며 핍사하고, 남녀가 요절하며 재산은 흩어진다.
2	이문태조(離門兌灶)	젊은 여자들에게 재난과 재앙, 흉사가 많다. 부녀자가 드세고 사이가 나쁘다. 관재와 구설, 시비가 있어 불길하다.
3	이문건조(離門乾灶)	집주인의 수명이 짧으며, 안목이 흐리고 재난이 많다. 머리와 심장이 아프고 부스럼이 생기며, 해수와 토담(가래가 심한 병)이 있고, 과부가 생긴다.
4	이문감조(離門坎灶)	부녀자가 요절한다.
5	이문간조(離門艮灶)	어린아이가 불리하며, 부녀자가 드세다.
6	이문진조(離門震灶)	연달아 과거에 장원급제한다.
7	이문손조(離門巽灶)	대길하다.
8	이문이조(離門離灶)	대문과는 비화로 대길하다.

이문간주팔조(離門艮主八灶)

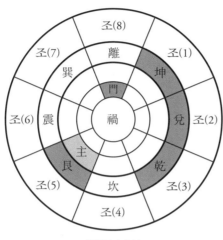

離門艮主八灶

1	이문곤조(離門坤灶)	대문과는 상생이고, 안방과는 비화로 차길하다.
2	이문태조(離門兌灶)	부녀자들의 수명이 짧고, 집안이 불화하다.
3	이문건조(離門乾灶)	노인이 해를 입고 죽으며 핍사하고, 재산은 흩어진다.
4	이문감조(離門坎灶)	어린이가 불리하고 남녀가 요절한다.
5	이문간조(離門艮灶)	안방과 비화로 차길하다.
6	이문진조(離門震灶)	부귀가 일어나나 자손이 없으며, 어린아이가 불리하다.
7	이문손조(離門巽灶)	셋째 아들이 불리하고 핍사하며, 과부가 나온다. 풍질과 황종이 생긴다.
8	이문이조(離門離灶)	대문과는 비화이고, 안방과는 상생으로 차길이다.

물맛

물은 만물을 생성케 한다. 물이 좋은 곳은 물의 정기를 받아 뛰어난 인물이 나고, 수질이 나쁜 고장은 변변치 못한 위인만 나온다.

이문진주팔조(離門震主八灶)

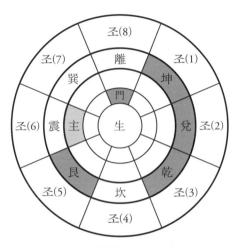

離門震主八灶

1	이문곤조(離門坤灶)	부녀자들의 수명이 짧고, 황종과 비위 같은 병이 생긴다.
2	이문태조(離門兌灶)	남녀가 요절한다. 또한 관재와 도적, 구설, 시비가 있으며 부녀자가 드세고 사람이 흉사한다.
3	이문건조(離門乾灶)	모든 일이 불리하며 만병이 모두 모여들어 부엌 중에 가장 흉하다. 이와 같이 흉한 것은 없다.
4	이문감조(離門坎灶)	안방과는 상생되어 대길하다.
5	이문간조(離門艮灶)	부녀자가 불리하고 어린아이를 키우기 어려우며, 처가 남편의 권한을 빼앗는다. 부녀자가 드세며 황병과 풍질이 생긴다.
6	이문진조(離門震灶)	안방과는 비화이며, 대문과는 상생으로 대길하다.
7	이문손조(離門巽灶)	어질고 착하며 총명하고 준수한 사람이 나온다. 부녀자들이 매우 착하다. 부귀가 왕성하고 아들을 넷이나 다섯가량 둔다.
8	이문이조(離門離灶)	대문과는 비화, 안방과는 상생으로 대길하다.

이문손주팔조(離門巽主八灶)

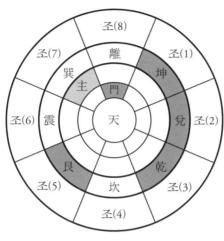

離門巽主八灶

양택 풍습
남모르게 부잣집의 지하 흙을
파와 정수(淨水)를 써서 대문
위에 칠하면 재물이 몰려온다.

1	이문곤조(離門坤灶)	사람이 불안하고 부녀자들이 드세어 집안이 화목하지 못하다.
2	이문태조(離門兌灶)	남녀가 요절하고 자손이 드물며, 과부가 생겨 대흉하다.
3	이문건조(離門乾灶)	남녀가 요절하며, 사람이 불안하다.
4	이문감조(離門坎灶)	부귀가 발복하는 삼길택(三吉宅)이다.
5	이문간조(離門艮灶)	어린아이가 불리하며 부녀자가 집안을 장악한다. 음이 왕성하고 양이 쇠약하다.
6	이문진조(離門震灶)	부귀하고 대길하다.
7	이문손조(離門巽灶)	초년에는 크게 발복하나 이 집에 오래 살면 불리하다.
8	이문이조(離門離灶)	대문과는 비화이고, 안방과는 상생이나 이 집에 오래 살면 자손이 없어 대가 끊어진다.

199

진문(震門) 64조(灶)의 길흉

진문진주팔조(震門震主八灶)

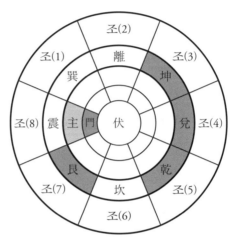

震門震主八灶

1	진문손조(震門巽灶)	복록수가 모두 모여들며 대길하다.
2	진문손조(震門巽灶)	모든 일이 순조롭다.
3	진문곤조(震門坤灶)	노모가 불리하며, 황종과 비위가 생기고 불리하다.
4	진문태조(震門兌灶)	자손이 귀하고 남녀의 수명이 짧으며, 근골(筋骨)에 통증이 있어 불리하다.
5	진문건조(震門乾灶)	모든 일이 불리하며, 후손은 끊어지고 집안은 망한다.
6	진문감조(震門坎灶)	초년에만 발복하며, 이 집에 오래 살면 핍사하고 과부가 생겨 불리하다.
7	진문간조(震門艮灶)	재산이 흩어지고 망하며, 후손도 끊어진다. 어린아이에게 비장(지라)의 병과 황종이 있다.
8	진문진조(震門震灶)	초년에는 비록 이로우나 이 집에 오래 살면 후손이 끊어지고 처를 극한다.

진문손주팔조(震門巽主八灶)

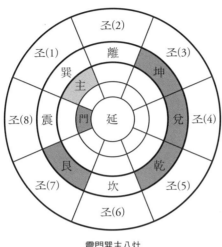

震門巽主八灶

1	진문손조(震門巽灶)	대문, 안방과는 비화로 대길하다.
2	진문손조(震門巽灶)	삼원(三元) 급제에 가장 좋으며, 남자는 총명하고 여자는 준수하다. 사람과 집안에 부족함이 없다. 순조롭지 않은 것이 없다.
3	진문곤조(震門坤灶)	노모가 일찍 죽어 불길하다.
4	진문태조(震門兌灶)	남녀가 요절하며 불길하다.
5	진문건조(震門乾灶)	처를 극하고 자식을 상해 대흉하다.
6	진문감조(震門坎灶)	부엌은 대문, 안방과는 상생으로 대길하다.
7	진문간조(震門艮灶)	핍사하며 재산을 잃어 불길하다.
8	진문진조(震門震灶)	대문, 안방과는 비화로 대길하다.

진문이주팔조(震門離主八灶)

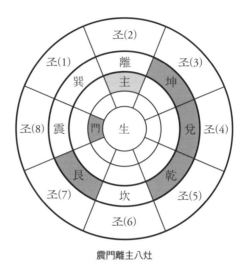

震門離主八灶

1	진문손조(震門巽灶)	부부가 화목하고 대길하다.
2	진문손조(震門巽灶)	착해 발복하며, 어진 부녀자가 나와 집안을 일으키고 가업을 세우니 여장부다.
3	진문곤조(震門坤灶)	여자에게 불리하다.
4	진문태조(震門兌灶)	대문, 안방과는 모두 상극으로 대흉하다.
5	진문건조(震門乾灶)	재산이 없어지고 사람도 죽어 모든 일이 제대로 되는 것이 없는 흉한 부엌이다.
6	진문감조(震門坎灶)	대길하다.
7	진문간조(震門艮灶)	핍사와 요절을 하고 집안이 망해 후손이 없다.
8	진문진조(震門震灶)	대문과는 비화이며, 안방과는 상생으로 길하다.

진문곤주팔조(震門坤主八灶)

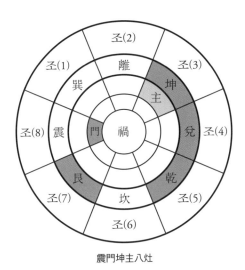

震門坤主八灶

나무
집 가까운 곳의 나무에는 귀신
이 산다. 따라서 가운데 뜰에
는 나무를 심지 말고, 그늘을
얻고 싶으면 꽃을 재배한다.

1	진문손조(震門巽灶)	안방과 오귀를 범해 불길하다.
2	진문손조(震門巽灶)	평안하다.
3	진문곤조(震門坤灶)	대문과 상극으로 흉하다.
4	진문태조(震門兌灶)	남자가 요절하고 자식들이 불리하다.
5	진문건조(震門乾灶)	대문과는 오귀로 대흉하다.
6	진문감조(震門坎灶)	대문과는 상생으로 길하고, 안방과는 상극으로 흉하다.
7	진문간조(震門艮灶)	대문과 상극으로 흉하다.
8	진문진조(震門震灶)	대문과는 비화이고, 안방과는 상극으로 불길하다.

진문태주팔조(震門兌主八灶)

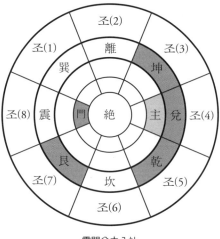

震門兌主八灶

1	진문손조(震門巽灶)	부녀자가 요절한다.
2	진문손조(震門巽灶)	어린 부녀자가 흉사하니 불길하다.
3	진문곤조(震門坤灶)	노모가 부상한다.
4	진문태조(震門兌灶)	남자가 상하고, 자식을 극해 핍사한다.
5	진문건조(震門乾灶)	대흉하다.
6	진문감조(震門坎灶)	대문과는 상생으로 평안하나, 이 집에 오래 살면 남녀의 수명이 짧아진다.
7	진문간조(震門艮灶)	어린아이가 요절한다.
8	진문진조(震門震灶)	대문과는 비화이고, 안방과는 상극으로 불길하다.

진문건주팔조(震門乾主八灶)

수맥

사람은 하루의 1/3을 침실에서 보내는데, 침실은 조용하고 즐거운 기분이 감돌아야 한다. 또한 피로를 푸는 곳이므로 침실 아래쪽에 수맥이 흘러 정신이 산란해서는 안 된다.

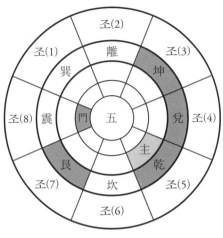

震門乾主八灶

1	진문손조(震門巽灶)	부녀자가 요절하고, 근골에 통증이 있으며 흉사가 있다. 애를 낳다가 죽는다.
2	진문손조(震門巽灶)	남녀의 수명이 짧다. 화재, 안질, 어지럼증, 악창, 해수, 토담 등의 병이 생긴다.
3	진문곤조(震門坤灶)	노모가 부친과 헤어지고, 부녀자가 불리하다. 황종, 비위, 심장의 병이 생긴다.
4	진문태조(震門兌灶)	어린아이를 키우기 어렵고, 과부가 양자로 대를 이어간다. 통증과 재앙이 많다.
5	진문건조(震門乾灶)	남녀의 수명이 짧으며, 모든 일이 불리하니 대흉하다.
6	진문감조(震門坎灶)	처를 극하고 자식을 상한다. 음란과 도박으로 핍사하고 재산이 흩어진다.
7	진문간조(震門艮灶)	핍사해 자손이 없고, 황종과 풍질이 있다. 처를 극하고 자식이 상한다.
8	진문진조(震門震灶)	대문과는 비화이고, 안방과는 상극이라 흉하다.

진문감주팔조(震門坎主八灶)

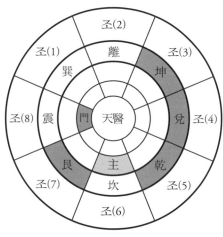

震門坎主八灶

1	진문손조(震門巽灶)	모든 일이 길하고 이로우며, 부귀영화를 누린다.
2	진문손조(震門巽灶)	안방이 대문을 생하고, 대문이 부엌을 생하는 삼자상생(三者相生)이다. 삼길택이라 크게 이롭다.
3	진문곤조(震門坤灶)	목토(木土) 상극에 토수(土水) 상극으로 흉하다.
4	진문태조(震門兌灶)	남녀가 요절한다.
5	진문건조(震門乾灶)	오귀로 대흉하다.
6	진문감조(震門坎灶)	차길이다. 이 집에 오래 살면 처를 상하고 자식을 극한다.
7	진문간조(震門艮灶)	대가 끊어지고 남녀의 수명이 짧으며, 어린아이에게 불리하다.
8	진문진조(震門震灶)	차길이며, 이 집에 오래 살면 핍사한다.

진문간주팔조(震門艮主八灶)

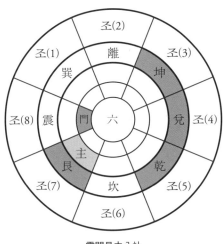

震門艮主八灶

1	진문손조(震門巽灶)	자손들이 불화해 흉하다.
2	진문손조(震門巽灶)	부녀자의 성질이 사나우며 핍사한다.
3	진문곤조(震門坤灶)	노모가 부친과 헤어지고, 어린아이를 키우기 어렵다. 남녀의 수명이 짧다.
4	진문태조(震門兌灶)	여자가 많고 남자가 적으며, 핍사하고 요절한다. 흉사로 후손이 끊어진다.
5	진문건조(震門乾灶)	오귀를 범해 대흉하며 모든 일에서 길한 것이 없다.
6	진문감조(震門坎灶)	대문과는 상생으로 길하나, 안방과는 상극으로 흉해서 길흉이 반반이다.
7	진문간조(震門艮灶)	어린아이에게 불리하다.
8	진문진조(震門震灶)	대문과는 비화이고, 안방과는 상극으로 불길하다.

손문(巽門) 64조(灶)의 길흉

손문손주팔조(巽門巽主八灶)

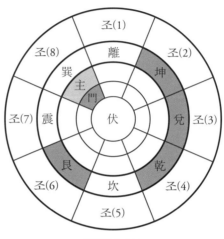

巽門巽主八灶

벌목

집 안에 수명이 긴 나무를 심으면, 나중에 제거할 때 애를 먹는다. 백 년이 넘는 노거수를 함부로 베면 반드시 재앙이 뒤따른다.

1	손문이조(巽門離灶)	부녀자가 어질고 착하다. 총명하고 준수하나 핍사한다.
2	손문곤조(巽門坤灶)	오귀를 범해 흉하다.
3	손문태조(巽門兌灶)	부녀자가 불리하며, 자손이 귀하다.
4	손문건조(巽門乾灶)	부녀자가 애를 낳다가 죽으며, 수명도 짧고 통증이 많은 병이 있다.
5	손문감조(巽門坎灶)	오복이 골고루 갖추어졌고, 대를 이어 영화를 누린다.
6	손문간조(巽門艮灶)	후손이 끊어지고 재산은 없어진다.
7	손문진조(巽門震灶)	부귀가 크게 발복한다.
8	손문손조(巽門巽灶)	남자의 수명이 짧으며, 재산은 있으나 자손이 없다.

손문이주팔조(巽門離主八灶)

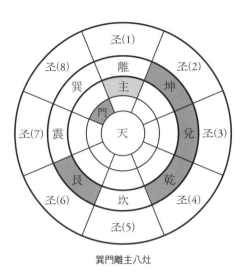

巽門離主八灶

1	손문이조(巽門離灶)	초년에는 크게 이로우나, 이 집에 오래 살면 자식이 없다.
2	손문곤조(巽門坤灶)	모든 일이 불리하고 시어머니와 며느리가 불화하며, 부녀자들이 거세다.
3	손문태조(巽門兌灶)	남자의 수명이 짧고 핍사하며, 근육에 통증이 있다.
4	손문건조(巽門乾灶)	남녀의 수명이 짧다. 애를 낳다가 죽으며, 목매어 자살한다.
5	손문감조(巽門坎灶)	대를 이어 부귀를 누리고, 아울러 여자가 준수하다.
6	손문간조(巽門艮灶)	핍사해 과부가 살며, 황종과 풍질이 있다. 질투심이 많은 여자가 양자로 대를 잇는다.
7	손문진조(巽門震灶)	부귀가 최상급이고 자손이 크게 왕성한다.
8	손문손조(巽門巽灶)	차길이며, 자손이 귀하다.

손문곤주팔조(巽門坤主八灶)

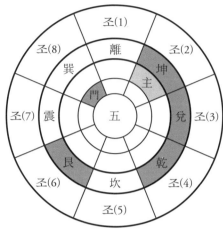

巽門坤主八灶

잿간

화장실과 가까운 곳이면서 유(酉)방이 좋다. 잿간은 삼면으로 담을 쌓고, 연목(椽木)을 걸쳐 진흙을 칠하고 초가로 덮는다. 늘 오줌을 모아 재 위에 뿌리면 화재를 예방한다. 그러므로 잿간은 반드시 바람막이를 피해야 한다.

1	손문이조(巽門離灶)	평안하고 좋은 일과 기쁜 일이 있으며, 생(生)을 추구하고 극(剋)을 잇는다.
2	손문곤조(巽門坤灶)	대문과는 상극이고, 안방과는 비화로 대문이 부엌을 극해서 흉하다. 이름하여 오귀천궁(五鬼穿宮)의 부엌이라 한다.
3	손문태조(巽門兌灶)	남녀의 수명이 짧으며, 양자로 대를 잇는다.
4	손문건조(巽門乾灶)	대문과는 상극이고, 안방과는 상생으로 길흉이 반반이다.
5	손문감조(巽門坎灶)	중남이 불리하다.
6	손문간조(巽門艮灶)	대문과 상극으로 핍사해 불길하다.
7	손문진조(巽門震灶)	부녀자가 불리하다.
8	손문손조(巽門巽灶)	대문과는 비화이고, 안방과는 상극으로 불리하다.

손문태주팔조(巽門兌主八灶)

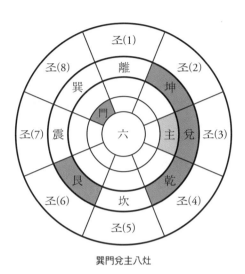

巽門兌主八灶

1	손문이조(巽門離灶)	대문과는 상생이나 안방과는 상극으로 흉하다.
2	손문곤조(巽門坤灶)	모든 일이 불리하다.
3	손문태조(巽門兌灶)	남자의 수명이 짧고 핍사하며 근육에 통증이 있다.
4	손문건조(巽門乾灶)	부녀자가 요절하며, 남자의 수명이 짧고 핍사하니 불길하다.
5	손문감조(巽門坎灶)	부엌은 대문과 생기(生氣)로 길하다.
6	손문간조(巽門艮灶)	대문과 목토(木土) 상극으로 불리하다.
7	손문진조(巽門震灶)	대문과는 비화이고, 안방과는 상극으로 흉하다.
8	손문손조(巽門巽灶)	순음(純陰)인 대문, 안방으로 인하여 음이 음을 극해 불길하다.

손문건주팔조(巽門乾主八灶)

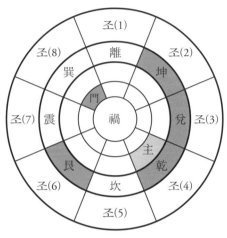

巽門乾主八灶

우물의 위치

우물은 집의 앞뒤나 방 앞의 청내(廳內)에 내는 것을 피한다. 또한 우물과 부엌은 서로 바라보지 못하게 해야 한다. 남녀가 음탕해지는 것은 이 까닭이다.

1	손문이조(巽門離灶)	대문과 상생으로 길하고, 안방과 상극으로 흉하다.
2	손문곤조(巽門坤灶)	부녀자들이 요절하고 황종과 비위의 병이 있다.
3	손문태조(巽門兌灶)	금(金)이 목(木)을 극해 불길하다.
4	손문건조(巽門乾灶)	부녀자가 불리하다.
5	손문감조(巽門坎灶)	자손은 있으나 재물이 없다.
6	손문간조(巽門艮灶)	과부가 혼자 살고 풍질, 핍사를 범한다.
7	손문진조(巽門震灶)	대흉하고, 모든 일이 불리하다.
8	손문손조(巽門巽灶)	여자의 수명이 짧고, 심장과 다리에 통증이 있다.

손문감주팔조(巽門坎主八灶)

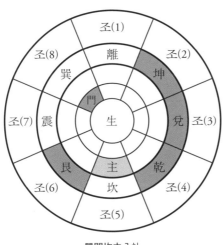

巽門坎主八灶

1	손문이조(巽門離灶)	복록수가 모두 모여들어 대길하고 크게 이롭다.
2	손문곤조(巽門坤灶)	중남이 대흉하고 집안은 망하며, 사람이 죽는다. 모든 일이 불리하다.
3	손문태조(巽門兌灶)	부녀자들의 수명이 짧아 불길하다.
4	손문건조(巽門乾灶)	처를 상하고 자식을 극하며, 애를 낳다가 죽는다. 다만 간혹 과거에 장원급제하고 부자가 되며, 자손이 크게 왕성한 사람이 있다.
5	손문감조(巽門坎灶)	복록수가 갖추어졌으며, 부녀자들이 총명하다.
6	손문간조(巽門艮灶)	어린아이를 키우기 어렵고, 아들 다섯을 낳으나 나중에 셋을 잃는다.
7	손문진조(巽門震灶)	제일 대길하다.
8	손문손조(巽門巽灶)	부귀를 갖추게 되나 자손이 귀하다.

손문간주팔조(巽門艮主八灶)

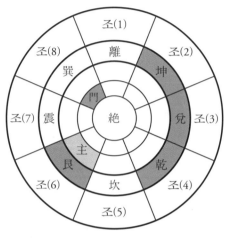

巽門艮主八灶

집의 방위

간살 등 흠잡을 데 없이 모든 조건을 고루 갖추었어도 주인이 못된 사람이라면 소용이 없다. 좋은 터, 좋은 집에는 반드시 좋은 사람이 살아야 비로소 행복을 누릴 수 있다.

1	손문이조(巽門離灶)	부녀자들이 드세어 처가 남편의 권한을 빼앗는다. 자녀들이 힘들고 고생스러우며 자궁출혈이 있다.
2	손문곤조(巽門坤灶)	대문과 오귀를 범해 대흉하다.
3	손문태조(巽門兌灶)	대문과 상극으로 불길하다.
4	손문건조(巽門乾灶)	부녀자들의 수명이 짧고, 애를 낳다가 죽는다.
5	손문감조(巽門坎灶)	대문과는 상생이고, 안방과는 상극으로 어린아이에게 불리하다.
6	손문간조(巽門艮灶)	대문과 상극으로 핍사하고 풍질이 있으며, 어린아이에게 불리하다.
7	손문진조(巽門震灶)	핍사하고 수명이 짧으며 산고를 겪는다.
8	손문손조(巽門巽灶)	대문과 비화이고, 안방과 상극으로 불길하다. 과부가 혼자 살고 대가 끊어진다.

손문진주팔조(巽門震主八灶)

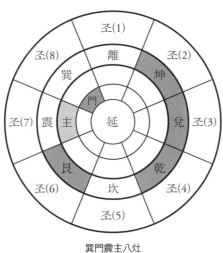

巽門震主八灶

1	손문이조(巽門離灶)	공명현달하며 자손이 크게 왕성하고 부부가 서로 존경한다. 아울러 준수한 여자가 나온다.
2	손문곤조(巽門坤灶)	노모의 수명이 짧으며, 후손이 없어 대가 끊기거나 집안이 화목하지 못하다.
3	손문태조(巽門兌灶)	남녀의 수명이 짧으며, 근육에 통증이 있고 재산이 흩어진다.
4	손문건조(巽門乾灶)	남자를 상하고 여자를 극해 집안이 망하며 사람은 죽는다.
5	손문감조(巽門坎灶)	복록이 모두 갖추어져 대길하고, 과거에 장원급제한다.
6	손문간조(巽門艮灶)	어린아이에게 비위, 풍질이 생겨 키우기 어려우며 핍사한다.
7	손문진조(巽門震灶)	대문, 안방과는 비화하므로 크게 이롭다.
8	손문손조(巽門巽灶)	수많은 상서로움이 구름처럼 모여들고, 집안이 기운차게 일어나 매우 번성한다.

제5장
방위를 측정하는 기준

방위 측정의 기준점

양택풍수의 핵심은 문(門), 주(主), 조(灶)가 속한 방위를 정확하게 측정하는 데 있다. 주택 안에서 패철을 놓고 방위를 측정하는 장소를 '방위 측정의 기준점'이라 부른다. 방위 측정의 기준점은 집 대지의 중심이 아니라 흐르는 기(氣)의 공간 중심을 말한다. 《양택삼요》에서 말하길 "정택(靜宅)이면 마당의 한가운데에서 측정하고, 동택(動宅)이면 각 마당의 중심에서 측정하라."라고 했다.

방위 기준점의 중요성

마당의 한가운데에 대한 이해가 부족하면 그림의 ①~④번에 패철을 놓고, 문(門)과 주(主)의 방위를 측정한다. ①번 위치를 방위 측정의 기준점으로 결정하면, 이 집은 감문손주의 생기택이다. 그런데 ②번 지점을 기준점으로 설정하면 간문손주의 절명택이고, ③번 지점을 설정하면 건문곤주의 연년택이며, ④번 지점을 기준점으로 정하면 태문이주의 오귀택이다.

따라서 마당의 한가운데를 어디로 결정할 것인가는 매우 중요하다. 한 집을 두고 기준점에 따라 오귀택 또는 생기택으로 다르게 판단한다면 어떤 결정도 신뢰할 수 없다.

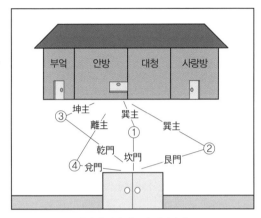

방위 측정의 기준점 설정하기

정택과 동택

정택이란 '일원위정택'(一院爲靜宅)이라 해서 마당이 하나 있는 독립된 주택을 말하고, 마당이 여러 개(2~5개)인 집을 동택이라 부른다. 한국의 전통 가옥은 사랑 마당, 안마당, 별당 마당 등 집 안에 마당이 여럿 있는 동택이다.

대문을 통해 들어온 기는 마당의 한가운데(방위 측정의 기준점)에 모였다가 주문(主門)과 조문(灶門)을 통해 주(主)와 조(灶) 안으로 공급된다. 따라서 주나 조의 방위를 측정할 때면 그들 안으로 기가 출입하는 문(門)의 방위를 기준으로 방위를 판단한다. 절대로 눈에 보이지 않는 주(主) 내부의 공간 중심 또는 부엌 내부의 공간 중심을 측정하지 않는다.

주택 설계 시 주의점

건물을 짓지 않은 빈 땅에서 어느 곳에 대문과 현관을 설치할 것인가를 《양택삼요》에 따라 결정하려면 대지를 기준으로 삼아서는 안 된다. 건물이 들어섰다고 가정하고 나머지 빈 마당의 공간 중심을 설정한 다음, 대문과 현관의 위치를 길하게 배치해서 설계한다.

방위 기준점을 설정하는 방법

지반정침
패철의 윤도에는 24방위가 표시되어 있는데, 4층의 24방위는 지반정침(地盤正針)이라 하고, 6층의 24방위는 인반중침(人盤中針)이라 하며, 8층의 24방위는 천반봉침(天盤縫針)이라 한다. 양택풍수에서 대문, 안방, 부엌의 방위를 측정할 때는 반드시 패철 4층인 지반정침을 사용한다.

정택의 방위 기준점을 어떻게 잡을까. 먼저 안마당에서 자를 가지고 정확하게 재어 정중앙에 십자(十字)를 긋고, 패철을 안마당의 십자선 중심에 놓은 후에 24방위를 지반정침으로 살핀다. 대문이 위치한 방위를 보고 연이어 안방문과 부엌문이 위치한 방위를 보면 착오가 없다.

동택이라면 방법이 조금 달라진다. 각 마당의 중심에 패철을 놓은 후, 각 마당으로 기가 출입하는 대문의 방위를 측정해 동사택에 속하는지 서사택에 속하는지를 먼저 정한다. 다음으로 각 마당의 주체인 고대(高大) 방의 방문이 속한 방위를 측정해서 무슨 택(宅)의 무슨 주(主)인지를 정한다. 그다음에는 부엌문의 방위를 측정해 동사택인지 서사택인지를 보고 무슨 부엌인지를 정한다.

대문 방위를 측정할 때면 대문으로 출입하는 기의 중심점을 재고, 안방이나 부엌의 방위를 잴 때도 안방과 부엌의 공간 중심이 아니라, 안방과 부엌으로 기가 출입하는 안방문과 부엌문의 기 중심점이 속한 방위를 본다. 마지막으로 마당의 형태가 불규칙하다면 마당의 중심, 즉 도심(圖心)을 방위 측정의 기준점으로 삼고 방위를 측정한다.

사례로 살펴본 방위 기준점 설정

정택의 사각 마당
마당의 한가운데를 정한다. 마당이 장방형 또는 정방형일 경우, 대문 좌우 측에 있는 담장 모서리에서 집 건물의 좌우 측끝으로 직선을 긋는다. 두 직선이 만나는 접점이 마당의 공간 중심이다. 이곳이 패철을 놓고 문과 주, 부엌의 방위를 측정하는 방위 측정의 기준점이다.

이때 담장 안에 건물이 분명히 있는 상황에서 건물이 없는 것으로 가정한 다음, 담장의 좌우 측 모서리에서 대지의 대각선 쪽 모서리를 보고 상하 두 개의 선을 긋는 것은 잘못이다.

양택에서 기(氣)는 공기이고, 건물이 기의 흐름을 차단하기 때문에 반드시 대지 중심이 아니라 건물을 제외한 마당의 중심에서 방위 측정의 기준점을 정해야 한다. 대지 중 건물과 담장 사이의 공간은 일반적으로 무시하는데, 대문을 통해 들어온 기가 마당의 중심에 모였다가 안방문 또는 부엌문을 통해 안방과 부엌으로 공급되기 때문이다.

아파트의 마당
아파트는 현관으로 들어온 기가 거실의 공간 중심에 모였다가 각 방의 문을 통해 들어가는 식이다. 따라서 아파트의 거실이 마당에 해당한다.

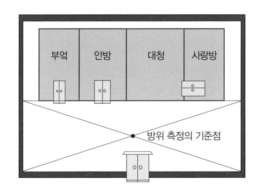

정택의 방위 기준점

불규칙한 모양의 정택 마당

담장의 한쪽 모서리에서 건물을 바라보고, 마당 면적을 상하로 이등분하는 선을 긋는다. 마당의 형태가 불규칙할수록 신중하게 면적을 이등분하는 선을 찾는다. 이때 건물과 담장 사

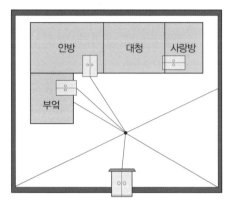

불규칙한 정택의 방위 기준점

이의 공간은 무시한다. 왜냐하면 그 공간에 있는 기(氣)는 벽
면에 가려 있어 안방문과 부엌문으로 출입하는 기에 어떠한
영향도 미치지 않기 때문이다.

다음은 반대쪽 담장 모서리에 서서 건물을 바라보고, 마당
면적을 좌우로 이등분하는 선을 긋는다. 한옥 대청마루의 경

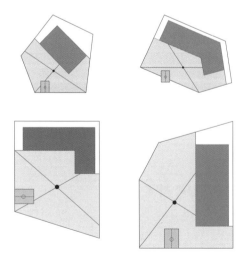

불규칙한 정택 마당의 예시

우 공간은 비어 있으나 마당이 아니므로 건물로 간주해 마당 면적에 합산하지 않는다. 담장의 안쪽 모서리에서 마당을 상하좌우로 나누는 선 두 개가 만나는 접점이 마당의 한가운데다. 이곳이 패철을 놓고 문, 주, 조의 방위를 측정하는 방위 측정의 기준점이다.

동택의 마당

마당이 둘 이상인 동택에서는 마당마다 방위 측정의 기준점을 각각 설정한다. 이것은 한 집이라도 담장에 에워싸여 사랑마당과 안마당이 구분된 경우라면 각각을 독립된 우주로 보기 때문이다. 이 원리는 방위 측정 기준점이 집이 들어선 대지의 공간 중심이 아니라는 사실을 다시 한번 상기해준다. 즉, 방위 측정 기준점은 대지에서 건물이 차지한 공간을 제외한 나머지 빈 마당의 공간 중심에 잡는다.

사랑 마당의 면적을 상하좌우로 균등하게 나누는 선 두 개를 긋는다. 두 선이 만나는 접점에 패철을 놓고 대문과 주(사랑방)의 방위를 측정한다. 이때 사랑방의 방위는 사랑방으로 기가 출입하는 사랑 방문의 방위를 가리킨다.

안채 마당의 경우도 마찬가지다. 마당의 면적을 상하좌우로 균등하게 나누는 선 두 개를 긋고, 두 선이 만나는 접점에 패철을 놓는다. 그리고 중문과 주(안방), 부엌의 방위를 측정한다. 이때 중문 방위는 중문을 통해 기가 출입하는 공간 중심, 즉 중문의 중심을 가리킨다. 안방과 부엌의 방위는 안방문과 부엌문의 중심을 가리킨다.

중앙영도법

현재 한국 풍수계는 양택풍수에서 방위 측정의 기준점을 어디로 설정할 것인가라는 문제에 통일된 의견이 없다. 어떤 풍수사는 평면적으로 중심을 잡는 중앙영도법(中央領度法)을 주장하는데, 이 방법은 마당의 중심이 아닌 대지의 중심을 기준점으로 삼는 것이다. 풍수는 기를 중요시하고 기는 건물에 의해 흐름이 차단된다는 사실을 아직 깨닫지 못한 주장이다.

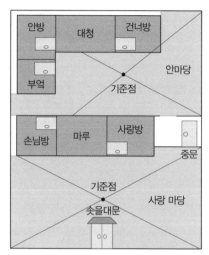

동택의 방위 기준점 설정

대문 위치의 결정

감문손주손조(坎門巽主巽灶)
대문의 위치를 감방(坎方)에 두었다면 감문손주가 되어 이 집은 생기택(生氣宅)이다. 후손이 왕성하고 부귀공명하다. 부귀를 완전히 갖춘 동사택 중 제일의 길택(吉宅)이다. 부엌 역시 안방과는 비화로 대길하다.

간문손주손조(艮門巽主巽灶)
대문을 간방에 두면 간문손주의 절명택(絶命宅)이 되어 흉하고, 부엌 역시 안 좋다. 성(姓)이 다른 자식을 길러 대를 잇는다.

태문손주손조(兌門巽主巽灶)
대문을 태방에 두면 태문손주의 육살택(六殺宅)이 되어 흉하

고, 부엌도 안 좋다. 자손이 귀하고 불길한 집이 된다. 따라서
이 집의 대문은 당연히 감방(坎方)에 두어야 한다.

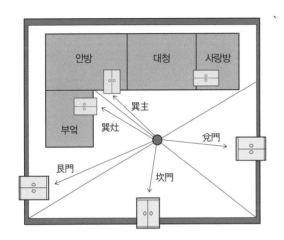

대문 위치의 결정도

3부

복을
부르는 집

제1장

현대 주택과 풍수

대문의 풍수적 역할

풍수에서 대문이란

대문은 집 밖의 기(氣)가 주택 안으로 출입하는 수구(水口)다. 따라서 양택에서 대문 방위를 가장 먼저 측정해 주택이 동사택 혹은 서사택인가를 판단한다. 판단하는 방법은 마당의 한 가운데에 서서 대문이 위치한 방위를 패철 4층인 지반정침으로 측정하고, 그 방위를 8괘방위로 치환한다. 대문의 방위가 간(艮. 북동), 곤(坤. 남서), 태(兌. 서), 건(乾. 북서)에 속하면 서사택이다. 반면에 감(坎. 북), 진(震. 동), 손(巽. 남동), 이(離. 남)에 속하면 동사택이다.

대문과 담장

주택을 에워싼 담장이 밀폐형이 아닌 통풍형 담장, 즉 철조망 담장이나 창살 담장이라면 대문은 수구의 기능을 수행하지 못한다. 이때는 주택이 입지한 자연 그대로의 지형을 살펴 그 집에 영향을 미친 양기가 어느 곳을 돌아 빠지면 더는 영향을 미치지 않는가 하는 경계점, 즉 수구가 속한 파(破)의 방위를 그 집의 대문 방위로 삼는다.

  그렇지만 이렇게 판단한 풍수적 길흉은 부정확하거나 효험이 떨어진다. 밀폐형 담장으로 주택의 사방을 잘 여미고, 창살로 만든 대문을 닫아 기가 작은 범위에서 안팎으로 통하도록 한다. 이러면 풍수적으로 좋다.

  현대 주택에서는 문이 크다고 대문이라고 하지 않는다. 집 안에서 바깥으로 나가는 통로가 바로 대문이다. 따라서 차고에서 마당 혹은 집 안으로 들어오는 문은 통념상 대문으로 보지 않는다.

왼쪽은 밀폐형,
오른쪽은 통풍형

대문의 크기

옛말에 "대문이 작고 집이 크면 재물이 모이고, 대문이 크고 집이 작으면 재물이 낭비되어 흉하다."라고 했다. 《택리지》에서도 "마을로 들어서는 수구는 청룡과 백호가 관쇄(關鎖)되어 배가 겨우 지나다닐 정도이면 길하다. 수구가 널따랗고 엉성하면 만 이랑의 밭을 가지고 있어도 대를 이어 전하지 못한다."라고 말한다.

  대문의 크기를 풍수적으로 판단할 때면 대문 규격을 문제 삼지 않는다. 대문을 여닫으며 통과할 때 대문 안팎의 기가 서로 얼마만큼 소통하는지가 중요하다. 따라서 쌍 대문을 설치할 경우, 쌍 대문을 모두 여닫으며 생활하면 대문이 너무 커서

가문

대문 기둥이 구부러진 것은 질병에 시달릴 상이다. 옛말에 문벌(門閥), 문중(門中), 가문(家門)이라 하며 가풍(家風)을 말할 때 '대문'(門)을 내세운 것은 대문을 곧 집안과 주인의 신분, 권세, 지위, 내력의 상징물로 보았기 때문이다. 따라서 문설주가 비뚤어지거나 구부러지면 주인의 체모와 위엄이 서지 않으며 곧 쇠락할 집으로 보았다. 따라서 대문은 설치하는 장소도 중요하지만, 형태도 위엄과 격식에 맞아야 집안이 번성한다고 믿었다.

흉하다. 평상시에는 한쪽 문을 잠그고 다른 한쪽 문만 이용해 출입한다. 또 한쪽 문에도 쪽문을 달아 사용하면 길하다. 홑문은 가급적 닫아둔 채 사용하는 것이 좋다.

빌딩과 점포의 경우, 자동문은 안팎으로 기의 소통량이 많아 넓은 문에 해당한다. 생기와 함께 재물도 누수되어 흉하다. 하지만 회전문은 안팎의 기가 서로 통하는 시간과 범위가 작아 비록 규모는 크지만 (풍수에서는) 작은 문으로 본다.

중문과 내외벽

전통 한옥의 경우, 사랑채 마당에서 안채로 들어가는 중문채에는 대개 중문을 설치했다. 중문은 대문보다 크기가 작으며, 내외벽을 쌓아 입구와 출구를 엇갈리게 배치했다. 왜냐하면 내외벽은 사랑 마당의 기가 안채 마당으로 직접 쏘아 들어가는 것을 막고, 또 안채에서 생활하는 부녀자들을 외부인이 쉽게 바라보지 못하도록 시야를 차단해 여자들의 사생활을 보장해주기 때문이다.

한옥의 내외벽

대문의 방위 측정

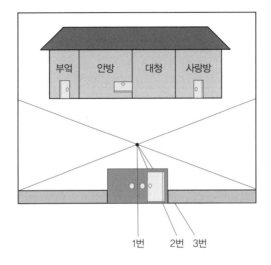

1번   2번 3번

대문의 방위를 측정할 때는 마당의 한가운데에 서서 대문의 중앙 또는 좌측과 우측의 끝을 측정하는 것이 아니다. 대문을 거쳐 기가 출입하는 공간 중심, 즉 흐르는 기의 공간 중심을 측정해야 한다. 대문이 쌍문이고 양문을 모두 이용해 출입하면(그림 1번) 양문이 맞닿는 중심 부분의 방위를 측정한다. 한쪽 문만 이용해 출입하는 경우라면(그림 2번) 해당 문이 열렸을 때, 그 문의 중심점을 측정한다. 만약 쪽문을 달아 사용한다면(그림 3번) 쪽문이 열렸을 때, 쪽문 중심의 방위를 측정한다.

적절한 담장의 크기

담장은 주택의 내외부를 구분 짓는 경계이고, 타인이나 도적이 무단으로 침입하는 것을 막아준다. 소음이나 먼지를 막는 효과도 있는데, 높이가 1.5m만 넘으면 이런 효과는 사라지고

현관의 스티커를 제거하자

아파트 현관은 대문에 해당하며, 집안의 가도와 가풍을 상징하는 가문(家門)이다. 그런데 현관에 스티커를 붙여놓는 경우가 있다. 이것은 가문에 먹칠하는 행위다. 현관 문고리에 우유 주머니를 끈으로 매달아 놓는 행위도 좋지 않다. 어떻게 가문에 밥 주머니를 매달 수가 있는가?

'가문을 빛내자.'란 말에는 현관문이 깨끗해야 집안에 복이 들어온다는 뜻이 숨어 있다. 현관 청소를 할 때 현관문도 깨끗이 닦아 가문을 빛내야 한다.

오히려 일조와 통풍이 나빠진다.

담이 높으면 밖에서 발견될 염려가 없어 도둑이 거리낌 없이 집 안으로 들어오니 도둑맞기도 쉽다. 또 지나치게 높은 담장은 집 전체의 품위나 인상을 나쁘게 하고, 주인의 마음까지 옹졸하거나 닫혀 있다는 생각을 들게 한다.

풍수에서 살펴본 마당

마당은 대문으로 들어온 기가 한가운데에 모이는 공간이며 다시 양택의 주된 공간과 부엌으로 기를 공급해주는 공간이다. 여기서 주된 공간은 고대한 곳으로 현관과 안방문을 가리킨다. 《양택삼요》는 "정택이면 마당의 한가운데에서 문(門), 주(主), 조(灶)의 방위를 측정하고, 동택이면 각 마당의 중심에서 문, 주, 조의 방위를 측정하라."라고 했다. 즉, 대문으로 들어온 기는 마당의 한가운데에 모였다가 주문(主門)과 조문(灶門. 부엌문)을 거쳐 주와 부엌 안으로 공급되는 것으로 설명한다.

마당의 방위 기준점이 중요한 이유
담장에 에워싸인 주택(단독주택, 별장)이라면 담장 한쪽에 대문을 설치하고, 대문 안쪽에는 마당 혹은 정원을 둔다. 건물 내부로 들어가는 현관을 건물 한쪽에 설치하는데, 보통 대문보다 현관문은 크기가 작고, 대문은 쌍문인데 비해 현관은 홑문이다. 이때 대문 위치와 비교해 현관 위치가 양택풍수에서 대단히 중요한데, 우선 마당의 한가운데에서 방위 측정의 기준점을 정확히 설정해야 한다.

이 기준점을 이용해 우선 주택이 동사택인지 서사택인지를 분별하고, 대문과 현관의 위치를 상호 판단해 대문을 문(門)의 방위로 삼는다. 그리고 현관을 주(主)의 방위로 삼아《양택삼요》에 의한 8택론으로 구분해서 길한 복택의 집을 짓는 데 활용한다.

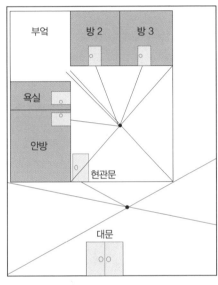

마당의 방위 기준점 설정

　방위 기준점을 정하려면 우선 마당의 범위와 형태를 살펴야 한다. 마당과 담장 사이에 넓은 공간이 있다면 그 공간까지 합산해 마당의 범위와 형태를 정하고, 건물과 담장 사이가 좁으면 마당 공간에서 제외한다. 그다음은 마당의 한쪽 모서리에서 대각선 쪽의 건물 모퉁이를 바라보며 마당 면적을 좌우로 이등분하는 선을 긋고, 다시 반대쪽 담장 모서리에서 대각선 쪽 건물 모퉁이를 바라보며 마당을 상하로 이등분하는 선을 긋는다. 두 선이 만나는 접점에 패철을 놓고 대문과 현관의 위치적 길흉을 판단하는 방위 측정의 기준점으로 삼는다.

주의해야 할 현관문의 크기와 배치

점포 현관의 크기
문이 작고 집이 커야 부자가 된다는 것은 풍수의 제1법칙이다. 따라서 점포와 가게의 경우도 마찬가지다. 점포와 가게의 출입문을 자동문으로 설치하면 큰 대문이 되어 흉하다. 따라서 쌍문을 설치할 때도 평소에는 한쪽 문을 걸어 잠그고, 큰 짐이 들고 날 때만 열어 놓는다. 가장 좋은 점포 출입문은 바깥에 쌍문을 달고, 안쪽에 다시 자동문을 설치한 이중문이다.

현관은 공동 주택인 아파트에서는 대문에 해당하고, 전통 주택에서는 중문에 해당한다. 즉, 현관문은 외부의 기가 집 안의 거실로 출입하는 수구로 현관문 역시 큰 것보다는 작은 것이 길하다.

전통 주택에서 대문과 현관문을 일직선상에 배치하면 흉한데, 대문의 기가 곧장 현관으로 불어닥치기 때문이다. 대문에서 현관에 이르는 길을 복잡하게 만들면 주인이 대문을 들어섰을 때 자기 집에 돌아왔다는 안도감을 느낄 수 있다. 또 타인이 방문했을 때는 집 안으로 들어서기 전 마음의 준비를 하는 여유를 준다.

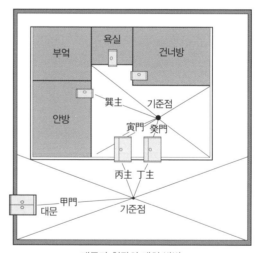

대문과 현관의 배치 방법

현관문은 안쪽으로 열리게 달면 좋다. 바깥쪽으로 열리게 달면 돌쩌귀 같은 문장식이 밖으로 드러나, 떼 가기가 수월하기 때문이다. 또 안쪽으로 열리면 손님에게 '어서 오라.'는 환영의 뜻이 있고, 문짝에 가려서 방문객이 불시에 집 안을 엿보는 걱정도 덜하다.

마당이 있는 주택에서 대문과 현관의 위치는 마당의 방위 기준점에서 두 곳의 방위를 측정하되 대문을 문(門), 현관을 주(主)로 삼고 서로의 관계가 복택이 되도록 한다. 대문으로 들어온 기는 마당의 공간 중심에 모였다가 고대한 곳으로 전달되어야 하는데, 마당에서 가장 고대한 주(主)는 현관이기 때문이다.

그림을 참고하면, 마당에서 보아 대문은 갑문(甲門)으로 진문(震門)이고, 현관의 위치는 병주(丙主)나 정주(丁主)나 모두 이주(離主)가 되어 진문이주(震門離主)의 생기택이다. 그렇다면 병주와 정주 중 어느 현관이 보다 길할까?

거실의 한가운데에서 안방문의 방위는 손주(巽主)이고, 현관의 방위는 계문(癸門. 坎門)과 인문(寅門. 艮門)으로 나뉜다. 계문은 안방과 대비 시 감문손주(坎門巽主)의 생기택이고, 인문은 간문손주(艮門巽主)의 절명택이다. 따라서 마당에서 보아 현관은 병주와 정주 어느 곳에 둬도 길흉이 같으나, 거실에서 보면 인문과 계문의 길흉 차이가 심하니 결국은 마당에서 보아 정방(丁方)에 현관을 설치해야 길하다.

현관을 밝혀라

현관은 외부의 기가 현관을 통해 거실이란 마당으로 들어오는 통로다. 양 공간을 잇는 나들목과도 같아 기가 빠르고 강하게 흘러간다. 따라서 현관의 기가 좋아야 집 안 깊숙이 생기가 증진되고, 현관의 기가 나쁘면 집 안에 생기가 발생하지 않거나 약해진다.

우선 현관은 밝아야 길한데, 현관 천장에 달려 있는 전구를 현재보다 밝은 것으로 교체한다. 외식하려고 식당을 선택할 때 식당 입구가 어둡고 음침한 곳은 들어갈 꺼린다. 입구가 밝고 활기차 보이는 곳을 선택하는 것은 이런 이유 때문이다. 현관에 시든 꽃이나 죽은 나뭇가지로 만든 꽃꽂이를 둬서는 안 된다. 현관은 양택풍수에서 대단히 중요한 공간이고, 이런 곳에 죽은 식물을 두면 집 안에 사기(死氣)가 늘어나기 때문이다.

풍수에서 거실의 중요성

거실은 현관을 통해 들어온 기를 주(主)와 조(灶)로 공급해주는 공간으로, 전통 한옥에서 사랑 마당에 해당한다. 따라서 거실의 가구들은 제 위치에 정리정돈이 잘되고, 또 거실의 청소 상태도 깨끗해야 집안에 복과 행운이 늘어난다. 어떤 한옥을 찾

앉을 때, 마당에 잡풀이 자라고 온갖 쓰레기가 널려 있다면 그 집의 가세는 기울었다고 판단하는 것과 같다.

그러므로 현관으로 들어온 기는 거실의 한가운데에 모였다가 방문을 거쳐 각 방으로 공급되고, 또 부엌 안으로도 기가 공급되는 것으로 설명한다. 여기서 방문과 부엌의 위치를 측정하는 거실 내 '방위 측정의 기준점'은 거실의 중앙이 아니라 거실에 흐르는 기의 공간 중심에 패철을 놓고 측정한다.

거실의 범위와 형태

현관문 안에 중문이 설치되어 있으면 현관문과 중문 사이의 통로 공간은 거실이란 마당의 범위와 형태에서 제외한다. 부엌문이 없는 부엌의 경우 부엌에 설치된 싱크대, 식탁 등 사람 허리 아래의 높이를 가진 가구들은 거실에서 기의 흐름을 방해하지 않으므로 거실이란 마당의 범위와 형태에 합산한다.

거실에 있는 가구나 비품 중 사람 허리 높이 이상 되는 것들은(냉장고, 장식장 등) 거실이란 마당의 공간에서 제외한다. 즉, 그 가구만큼 거실 공간이 없다고 간주한다. 부엌문이 달린 거실은 부엌 공간 전체를 거실 공간에서 제외한다. 발코니를 확장한 경우라면 발코니 창문까지를 거실로 본다. 대개 거실 모양은 들쑥날쑥한데, 이때 형태 그대로를 인정한다.

거실의 방위 기준점

현재 한국 사람 대다수가 살고 있는 주택(단독주택 또는 아파트)의 거실은 현관문을 이용해 안으로 들어가고, 침실과 부엌과 화장실의 벽면이 사방을 둘러싼 공간이다. 보통 부엌의 경우, 출입문이 설치된 거실도 있지만 출입문이 없는 부엌이 거실

공간으로 활용되기도 한다. 여기서 거실을 풍수적 마당으로
볼 때, 부엌에 출입문이 있으면 부엌 공간은 마당 공간에서 제
외하고 출입문이 없으면 마당 공간에 합산한다. 침실과 부엌
을 배치하면서 거실 평면은 대체로 불규칙한데, 거실 평면이
불규칙하면 불규칙한 대로 마당이라 인식한다.

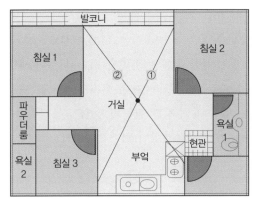

거실에서 방위 기준점 설정하기

현대 주택의 양택풍수는 거실 안에서 방위 측정의 기준점
을 정확히 설정하는 것이 대단히 중요하다. 우선 거실의 발코
니 한 모퉁이에서 대각선 쪽 침실의 한 모퉁이를 바라보고, 좌
측과 우측의 거실 면적을 정확히 이등분하는 선을 그림 ①번
처럼 긋는다. 다음은 거실 발코니의 다른 한 모퉁이에서 대각
선 쪽 부엌을 바라보며 거실 면적을 상하로 이등분하는 선을
그림 ②번처럼 긋는다. ①번과 ②번 선이 만나는 접점에 패철
을 놓고, 집의 길흉을 《양택삼요》에 따라 판단하는 '방위 측정
의 기준점'을 찾는다. 풍수 실무에서는 레이저 포인트를 사용
하면 편리하고, 경우에 따라서는 패철대 위에 패철을 올려놓
고 지시봉을 이용해 방위 기준점을 잡는다.

사택 정하기

거실에 잡은 방위 기준점에서 현관이 위치한 방위를 패철로 측정하고, 측정된 24방위 값을 8괘방으로 치환한다. 현관문이 위치한 방위가 동사택의 방위에 해당하면 동사택이고, 서사택의 방위에 해당하면 서사택이라 부른다. 251쪽 그림에 소개한 집(설계도)의 경우, 현관문이 해방(亥方)에 있으므로 해문(亥門)이고 이것은 8괘방으로 건문(乾門)이라 서사택이다. 만약 벽면에 시야가 차단되어 현관을 똑바로 바라볼 수 없다면, 기준점에서 현관문으로 꺾이는 벽면 모서리의 방위를 측정해 문의 방위값으로 삼는다. 하지만 현관의 방위가 부정확할수록 양택 풍수의 길흉 판단도 정확성이 떨어진다.

침실의 풍수

거실의 방위 기준점에서 현관문이 속한 방위를 측정해 문(門)의 방위로 삼고, 거실에서 기를 공급하는 침실의 방문 방위를 측정해 주(主)의 방위로 삼는다. 이때 현관문과 방문의 방위는 통념상 문의 중앙이 아니라 문을 통해 소통되는 기 흐름의 중심점이라 생각해야 한다. 따라서 문의 중앙보다는 문이 열리고 닫히는 상황을 고려해 문이 열린 공간의 중심점을 방문의 방위로 삼는다.

만약 방위 기준점에서 보아 벽에 가려 침실의 방문이 보이지 않는다면, 침실 방문이 바라보이는 벽 모서리, 즉 종견처(終見處)를 그 침실의 주(主) 방위로 삼는다. 251쪽 그림에서 현관문은 해문(亥門)으로 곧 건문(乾門)이고, 안방인 침실 1은 갑주(甲

主)로 진주(震主)이다.

침실 2는 신주(申主)로 곤주(坤主)이며, 침실 3은 간주(艮主)로
간주다. 따라서 이 집은 침실 1인 안방의 위치와 비교하면 건
문진주(乾門震主)의 오귀택이라 흉하다. 침실 2는 건문곤주(乾
門坤主)의 연년택이고, 침실 3은 건문간주(乾門艮主)의 천을택이
라 길하다. 그렇지만 주인 부부가 사용하는 안방의 풍수가 가
장 중요하니, 이 집은 전체적으로 오귀택에 해당한다.

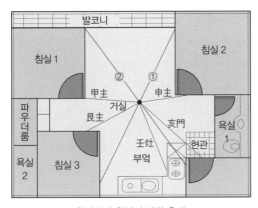

현관문과 침실의 방위 측정

안방문의 중요도

현대 주택에서 어느 집이 8택론으로 무슨 택(宅)에 해당하는
가를 결정하는 가장 중요한 요소가 바로 안방문이다. 동택에
서는 중문에 해당하는데, 현관으로 들어온 기가 거실을 거쳐
안방으로 출입하는 수구다. 안방은 주인 부부가 수면을 취해
활력을 되찾고, 부부가 정배(正配)하고, 자식을 생육하는 공간
으로 집에서 가장 고대한 곳이다. 따라서 안방은 현관과 대비
해 8택론으로 생기방, 연년방, 천을방, 복위방 중 하나가 되어
야 한다. 만약 흉한 방위에 있다면 비보책을 써서 살기를 중화

해야 한다.

안방의 창문은 되도록이면 동쪽이나 남동방에 둔다. 동창 (東窓)은 북창(北窓)에 비해 햇살이 1시간 일찍 비친다. 만약 해 가 뜨는 시간에 일어나 활동한다면 동창에 사는 사람은 매일 한 시간씩 일찍 일어나는 셈이니, 일생을 70년으로 계산하면 약 3년을 더 사는 꼴이 된다. 이런 이유에서 동창 집은 부자가 많다.

침실 풍수의 사례

아래 그림을 보자. 거실에서 잡은 방위 측정의 기준점에서 현 관이 위치한 방위를 측정하니 계문(癸門)이었다. 따라서 8괘방 으로 치환하면 이 집은 현관이 감문(坎門)인 동사택이다.

침실 1의 방문을 측정하니 오주(午主. 8괘방으로 離主)로서 감 문이주(坎門離主)다. 8택론으로 연년택이니 침실 1은 연년방이 다. 침실 2는 비록 방문의 중앙은 보이지 않으나 침실 2로 기

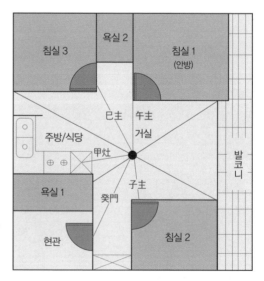

감문이주(坎門離主)의 연년택

가 출입하는 종견처인 벽 모서리의 방위를 측정하면 자주(子主. 坎主)로서 감문감주(坎門坎主)의 복위방이다. 침실 3은 방문 위치가 사주(巳主. 巽主)로 감문손주(坎門巽主)의 생기방이다. 부엌문이 없다면 가스레인지의 방위를 측정해 부엌의 길흉을 판단하는데, 이 경우에는 갑조(甲灶. 震灶)다. 감문이주의 상황에서 감문진조(坎門震灶)는 천을 부엌이다.

부엌과 풍수

부엌문이 설치되지 않았다면 부엌으로 출입하는 기 흐름의 공간 중심을 판단해 부엌의 방위를 측정한다.(부엌문이 없는 부엌은 거실의 공간 중심에서 부엌 안쪽에 있는 가스레인지의 위치를 패철로 측정해야 하는데, 대개는 가스레인지가 보이지 않는다. 따라서 가스레인지가 있는 쪽의 종견처인 벽 모서리의 방위를 부엌의 방위로 삼는다.)

부엌은 일가의 길흉화복이 메아리처럼 생겨나는 곳이다. 부엌은 생명을 기르는 원천으로 모든 병이 음식 때문에 생기기 때문이다. 또 부엌문이 없는 부엌의 경우, 방위 기준점에서 부엌의 어느 곳을 측정해야 하는가를 결정한다.

옛날에는 아궁이가 가장 중요했는데, 아궁이에 얹힌 솥으로 밥을 짓고, 국을 끓이고, 반찬을 만들었기 때문이다. 따라서 현대 부엌에서도 가스레인지의 위치와 방위가 가장 중요하다. 왜냐하면 가스레인지가 전자레인지나 오븐레인지보다 더 많이 음식을 만들기 때문이다. 물론 전기밥솥으로 밥을 짓는다면 전기밥솥의 위치도 풍수적으로 무시할 수 없다.(전기밥솥에 대한 풍수적 길흉 판단은 향후 본명궁 풍수에서 보다 자세히 공부할 것이다.)

식탁 위치도 중요한데, 식사하는 공간의 생기가 좋아야 나쁜 기가 차단되어 사람이 건강해지기 때문이다. 하지만 냉장고에 보관된 음식은 잘 상하지 않기 때문에 냉장고 위치는 상대적으로 중요성이 떨어진다. 옛날에는 찬장에 보관된 음식이 장소에 따라 상하기 쉬워 찬장 위치를 중요시했다. 따라서 부엌문이 없다면 부엌 방위는 가스레인지 위치로, 부엌문이 있다면 기가 소통하는 부엌문의 중앙으로 판단한다.

부엌에서 중요한 정도로 순서를 매겨보면 가스레인지, 식탁, 전기밥솥, 전자레인지, 오븐레인지, 냉장고, 싱크대 순이다.

부엌 풍수의 실례

평면도를 보면 부엌의 공간 중심에서 부엌문 방위는 미문(未門. 坤)인데, 식탁 위치는 경주(庚主. 兌), 냉장고는 을주(乙主. 震), 가스레인지는 갑주(甲主. 震), 전기밥솥 위치는 인주(寅主. 艮)다. 따라서 식탁은 곤문태조의 천의 부엌이고, 냉장고와 가스레인지는 곤문진조의 화해 부엌이며, 전기밥솥은 곤문간조의 생기 부엌이다. 부엌 물건 중 사람에게 영향을 크게 미치는 것은 가스레인지이므로 이 부엌은 '화해 부엌'으로 이름 짓는다. 다만

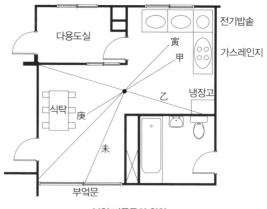
부엌 비품들의 위치

밥솥과 식탁의 위치가 좋으므로 화해 부엌의 흉함을 감하는
식으로 판단한다.

침대의 위치와 풍수

침실 안에서 방위 기준점 찾기

방문으로 들어온 기는 방의 한가운데인 공간 중심에 모였다
가 코를 통해 사람에게 공급된다. 따라서 방의 공간은 풍수적
마당이라 간주한다. 침실 안에서 방위 측정의 기준점을 정하
려면 가구들이 얼마나 기 흐름을 차단하는지 판단하는 일이
중요하다. 방 안에 있는 가구 중 높이가 사람의 가슴 아래인
침대, 책상, 화장대, 협탁 등은 기의 흐름을 방해하지 않으므
로 이들이 없다고 간주하고 풍수적 마당의 범위와 형태를 정
한다. 하지만 장롱, 붙박이장, 옷장 등과 같이 사람의 가슴보
다 높은 가구들은 방에서 제외하니, 즉 그들이 없는 공간만을
풍수적 마당이라 간주한다.

침대의 위치

방문으로 들어온 기는 방 안이란 공간 중심에 모였다가 사람
의 코를 거쳐 사람 몸으로 들고 나간다. 사람의 위치는 침대를
놓은 위치에 따라 달라지며, 코(머리)의 위치가 사람의 몸 안으
로 들어가는 기의 길흉을 결정한다. 따라서 침대를 방의 어느
장소에 두어야 하는가 하는 고민은 사람이 머리를 어디에 둬
야 하는가에 해답이 있다. 만약 침대를 사용하지 않고 요를 깔
고 잠을 잔다면 베개가 놓인 위치가 중요하다.

　따라서 침실 풍수의 핵심은 침대 머리를 어느 위치에 두는

스스로 침대 위치 정하기
방 안에서 침대 머리를 둘 수
있는 경우의 수는 대개 세 가
지다. 우선 한쪽에 침대 머리
를 두고 잠을 잔다. 아침에 일
어나 밤새 어떻게 잤는가를 체
크하는데, 잘 잤으면 ○표 하
고, 잘 모르겠으면 △표 한다.
악몽을 꾸고 잘 못 잤으면 ×
표를 한다. 한 장소에서 10일
정도를 자고 체크한 다음 다른
쪽으로 침대 머리를 바꿔서 다
시 10일 정도를 체크한다. 마
지막 한 곳으로 침대 위치를
바꿔 잔 다음 체크한다. 분명
히 ○표가 확연히 많은 곳이
있을 것이다. 그곳에 침대 머
리를 고정한다.

가 하는 문제다. 침실의 방위 기준점에서 방문의 방위를 패철로 판단하고, 8택론에 따라 생기, 연년, 천을, 복위의 기를 얻을 수 있는 곳에 침대 머리를 둔다. 만약 침대 머리가 오귀, 육살, 절명, 화해의 방위에 위치한다면 비보책을 써서 살기를 중화한다.

침대 풍수의 실례

방 안에서 방위 측정의 기준점은 방 안의 면적 중 장롱이 차지한 공간만큼을 제외한 나머지 공간에서 정한다. 그림을 보면 방위 기준점에서 방문의 방위가 곤문(坤門)으로 서사방(西四房)이다.

  방 안 구획을 8괘방으로 구분하면 동사택과 서사택 구획으로 구분되는데, 우선 동사택 구획에는 침대 머리를 둘 수 없다. 서사택 구획에 침대 머리를 두어야 하는데, 곤주(坤主)는 방문이 있어 불가능하고, 태주(兌主)에 두면 천을택으로 길하다. 건주(乾主)에 두면 연년택으로 가장 기가 좋으나 모서리 쪽

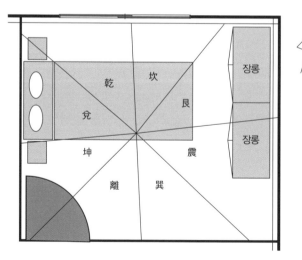

침대 위치의 결정

에 위치해 침대 머리를 온전히 두기 어렵다. 나머지 간주(艮主)는 장롱 앞쪽이라 침대 머리를 둘 수 없다. 따라서 이 방은 침대 머리를 태방에 두며 천을 침대가 된다.

침대 위치의 교정

사람에게는 태어난 해에 따라 24방위 중 3방위가 흉하다는 회두극좌(回頭剋坐)가 있다. 산 사람이나 죽은 사람이나 모두 회두극좌를 피해야 길하다고 한다. 곤궁(坤宮)에 속한 사람이 태어난 해가 양력을 기준으로 경오(庚午), 기묘(己卯), 무자(戊子), 정유(丁酉), 병오(丙午), 을묘(乙卯)년이면 머리를 미곤신(未坤申)방에 두고 다리를 축간인(丑艮寅)방으로 뻗으면 충(沖)을 받아 해롭다.

또 이궁(離宮)에 속한 사람이 태어난 해가 양력으로 무진, 정축, 병술, 을미, 갑진, 계축, 임술년이면 병오·정방에 머리를 두고 임자·계방으로 다리를 뻗으면 충을 받아 해롭다. 손궁, 태궁, 진궁, 건궁, 감궁, 간궁에 속한 사람도 상기와 같은 방법으로 회두극좌를 살핀다.

그런데 중궁(中宮)인 계유, 임오, 신묘, 경자, 기유, 무오, 갑자년에 태어난 사람은 회두극좌에 해당하지 않으므로 흉한 방위가 없다. 따라서 침대 머리는 최종적으로 회두극좌까지 살펴 위치를 교정해야 한다.

북쪽에 둔 침대는 흉?

보통 침대 머리가 북쪽을 향하면 흉하다고 생각한다. 왜냐하면 북망산천이라 하여 사람이 죽으면 머리를 북쪽에 두기 때문이다. 그렇지만 침대 위치는 방문 방위와 대비해 연년방 혹은 생기방에 두면 좋다. 그렇게 정한 침대 위치가 비록 북쪽이라 해도 아무런 문제가 없다.

회두극좌의 의의

사람은 각자가 우주의 중심으로 태어났고, 태어난 해(갑자)에 따라 세 방향이 흉하다. 잠을 잘 때나 음식을 만들 때 또는 비즈니스를 할 때도 흉한 방향을 피해야 한다. 음택풍수에서 회두극좌를 범하면 맏아들과 장손이 살충을 받아 패절하고, 묘제에서는 부부를 합장으로 매장할 것인가 혹은 쌍분으로 매장할 것인가를 결정하는 기준이 된다.

회두극좌 도표

④ 辰巽巳坐 사록(四祿) 戌乾亥向 **巽** 丁戊己庚辛壬 巳申亥寅巳申	⑨ 丙午丁坐 구자(九紫) 壬子癸向 **離** 壬癸甲乙丙丁戊 戌丑辰未戌丑辰	② 未坤申坐 이흑(二黑) 丑艮寅向 **坤** 乙丙丁戊己庚 卯午酉子卯午
③ 甲卯乙坐 삼벽(三碧) 庚酉辛向 **震** 丙丁戊己庚辛 辰未戌丑辰未	⑤ 五 黃 **中宮** 甲戊己庚辛壬癸 子午酉子卯午酉	⑦ 庚酉辛坐 칠적(七赤) 甲卯乙向 **兌** 庚辛壬癸甲乙丙 申亥寅巳申亥寅
⑧ 丑艮寅坐 팔백(八白) 未坤申向 **艮** 辛壬癸甲丙丁 酉子卯午酉子卯	① 壬子癸坐 일백(一白) 丙午丁向 **坎** 癸甲乙丙丁戊己 亥寅巳申亥寅巳	⑥ 戌乾亥坐 육백(六白) 辰巽巳向 **乾** 己庚辛壬癸甲乙 未戌丑辰未戌丑

책상의 위치와 풍수

자녀 방의 방문으로 들어온 기는 해당 공간의 중심에 모였다가 코를 통해 자녀의 몸 안으로 들고 나간다. 책상을 놓은 위치에 따라 기를 달리 받으며, 이 역시 코(머리)의 위치가 사람의 몸 안으로 들어가는 기의 길흉을 결정한다. 따라서 자녀 방에 책상을 어느 곳에 둬야 하는가 하는 고민에 대한 답은 책상보다 사람이 앉아 호흡하는 의자의 위치에 있다.

따라서 책상 풍수의 핵심은 의자를 어느 위치에 둬야 하는가의 문제다. 공부방의 방위 기준점에서 방문 방위를 패철로 판단하고, 8택론에 따라 생기, 연년, 천을, 복위의 기를 얻을 수 있는 곳에 의자(책상)를 배치한다. 만약 책상 위치가 오귀, 육살, 절명, 화해의 방위에 있다면 비보책을 써서 살기를 중화한다.

책상 풍수의 실례

그림을 보면 자녀 방의 공간 중심에서 방문의 위치는 정문(丁門, 離門)으로 동사방이다. 따라서 방 안에서 책상 위치는 같은 동사방인 감주(坎主), 진주(震主), 손주(巽主)에 둬야 하는데, 손주에 두면 방을 이용하는 데 불편하다. 따라서 책상은 보다 정신이 맑은 기가 머무는 연년방인 임주(壬主)에 두고, 침대는 생기방인 묘주(卯主)에 두면 길하다.

공부운의 향상

공부 잘하는 아이는 책상을 잘 정리하고, 공부에 흥미가 없는 아이는 책상 위가 산만하고 뒤죽박죽이다. 책과 참고서, 학용품이 어지럽게 흐트러져 있으면 주의가 산만하고 집중력이 약하다는 증거다.

책상 서랍의 정리도 마찬가지다. 아이의 책상과 서랍이 어지럽고 지저분하면 고칠 것을 지시하고, 만약 고치지 않으면 부모가 솔선수범해 정리 정돈을 해준다. 인내를 가지고 꾸준히 정리해주면 아이의 마음이 바뀐다. 옷을 마구잡이로 던져놓는 버릇이 있다면, 옷장이나 옷걸이를 비치한 뒤 옷을 가지런히 걸도록 지도한다.

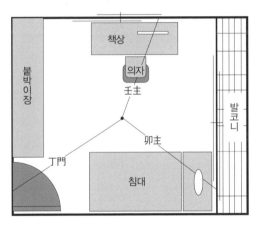

자녀 방의 침대와 책상 위치

양택풍수는 침대가 중요하다

천 리를 뻗어온 지맥이라도 혈을 맺은 한 마디의 지맥, 즉 도두일절(到頭一節)의 지기가 장해야 혈에 기가 장하게 맺는다.
만약 천 리의 지맥이 길해도 혈을 맺은 한 마디의 지맥이 흉하
다면 혈은 살기를 띤다. 따라서 도두일절의 생왕사절(生旺死絶)
이 천 리 지맥의 생왕을 결정한다고 본다.

　양택풍수의 실무에서 ① 대문과 비교 판단한 현관의 위치가
길하고 ② 현관과 비교 판단한 침실문의 위치가 길하고 ③ 방
문과 비교 판단한 침대 머리의 위치가 길하면 가장 이상적이
다. 그렇지만 세 가지 모두가 길하긴 어렵다. 따라서 도두일절
이 중요하니 침대 머리의 위치가 가장 중요하고, 침실문의 위
치가 다음으로 중요하며, 현관의 위치가 마지막으로 중요하
다. 그 결과 양택풍수의 중요도는 침대, 침실문, 현관 순이다.

제2장
돈과 건강을 부르는
방향과 배치

방의 풍수적 선택

길한 안방의 특징

주택에 방이 여럿 있다면, 어느 방을 어느 가족이 사용할 것인가를 결정해야 한다. 풍수에서는 주인 부부가 반드시 안방을 사용해야 한다고 주장하지 않는다. 그렇지만 현대에 들어 소음, 공해, 조명 등 수면을 방해하는 요소가 늘어나는 실정이고, 안방은 부부의 휴식, 부부 생활, 아기의 생육을 담당하는 곳으로 남에게 침범받지 말아야 하는 공간이다. 따라서 안방의 위치는 현관에서 가까운 곳보다 안쪽에 있는 것이 좋다. 현관에서 곧바로 들어가는 곳이 아닌 앞이 막혀서 돌아가는 곳이 소음에서 멀어지고 사생활을 보호할 수 있어 좋다.

현대 주택의 안방은 주인 부부가 편리하게 사용하도록 다른 방에 비해 면적이 넓고, 전용 욕실, 드레스룸, 파우더룸 등을 갖추고 있어 풍수적인 길흉 판단 없이 부부 방으로 선택한다. 그렇지만 안방은 무엇보다 사람이 가사 상태로 7~8시간 동안 잠을 자는 공간이니 주택 내에서 기가 가장 왕성한 곳에 배치해야 그곳에서 생활하는 사람의 피로가 풀리고 활력도 되찾는다. 따라서 여러 방 중 안방으로 쓸 방은 거실의 공간 중

부부정배(夫婦正配)
부부의 금실이 좋아 가족이 화목한 것.

자효손현(子孝孫賢)
자식들은 효도하고 손자들은 착하다.

복록수(福祿壽)
복 받고, 벼슬이 높으며, 장수한다.

소년등과(少年登科)
어려서 과거에 급제한다.

심에서 현관과 침실문을 상호 비교해《양택삼요》의 64대문과 64안방의 길흉화복 중 부부 화목, 가도 번창, 후손 번창, 관운, 아들 생산, 부귀영화와 같은 발복이 나타나는 방을 선택하는 것이 현명하다.

물론 안방은 부부가 사용하는 것이 원칙이겠지만 그 방이 오귀방, 육살방, 절명방에 해당하면 안방으로 쓰는 데 문제가 있다. 이런 상황이라면 생활은 안방에서 하고, 잠은 다른 복방(福房)에서 자는 것이 건강과 행운을 얻는 길이다.

안방으로 적합한 방

현관의 방위	안방 방문의 위치
진문(震門)	1) 巽主(벼락부자, 공명현달, 아들 생산) 2) 離主(부부 화락, 가도 번창)
손문(巽門)	1) 震主(관운 속발, 수재장원) 2) 坎主(부부 화락, 부귀영화)
감문(坎門)	1) 離主(부부정배)　2) 巽主(자효손현, 관운대길)
이문(離門)	1) 坎主(복록수, 아들 생산, 자효손현) 2) 震主(관운, 수재장원, 부부 장수)
간문(艮門)	1) 兌主(부부 화목, 장수, 소년등과) 2) 坤主(공명현달, 부부 장수)
태문(兌門)	1) 艮主(화목, 관운, 부자)　2) 乾主(후손 번창)
건문(乾門)	1) 坤主(부부 화목, 아들 생산)　2) 兌主(재물운, 자손 번창)
곤문(坤門)	1) 乾主(장수, 부부 화목)　2) 艮主(장수, 자효손현)

길한 아들 방의 특징

동양인의 아들 선호 사상은 오랜 세월을 두고 내려온 관념으로 가계 계승이란 목적 때문이다. 아들이 없다는 사실은 가계의 단절, 즉 절손을 의미했다. 전통적으로 아들은 성격이 호전적이고 도전적이며 외향성과 능동성을 지녀야 한다고 생각했다. 따라서 풍수 이론에서는 남자다운 기가 모인 방을 아들 방으로 삼아야 아들의 신체와 정신이 건강하다고 생각했다.

아들을 음기가 강한 방에 기거시키면 기를 펴지 못하고 소심해진다. 따라서 문간방과 안쪽 방이 있을 때 아들은 무턱대고 문간방을 쓰고, 딸은 안쪽 방을 써야 한다는 통념은 풍수적으로 현명하지 못하다. 《양택삼요》의 길흉화복 중 장원급제, 공명현달, 재운, 충효현랑, 부귀 같은 발복이 나타나는 방을 아들 방으로 삼는다.

아들에게 적합한 방

현관의 방위	아들 방의 방문 위치
진문(震門)	1) 巽主(장원급제) 2) 離主(공명현달)
손문(巽門)	1) 震主(동량재목) 2) 坎主(연속급제)
감문(坎門)	1) 坎主(재운) 2) 離主(부귀) 3) 巽主(관운)
이문(離門)	1) 坎主(충효현랑) 2) 震主(수재장원)
간문(艮門)	1) 兌主(소년등과) 2) 坤主(공명현달)
태문(兌門)	1) 艮主(장원급제) 2) 乾主(재운)
건문(乾門)	1) 坤主(부귀) 2)艮主(부귀)
곤문(坤門)	1) 乾主(부귀) 2)艮主(부귀)

길한 딸 방의 특징

딸은 혼인 전까지 부모 슬하에서 자라는데, 전통적으로 딸은 성격이 평화롭고 가정적이어야 하며 내향성과 수동성을 지녀야 한다고 생각했다. 따라서 풍수 이론에서는 여자다운 기가 충만한 방에 딸이 기거해야 신체와 정신이 건강하다고 판단했다. 옛날에는 딸을 출가외인으로 생각해 가사나 예절을 가르쳤다. 그래서 《양택삼요》의 64대문과 64방 중에 딸과 관계

여선(女善)
여자가 착하다.

여수(女秀)
여자가 빼어나다. 특출하다.

여인(女仁)
여자가 어질다.

된 길흉화복은 "여자가 착하다, 어질다, 빼어나다."라는 말에 해당한다.

현대에 와서는 여성들이 사회에 많이 진출하고, 또 독신으로 사는 여성도 많다. 그러니 과거의 잣대로 딸 방을 선택하는 것은 부당하다. 그렇지만 여러 방 중에서 여자에게 좋은 기가 있는 방을 딸이 써야 한다는 사실은 옛날이나 현대나 변함이 없다.

딸에게 적합한 방

현관의 방위	딸 방의 방문 위치
진문(震門)	1) 坎主(여선) 2) 離主(여수)
손문(巽門)	1) 坎主(여수)
감문(坎門)	1) 巽主(여수)
이문(離門)	1) 巽主(여인) 2) 震主(여수)
태문(兌門)	1) 艮主(여수)

길한 노인 방의 특징

노인 방은 남동쪽 방이나 남쪽 방이 좋다. 노인에게 햇볕은 보약과 같기 때문이다. 따라서 남향과 남동쪽은 아침 해가 일찍이 비추니, 아침에 일찍 일어나는 노인에게 제격이다. 노인 방은 가족 방과 너무 멀어서는 안 되고, 2층보다는 아래층이 좋다. 화장실과는 거리가 짧아야 하고, 가능하면 노인 방 안에 전용 화장실을 두는 것이 좋다. 또 난방은 안정성을 고려해 설치하고, 뜰이 보여 간단히 나설 수 있다면 더욱 좋다. 《양택삼요》에서 설명하는 길흉화복 중 "장수를 누린다, 백 살까지 산다." 등과 같은 발복 내용이 있는 방을 노인 방으로 삼는다.

참고로 붉은색이 노인에게 좋다. 색깔에도 음양의 기가 있는데 빨간색은 양이고, 파란색은 음으로 태극 문양은 음양을 뜻한다. 노인의 경우 몸이 쇠약해 음기가 강하다. 음기의 신체는 양기의 옷을 입어야 음양이 조화를 이뤄 기가 살아난다. 따라서 노인에게는 붉은색 계통의 옷이 좋다.

노인에게 적합한 방

현관의 방위	노인 방의 방문 위치
진문(震門)	1) 離主(壽高百旬. 장수하여 백 살까지 산다.)
이문(離門)	1) 坎主(福祿壽. 복과 벼슬을 누리고 장수한다.)
간문(艮門)	1) 兌主(百壽. 백 살까지 산다.)
태문(兌門)	1) 艮主(長壽. 장수한다.)
건문(乾門)	1) 坤主(百壽. 백 살까지 산다.)
곤문(坤門)	1) 艮主(長壽. 장수한다.)

가구의 길한 배치

길한 침대의 위치

방 안에 침대를 배치하는 기준 중에서 침대 머리의 위치가 중요하다. 이때 사람의 회두극좌를 고려해 결정한다. 부부 방이라면 가도 번창, 관운, 부부 화목, 장수, 자효손현, 부자, 재물 같은 복을 얻을 수 있는 위치에 침대를 놓는다. 자녀 방이라면 영재, 과거급제, 수재, 여수와 같은 복을 얻는 위치에, 노인 방이라면 장수하는 위치에 침대 머리를 둔다.

　다만 방 안에 침대를 둘 위치가 사정상 마땅치 않을 경우가 있다. 길한 위치가 하필 장롱문을 열기 어려운 곳이거나, 드레스룸 입구인 경우가 있는 것이다. 욕실 앞쪽도 이 같은 경우에 해당한다.

이때에는 과감히 침대를 없애고 길한 위치에 요를 깔고 잘 것을 권한다. 잠을 자서 피로를 풀고 활력을 되찾아야 하는데, 침대를 고집하다가 기가 나쁜 곳에서 잠을 자는 경우가 많기 때문이다. 침대를 놓기에 좋은 위치는 아래와 같다.

방문의 방위	침대 머리의 위치
진문(震門)	1) 巽主(영재, 부귀) 2) 離主(부부 화락, 가도 번창)
손문(巽門)	1) 震主(관운, 영재) 2) 坎主(부부 애정, 재운, 관운)
감문(坎門)	1) 離主(부부 애정) 2) 巽主(자효손현, 관운)
이문(離門)	1) 離主(건강) 2) 震主(관운, 수재, 부부 장수)
간문(艮門)	1) 兌主(부부 화목, 영재, 장수) 2) 坤主(관운, 부부 장수)
태문(兌門)	1) 艮主(집안 화목, 관운, 부자)
건문(乾門)	1) 坤主(부부 화목, 부귀) 2) 兌主(재물)
곤문(坤門)	1) 乾主(장수, 부부 화목) 2) 艮主(장수)

길한 책상의 위치

자녀 방에서 책상을 두는 위치는 학습 효과에 큰 영향을 미친다. 따라서 방 안에서 기가 안정되고 살아 있는 곳에 책상을 둬야 한다. 여기서 책상 위치는 사람이 앉는 의자를 기준으로 삼는다. 과거급제, 장원급제, 수재, 소년 급제와 같은 기가 머무는 곳에 둬야 길하다. 또 자녀 방에서 침대와 책상을 모두 길하게 배치하기 어려우면 우선은 책상을 길한 곳에 배치하고, 그다음에 침대를 적정하게 배치한다. 책상을 놓기에 좋은 위치는 다음과 같다.

방문의 방위	책상의 위치
진문(震門)	1) 巽主(갑과최리) 2) 離主(등과)
손문(巽門)	1) 震主(갑과급제) 2) 坎主(갑과연속)
감문(坎門)	1) 震主(갑과연속) 2) 巽主(총명)
이문(離門)	1) 震主(갑과최리, 수재, 장원)
간문(艮門)	1) 兌主(소년등과)
태문(兌門)	1) 艮主(갑과급제)

갑과최리(甲科最利)
장원급제에 가장 유리하다는
뜻.

등과(登科)
단순히 과거시험에 합격함을
의미.

갑과연속(甲科連續)
두 번의 과거시험에서 연속해
장원으로 급제함.

수재(秀才)
총명한 자식이 태어난다는 뜻.

제3장

실무로 보는
아파트 인테리어 풍수

44평형 아파트의 사례

44평형 아파트 평면도

평면도의 특징

이 그림은 경기도 성남에 있는 A 아파트 44평형의 평면도다.
오래 머물러도 늘 새로운 기분, 여백처럼 편안한 곳이란 장점을 내세운 곳인데 성남 시민이 살기 좋은 아파트로 뽑기도 했다. 북쪽에 설치한 현관문을 열고 들어가면 우측에는 공용 욕실이 있고, 좌우 측에 침실 2와 침실 3이 있는 동향집이다. 침실 3에는 서쪽으로 발코니가 있는데, 향후 침실 3과 발코니를 터 확장형으로 고쳐 살 예정이다.

평면도 중앙에는 거실이 있는데, 거실에서 부엌으로 통하는 곳에는 문이 설치되어 있지 않다. 침실 1에는 주인 부부가 사용하는 전용 욕실과 드레스룸이 딸려 있다. 욕실에는 문이 별도로 설치되어 있으나 드레스룸은 침실 1의 공간으로 활용된다. 침실 4의 방문과 침실 1의 방문은 서로 마주 본다.

방의 길흉 판단

침실의 8택론 판단

우선 방위 측정의 기준점을 정하기 위해 거실 안에서 무게중

심을 구한다. 이 아파트는 부엌이 개방되어 있으므로 부엌 공
간까지 거실에 합산한다. 하지만 현관에 중문이 설치되어 있
어 중문까지만 거실 공간이다. 거실 한 모퉁이에 서서 대각선
쪽을 바라보며 거실 공간을 상하좌우로 이등분하는 두 선을
긋고, 두 선이 만나는 접점을 방위 기준점으로 삼는다. 기준점
에 패철을 놓고 현관이 위치한 방위를 측정하니, 해문(亥門)으
로 이 집은 서사택이다.

안방(침실 1)은 안방문이 해문손주(亥門巽主)라서 화해방(禍害
房)이고, 침실 4는 해문오주(亥門午主)라서 절명방(絶命房)이다.
침실 2는 해문임주(亥門壬主)라서 육살방(六殺房)이고, 침실 3은
해문건주(亥門乾主)라서 복위방(伏位房)이다. 부엌은 해문미조
(亥門未灶)라서 같은 서사택에 속하며, 음양이 배합이고 오행이
상생이라 길하게 배치되어 있다.

안방의 풍수 인테리어

안방의 침대 위치

안방이 화해택으로 흉하므로 침실 1과 침실 4 사이의 빈 벽에 작은 거울을 걸어둔다. 거울은 기를 반사하므로 침실 1과 침실 4로 흉한 기가 들어가는 것을 막는다. 그리고 안방의 공간 중심에서 안방문은 술문(戌門)으로, 침대 머리를 간방(艮方)에 두어 천을 침대를 만들었다. 물론 침대 머리를 곤방(坤方)과 태방(兌方)에 두면 더욱 좋으나, 방의 구조상 연년(乾門坤主)과 생기(乾門兌主)로 침대를 놓기가 어렵다.

침대 위치를 설정할 때면 꼭 주인 부부의 생년이 속한 회두극좌를 살펴보아 흉한 방향을 피한다. 풍수는 도두일절의 생왕사절이 천 리를 뻗어온 내룡의 생왕사절을 결정하니, 방의 길흉보다는 침대의 길흉이 사람의 건강과 행운에 더 큰 영향을 미친다.

부엌의 풍수 인테리어

문은 기가 출입하는 곳이고 부엌은 음식과 관계가 있으니 부엌과 문이 모두 귀중하다. 사람들은 이 이치를 가벼이 본다. 문과 안방이 서로 조화로워 부귀를 누리지만 이상한 질병에 시달린다면 부엌이 흉하기 때문이다.

만병은 음식에 따라 생기므로 부엌, 즉 조(灶)가 길하면 자손이 번성하고, 조가 흉하면 자손이 없다. 이 집은 벽면에 가려 가스레인지의 위치를 바라볼 수 없다. 그래서 종견처인 미방(未方)에 식탁을 설치해 식구들이 단란하게 식사하게 했다.

자녀 방의 풍수 인테리어

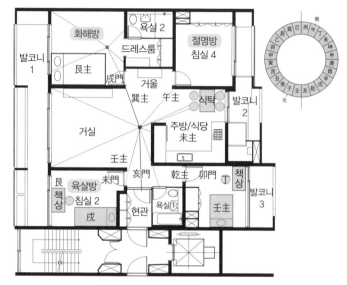

자녀 방의 책상과 침대 배치

침실 2는 아들 방으로 쓰나 육살방(六殺房)에 해당하므로 흉하
다. 하지만 현관 바로 옆에 방문이 설치되어 있어 비보책을 쓰
기가 쉽지 않다. 따라서 이 방의 방문은 항상 닫아놓고 생활하
는 것이 길하다.

그렇지만 침실 2는 한창 성장 중인 아들이 쓰는 방이므로
이 방 안에 둘 침대와 책상의 위치가 중요하다. 먼저 침실 2의
공간 중심에서 침실 2의 방문을 패철로 측정하면 미문(未門. 坤
門)이다. 따라서 침대 머리는 연년 침대인 건방(乾方) 중에서
술방(戌方)에 두고, 의자는 생기 책상인 간방(艮方)에 두었다.

침실 3은 딸이 쓰는데, 복위방(伏位方)에 해당해 방문을 열어
두도록 했다. 침실 3의 공간 중심에서 방문을 측정하면 묘문
(卯門. 震門)이다. 따라서 침대 머리는 천의(天醫) 침대인 임방(壬
方)에 두고, 책상은 생기방인 정방(丁方)에 두었다. 안쪽에 있는

침실 4는 절명방(絶命房)에 해당해 옷방으로 꾸몄다.

37평형 아파트의 사례

37평 아파트 평면도

평면도의 특징

이 그림은 서울에 있는 B 아파트 37평형의 평면도다. 좋은 인테리어는 시간이 갈수록 은은한 기품과 멋을 발한다고 자랑이 대단하다. 현관을 열고 들어가면 좌우 측에 침실 2와 침실 3이 있다. 침실 2에는 발코니가 있는데, 향후 침실 2와 발코니를 터 확장형으로 고쳐 살 예정이다. 평면도 중앙에는 거실이 있고, 거실에서 부엌으로 통하는 곳에는 출입문이 없다.

침실 1은 부부가 쓰는 안방인데, 부부 전용 욕실이 있다. 드레스룸으로 통하는 곳에는 출입문이 설치되지 않았다. 따라서 안방의 공간 중심은 드레스룸의 공간까지 감안해 방위 기준점을 설정해야 한다. 현관에서 거실로 통하는 복도가 좁다. 복도는 병의 목과 같아 기가 빠르게 흘러가니, 넓고 밝아야 살기가 중화된다. 따라서 복도 조명을 밝게 한다.

방의 길흉 판단

침실의 길흉 판단

방위 측정의 기준점을 정하기 위해 거실 내에서 무게중심을 구한다. 부엌이 개방되어 있어 부엌 공간까지 거실로 삼는다.

하지만 현관에 중문이 설치되어 있어 중문까지만 거실로 본다. 거실의 한 모퉁이에 서서 대각선 쪽을 바라보며 거실 공간을 상하좌우로 이등분하는 두 선을 긋고, 두 선이 만나는 접점을 방위 기준점으로 삼는다. 기준점에 패철을 놓고 현관이 위치한 방위를 측정하니, 을문(乙門. 震門)으로 이 집은 동사택이다. 그런데 안방은 안방문이 을문진주(乙門辰主)라서 연년방이고, 침실 2는 을문을주(乙門乙主)라서 복위방이다. 침실 3도 복위방이며, 부엌은 을문임조(乙門壬灶)라서 같은 동사택에 속하며 음양 불배합, 오행상생이라 길한 배치다.

안방의 풍수 인테리어

안방의 풍수 인테리어

안방은 연년방으로 방문을 열어놓고 생활하는 것이 유리하다. 안방의 공간 중심에서 안방문은 계문(癸門. 坎門)으로, 침대 머리를 손방(巽方)에 두어 생기 침대를 만들었다. 침대 위치를 설정할 때면 주인 부부의 회두극좌를 살펴보아 흉한 방향은 피한다. 침대 위치가 방 위치보다 중요하다.

부엌의 풍수 인테리어

이 집은 벽면에 가려 가스레인지의 위치를 바라볼 수 없다. 그래서 종견처인 임방(壬方)에 식탁을 설치해 식구들이 단란히 식사를 하도록 했다.

자녀 방의 풍수 인테리어

자녀 방과 부엌의 풍수 인테리어

침실 2는 아들 방으로 쓰는데, 침실 2의 공간 중심에서 침실 2의 방문을 측정하면 술문(戌門)이다. 따라서 침대 머리는 천을택인 인방(寅方)에 두었다. 침실 3은 딸이 쓰는데 복위방에 해당한다. 침실 3의 공간 중심에서 방문은 오문(午門)이다. 따라서 책상의 의자는 생기방인 을방(乙方)에 두었는데, 이곳은 소위 수재가 장원한다는 위치다.

45평형 아파트의 사례

45평형 아파트 평면도

평면도의 특징

이 그림은 서울에 있는 C 아파트 45평형의 평면도다. 벅찬 감동으로 기억되는 명품, 눈길 닿는 곳마다 감탄사가 이어진다며 자랑한다. 현관을 열고 들어가면 침실 2의 벽면이 보이고, 우측으로 꺾어 들어가면 거실이 나온다. 침실 2와 침실 3에 붙은 발코니가 있는데, 향후 확장형으로 고쳐 살 것이다. 평면도 중앙에는 거실이 있고, 거실에서 부엌으로 통하는 곳에는 문이 설치되어 있지 않다. 안방문을 열고 들어가면 바로 드레스룸이 나온다. 드레스룸은 안방의 한 부분이다. 현재 평면도에는 각 침실마다 침대와 책상이 배치되어 있는데, 이들의 배치가 풍수적으로 과연 길한지 평가해야 한다.

방의 길흉 판단

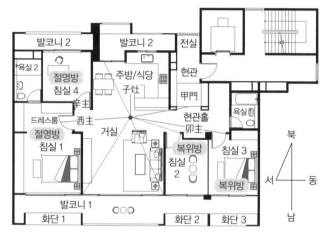

거실에서 본 각 방의 길흉

방위 측정의 기준점을 정하기 위해 거실에서 무게중심을 구한다. 부엌이 개방되어 있어 부엌까지 거실로 삼는다. 하지만 현관에 중문이 설치되어 있어 중문까지만 거실로 본다. 거실 공간을 상하좌우로 이등분하는 두 선을 긋고, 두 선이 만나는 접점을 방위 기준점으로 삼는다. 기준점에 패철을 놓고 현관이 위치한 방위를 측정하니 갑문(甲門)이라 이 집은 동사택이다.

안방은 안방의 방문이 갑문유주(甲門酉主)라 진문태주가 되어 절명방(絶命房)이고, 침실 2와 침실 3은 갑문묘주(甲門卯主), 즉 진문진주(震門震主)의 복위방(伏位房)이며 부엌은 갑문자조(甲門子灶)다. 이것은 음양론으로 보았을 때 양문양조로 순양이고, 오행은 수생목(水生木)으로 상생되어 길하며, 동서사택은 동문동조(東門東灶)라서 길한 배치다.

부엌과 침실의 풍수 인테리어

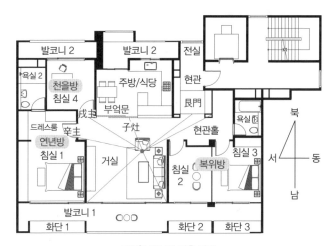

부엌과 침실의 길흉 판단

침실 1과 침실 4는 본래 절명방(絶命房)으로 흉하다. 따라서 풍수적으로 좋은 방을 꾸미기 위해서 거실의 공간 중심을 변경할 필요가 있다. 그 결과 부엌에 문을 설치하면 방위 기준점이 아래로 내려가면서 현관의 방위가 갑문(甲門)에서 간문(艮門)으로 바뀐다. 현관문의 방위가 바뀌면 안방(침실 1)은 간문신주(艮門辛主)라서 연년방이고, 침실 4는 간문술주(艮門戌主)로 천을방이며, 침실 2와 침실 3은 그대로 복위방이다. 또 부엌의 문은 간문자조(艮門子灶)라 흉하니, 평상시에는 부엌문을 닫고 생활해야 흉살을 피할 수 있다.

침대 위치의 교정

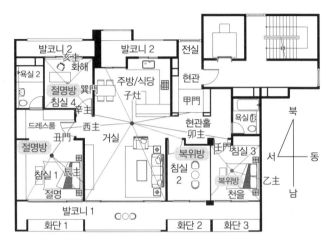

침대와 책상의 위치(교정 전)

침실 1의 침대는 현재 축문진주(丑門辰主)의 절명이라 흉하고,
침실 3의 침대는 현재 임문을주(壬門乙主)의 천을이라 길하다.
그런데 침실 4의 책상은 현재 손문해주(巽門亥主)의 화해라서
흉하다.

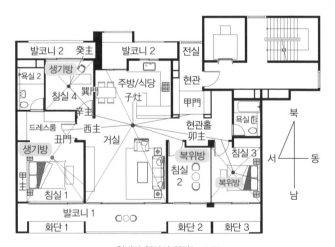

침대와 책상의 위치(교정 후)

　침실 1은 침대 머리를 신방(申方)으로 돌렸다. 축문신주(丑門申主)의 생기 침대가 되었고, 침실 4의 책상은 우측으로 옮겨 손문계주(巽門癸主)로 만들었다. 역시 생기 책상이 되어 연속해서 장원으로 급제할 기를 얻는다.

36평형 아파트의 사례

36평형 아파트 평면도

평면도의 특징

이 그림은 서울에 있는 D 아파트 36평형의 평면도다. 차별화한 설계, 독창적인 아이디어가 빛을 발한다고 자랑한다. 현관문을 열고 들어가면 부엌으로 통하는 통로가 보이고, 우측으로 꺾어 들어가면 거실이 나온다. 평면도 중앙에는 거실이 있고, 거실에서 주방으로 통하는 곳에는 문이 설치되어 있지 않다. 안방 문을 열고 들어서면 파우더룸과 욕실이 있다.

방의 길흉 판단

거실에서 본 각 방의 길흉

거실의 중심에서 현관이 간문(艮門)이므로 이 집은 서사택에 속한다. 안방은 간문유주(艮門酉主)라서 연년방이고, 침실 2와 침실 3은 천을방이다. 그렇지만 부엌은 간문묘조(艮門卯灶)라서 육살 부엌으로 흉하다. 그러니 차양이나 발을 쳐서 부엌 안쪽이 보이지 않도록 해야 한다.

가구 위치의 교정

가구의 풍수 인테리어(교정 전)

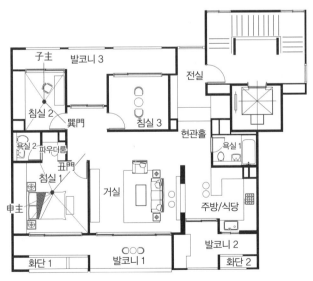

가구의 풍수 인테리어(교정 후)

침실 1의 침대는 현재 축문진주(丑門辰主)의 절명이라 흉하고, 침실 2의 책상은 현재 손문간주(巽門艮主)의 절명이라 흉하다.

침실 1의 침대를 축문신주(丑門申主)로 바꿔서 생기 침대로 만들었다. 침실 2의 책상은 손문자주(巽門子主)로 바꿔서 생기 책상으로 교정했다.

아파트 풍수 인테리어의 주의점

아파트 건설사의 분양 홍보 책자를 보면 안방과 침실에 침대와 책상을 어떻게 놓아야 할지 그림으로 그려서 제시한다. 물론 그런 배치를 따르면 해당 방을 효율적으로 사용할 수 있다. 그런데 책자에 제시된 가구 배치가 풍수적으로 꼭 길한 상황을 제시하지는 않는다.

오히려 육살이나 오귀방에 침대를 놓도록 하는 경우도 있어 주의를 요한다. 따라서 아파트에 입주할 때면 반드시 안방의 공간 중심에서 방문의 방위를 측정하고, 상대적으로 침대 머리가 연년방이나 생기방 또는 천을방에 위치하도록 교정한다. 책상도 과거에 급제하거나 수재가 난다는 위치에 배치한다.

제4장
좋은 집과 터를 고르는 법

산등성 아래의 벼랑이나 산골짜기의 목은 피하라

산등성의 마루가 끝난 벼랑이나 산골짜기의 목에 집을 짓고 살면 여러 질병에 걸려 흉하다. 집은 땅 위에 지으니, 지기보다는 땅 위의 양기에 영향을 크게 받는다. 산마루가 끝난 곳은 다른 산자락이 감싸 안지를 못해 좌우에서 바람이 거세게 불어온다. 장풍이 되지 못하니 집 안에 머물던 기도 흩어지는데, 좌풍(左風)이 불어오면 장남이 해를 당하고, 우풍(右風)이 불어오면 작은 아들이 화를 당한다고 한다.

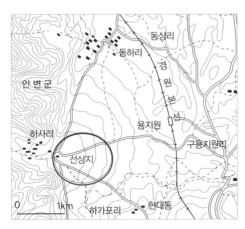

선상지는 위태로운 곳

또 산골짜기의 목에 있는 터를 선상지라 부르는데, 산을 등지고 앞이 시원하게 틔어 있어 경치가 아름답거나 교통이 편리해 집터로 좋아 보인다. 그렇지만 선상지는 홍수나 급류 또는 산사태 등이 언제 닥칠지 모르는 위험한 곳이다.

함지박같이 오목한 터는 음기가 강하다

서울 평창동
평창동은 서울에서 부자 마을로 소문났지만, 함지박같이 오목한 터에 자리를 잡은 동네다. 북쪽에는 북한산의 연맥이 높고, 남쪽은 북악산이 높이 솟아 있으며, 사방으로 산이 높다. 기가 센 곳이라 기골이 강한 사람만이 잘 살 수 있다.

사면이 높고 중앙이 낮으면 마치 함지박 속에 들어 있는 것처럼 사방을 산이 가린다. 아침에는 해가 늦게 뜨고, 저녁에는 해가 일찍 떨어져 하늘의 양명한 기운을 충분히 받지 못한다. 또 계곡물은 밤낮으로 넘쳐나는데 일조량이 적고 통풍이 잘 안 되니 음랭한 기운이 산안개로 변해 사람이나 초목을 병들게 한다. 주변 산이 험상궂은 형상이고, 창과 칼 같은 바위들이 보이며, 석산 개발 등으로 산이 깨지고 부서진 형상이 보인다.

없던 걱정도 새롭게 생겨나며 패절을 면치 못한다. 따라서 산이 사방을 높이 에워싸 오목한 터는 되도록 집 안에 나무를 심지 말고, 집 안 깊숙이 햇볕이 들게 하고, 담장을 높게 쳐서 찬 바람이 집 안으로 불어오지 못하게 막는다. 주변 산에 흉한 지형지물이 보이면, 거북 석상을 설치해 살기를 퇴치하거나 방살한다.

길이 막다른 곳이나 과녁빼기 집터는 크게 흉하다

길이 막다른 곳이란 T자형으로 길이 교차된 과녁빼기이거나 막다른 골목의 끝에 있는 집을 말한다. 옛날에는 외적의 습격을 받는 경우가 많았는데, 이런 위치의 집은 수비하는 측에서 적의 공격을 막는 거점으로 주로 이용되었다. 따라서 집은 양쪽의 공격을 받아 폐가가 되기 쉽고, 또 여러 사람이 죽어 원혼이 머문다고 보았다.

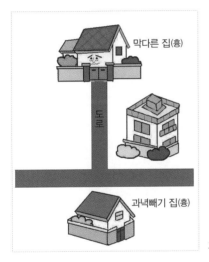

막다른 집(흉)

도로

과녁빼기 집(흉)

과녁빼기 집

바람은 집과 집 사이의 길을 빠져나와 과녁빼기 집으로 곧장 불어닥치니 살풍을 직접 받아 해롭고, 화재가 나면 바람을 타고 불이 밀어닥치기 쉽다. 또 뒤로 뚫린 샛길이 없으면 재난이 닥칠 때 피하기 어렵다. 여의도에 있는 한국투자신탁 사옥이 대표적인 과녁빼기 터인데, 이 회사는 많은 곤경에 처한 뒤 다른 회사에 양도되었다. 이런 집은 풍수가 가장 흉해 다른 곳으로 이사를 하는 것이 최선이다.

도시 과녁빼기 집

아파트 발코니에서 밖을 내다보았을 때, 집 쪽으로 도로가 곧장 놓여 있고 집 앞에서 도로가 좌우로 갈라진다면 풍수에서 가장 흉하게 생각하는 과녁빼기 집이다. 그렇지만 집 쪽으로 도로가 비스듬히 들어오면 이것은 과녁빼기가 아니라 재물이 들어오는 것으로 길상이다. 화살을 맞듯이 직접 치고 들어오는 도로만 흉할 뿐이다.

샘물보다 높은 터라야 재복이 늘어난다

옛말에 물 아래 지은 집은 재물이 없이 가난하다고 했다. 택지는 평탄한 곳이 제일이지만, 샘물보다는 높아야 하며 지기가 응집한 터가 길하다. '높다'라는 뜻은 한 자 또는 몇 치라도 주위보다 높은 곳을 말한다. 풍수는 도로를 물길로 보아, 도로보다 아래쪽에 위치한 집을 '물 아래 집'이라 보고 흉하게 생각한다.

고가도로 옆에 있는 고층 아파트

도심에서 고가도로가 지나가는 아래쪽의 입지, 큰 도로 아래쪽의 입지 등은 도로의 먼지와 소음 그리고 매연이 집 안으로 날아 들어와 집 안의 생기를 오염시킨다. 아파트 옆으로 고가도로가 지나가면 아파트의 1~5층은 고가도로보다 위치가 낮아 소위 샘물 아래 집이 된다. 이런 집은 고가도로를 내려다보는 6층 이상으로 이사해야 운이 트인다.

산 정상, 절벽 아래, 절개면 아래 터는 흉하다

산 정상을 평탄하게 깎아 조성한 땅은 사방에서 바람이 세차게 불어와 생기가 흩어진다.(風則氣散) 재산을 모으기 어렵고, 관재구설에 시달린다. 절벽과 낭떠러지 같은 벼랑 아래의 터역시 좌우 측에서 바람이 세차게 불어와 장풍이 되지 못하니집 안에 머물던 생기가 흩어진다.

산을 절개한 뒤 개발한 땅은 기가 안정되지 못해 이상한 재앙에 시달린다. 절개면은 깊은 상처를 입은 땅이 아직 치유되기 전이라 아픔이 커서 사람에게 해코지할 수 있고(산사태), 절개면과 건물 사이에 형성된 골은 골바람이 강해 지기가 흩어진다. 그러므로 사방의 어느 한 곳도 산이 감싸주지 못한 채홀로 돌출된 입지에 집을 지으면 역시 흉하고, 경사가 급한 터에 축대를 쌓고 흙을 메운 뒤 지은 집은 지기(재산)가 빠르게흘러 빠져 흉하다. 절벽과 절개면 아래의 집은 바람이 거세어생기가 흩어져 흉하다.

망양정(정선 그림)

산들이 사방에서 보호하는 형세가 길하다

화성의 정용채 가옥
화성에 있는 정용채 가옥은 매우 큰 한옥이나 도로에서 보면 문간채만 보여 작은 집처럼 보인다. 세상이 어지러우면 큰 집은 피해를 쉽게 본다. 실제로는 큰 집이나 작게 보이는 집은 난세를 이기는 지혜가 있다.

《택리지》는 대를 이어 부(富)를 전하려면, 마을을 정할 때 지리(地理)를 먼저 살필 것을 권한다. 지리란 마을로 들어가는 입구인 수구가 배 하나 지나다닐 정도로 좁고, 그 안쪽에 넓은 들판이 펼쳐진 곳을 말한다. 수구가 널찍하고 엉성하면 만 이랑의 밭과 천 칸의 집을 가져도 대를 이어 전하지 못한다고 했다.

따라서 산들이 사방을 유정히 에워싼 안쪽의 공간이 좋은데, 뒤쪽의 현무(주산)는 마을이 들어선 지맥을 이루며 뒤바람(북풍)을 막아주고, 좌측의 청룡과 우측의 백호는 좌우 측에서 불어오는 바람을 막아주며, 앞쪽에 있는 주작, 즉 안산(案山)은 살풍을 막아 마을을 아늑하고 편안하게 보호해준다. 따라서 집을 중심으로 주변 산들이 유정하게 감싼 형국이면 우수하다. 풍수는 또 건물을 산으로 보니, 도시라면 다른 건물이 사방을 에워싸도 같은 평가를 내린다. 하지만 주변 건물이 너무 크거나 위압적인 형태라면 흉하고, 규모와 층수에서 다정한 느낌을 주며 보호하는 듯한 형세라야 길하다.

물이나 도로가 둥글게 감싸주는 터가 길하다

물이 둥글게 감싸 안고 흐르는 금성수(金星水)는 재물이 많은 터다. 물이 배역하며 흐르는 반궁수(反弓水)는 음란하며 군병으로 차출되어 먼 외지로 떠나고, 도적이 생겨 재산을 손해 볼 터다. 도심에서는 도로가 물길을 대신하니, 도로가 감싸주는 안쪽의 입지를 선택해야 길하다. 만약 앞쪽으로 도로가 일직선으로 곧게 지나가면, 성품이 강한 사람이 태어나고 귀(貴)함은 있으나 부(富)를 논하긴 어렵다.

금성수의 터는 지기가 장한 터이고, 반궁수의 터는 계곡이거나 홍수가 일어나면 물이 범람해 모래가 쌓이는 곳으로 지기가 약하다. 비록 반궁수의 터가 치수(治水) 덕분에 홍수 피해는 없다 해도 바람만큼은 아랑곳하지 않고 세차게 불어와 생기를 앗아간다. 부지 앞쪽에 자연스럽게 고인 연못, 저수지, 호수가 있으면 그만큼 창고에 재물이 쌓여 길하다.

배수진을 친 건물

배산임수의 지형과 반대로 물을 등지고 산을 바라보는 건물을 배수진을 친 건물로 본다. 풍수는 물을 재물로 보는데, 물을 등졌으니 이런 건물은 재물운이 약하다. 도로를 가운데 두고 양쪽으로 건물들이 입지할 때, 한쪽이 배산임수이면 반대쪽은 배수진을 친 입지가 된다.

도심 안에 흐르는 강물

주택의 서쪽에 큰 길이 있으면 길하다

주택의 서쪽에 큰 길이 있으면 길상(吉相)이다. 풍수는 도로를 물로 보는데, 사람에게 영향을 미치는 바람과 물은 같은 동적 기운이고, 바람은 도로를 통과하기 때문이다. 서쪽에 큰 도로가 있는 집터라면 그 반대편에 건물의 출입문이나 현관을 만든다. 그 결과 집 안 생활이 남의 눈에 잘 띄지 않으며 소음과 배기가스가 집 안으로 들어오는 것도 차단된다. 집을 배치할 때 건물은 대지의 북쪽이나 서쪽으로 몰아서 짓고, 동쪽이나 남쪽은 되도록 넓게 비워서 뜰로 사용하면 길하다.

서쪽

서쪽에 큰 길이
있는 집

대문 앞의 큰 나무는 '막을 한(閑)' 자가 되어 화를 부른다

대문 앞에 큰 나무가 있으면 양기(햇빛, 신선한 공기)가 집 안으로 들어오는 것을 방해하고, 음기가 집 밖으로 빠져나가는 것을 막는다. 따라서 '대문 앞에는 버드나무를 심지 않는다.'라는 풍습이 전해진다. 나무는 사람의 출입을 방해하고, 벼락이 칠 위험이 있으며, 벌레가 집 안에 들어오고, 잎이 떨어져 불편하다. 대문 앞쪽의 큰 나무가 그늘을 넓게 드리우고 두 갈래

대문 앞에 있는
큰 나무

278

로 뻗었다면 더욱 흉하다. 그렇지만 대나무는 길상으로, 중국 일본 사람들은 집 둘레나 대문 가에 키가 크지 않은 대나무를 심었다.

집 밖의 북서방에 큰 나무가 있으면 길하다

집의 북서방(乾方)에 큰 나무가 있으면, 능히 집을 지키고 행복을 주관한다. 이런 나무를 베면 화를 당하고 후손이 끊어진다. 노거수는 신령이 깃들어 있어서 함부로 베거나 상하게 해서는 안 된다. 북서방의 노거수는 여름에 뜨거운 저녁 햇살을 막아주고, 봄에 황진(황사)을, 겨울에 차가운 북서풍을 막는 효과가 크다.

북서방에 있는 큰 나무

주위보다 높은 집은 재보가 늘지 않는다

옛날에는 신분에 따라 사는 장소와 집의 규모를 제한받았다.

길가의 가로수
도로와 접한 점포와 상가의 경우, 점포 앞쪽 인도에 가로수가 줄지어 있다. 이때 큰 나무가 점포나 상가의 출입문을 막고 있으면 이 역시 문을 막고 있는 결과[막을 한(閑)]가 되어 장사가 안된다. 따라서 점포, 상가를 선택할 때는 길가의 가로수가 출입문을 막고 있는가를 잘 살펴야 한다. 몇 년 전에 광주에서 있었던 일이다. 상가 2층에 세들어 있는 체육관의 앞쪽에 키가 큰 나무가 서 있어 간판을 가렸다. 그러자 주인은 휴일을 틈타 나무를 베어 냈고, 이 일이 발각되어 거액의 벌금을 물었다.

따라서 신분에 걸맞지 않게 주변보다 높고 큰 집을 지으면 구설에 휘말렸다. 가상의 기본은 주위 환경과의 조화다. 주위보다 높은 집은 조화를 깨서 타인의 주목을 받고, 또 집이 높으면 타인들이 자기 집을 들여다볼까 봐 경계한다. 또 높은 집은 바람과 지진, 지각 변동에 허약하고, 이웃집에 위압감을 주거나 채광을 막아 불편을 준다. 옛말에 "집을 높이 지으면 죽음이 가깝다."라고 했다.

고층 건물은 지자기가 부족하다

땅은 커다란 자석인데, 지표면에서 자성이 가장 강하다. 따라서 오랜 세월 땅을 밟고 생활한 사람들은 유전적으로 지자기(地磁氣)에 적응하는 체질을 이어받았다. 고층 콘크리트 건물에 살면 지자기를 정상적으로 전달받기 어려운데, 현대인에게 나타나는 여러 성인병, 즉 어깨와 등, 목덜미의 뻣뻣함, 요통, 가슴의 통증, 두통, 불면증, 습관성 변비와 같은 질병과 관계가 깊다. 풍수적으로 좋은 아파트의 층수는 대략 7층 이하다.

　이에 대한 비보책은 집 안에 생토를 담은 화분을 두고 그 안에 화초를 키우는 것이다. 생토가 들어오니 집 안에는 생기가 북돋워져 전에 없던 지자기가 새롭게 잡히고, 지기가 쇠약했던 아파트가 안락하고 건강한 공간으로 변한다. 또 다른 방법은 발코니의 양지바른 쪽에 판자로 화단을 만들고, 그 안을 깨끗한 흙으로 채운다. 야생화나 채소류를 키우면 지자기가 보충되어 길하다.

아들 집과 부모 집을 한 울타리 안에 두면 흉하다

서양에서도 "부자간의 집은 너무 멀어도 또 가까워도 좋지 않아, 뜨거운 물을 들고 가 알맞게 식을 거리라면 좋다."라는 속담이 있다. 자녀를 분가시킬 때 같은 택지 안에 집을 지으면 지기가 쇠하고, 한 울타리 안에서 여러 형제가 함께 살면 불화의 씨가 된다.

  만약 한 울타리 안에 집을 짓는다면 대지를 나누어서 같은 기능을 하는 공간이나 시설을 둘씩 둔다. 대지가 좁아 따로 지을 수 없다면 한 집의 위아래층을 갈라서 쓰는데, 화장실은 따로 둬야 한다.

부모와 자식이
한 집에 사는 경우

임신 중에 부엌 아궁이를 고치거나 토역하면 흉하다

임신한 부인이 있으면 집 안의 작은 공사까지 피한다. 특히 아궁이를 뜯거나 부뚜막을 고치는 일은 반드시 피해야 한다. 가신(家神) 중에 부뚜막에 사는 조왕신이 있기 때문이다. 우리에게는 조왕신의 노여움이 두려워 토역(土役, 흙일)을 꺼리고, 부뚜막에 걸터앉지도 않는 풍습이 있었다. 특히 부엌을 뜯어고치면 여자들이 챙기고 정리해야 할 일이 너무 많아지고, 과로로 인해 유산할 위험이 크다.

　신축한 집은 습기가 많아 임신한 부인의 건강에 좋지 못하다. 속담에 "새집 짓고 삼 년 무사하기 힘들다."라는 말이 있다. 특히 철근 콘크리트 집의 습도가 적당해지려면 일 년은 기다려야 한다.

집터는 앞쪽이 낮고 뒤가 높아야 길하다

택지는 북쪽이 높고 남쪽이 낮은 북고남저(北高南低)의 터가 길하고, 반대의 경우는 흉하다. 진(晉)나라는 황하 지역에 도읍을 정했는데, 그곳은 북쪽이 높고 남쪽이 낮아 번성했다. 하지만 초(楚)나라는 장강 유역에 도읍을 정했다. 북쪽이 낮고 남쪽이 높은 지형이었는데, 결국 초나라는 번영하지 못했다. 그래서 북고남저의 지형을 진토(晉土)라고 부른다. 진토는 일조량이 좋다. 또 전저후고의 지형은 배수가 용이하다. 여기서 경사지에 계단식으로 조성한 택지는 축대가 완전한지, 땅이 충분히 다져졌는지, 위에서 밀리지는 않는지, 물이 수월히 빠지도록 정비가 잘되었는지를 살핀다.

　도시에서 건물을 관찰하면 어떤 건물이 전저후고로 길한지

전저후고의 마을 입지

또는 전고후저로 흉한지를 판단할 수 있다. 건물 뒤쪽을 살피면 되는데, 건물 뒤쪽에 석축을 쌓고 건물이 서 있으면 이 건물은 전고후저의 지형에 입지한 것이다. 만약 건물 뒤쪽에 산구릉이 있다면 전저후고의 지형에 입지한 건물이다.

마을의 입지는 배산임수가 좋다

마을이 입지할 터는 산과 평지 사이의 수계가 있는 완만한 경사지, 즉 배산임수의 지형이 선호되었다. 배산(背山)은 북쪽에서 내려오는 찬 바람을 막아주면서 땔감을 구하기 편리하다. 조양(朝陽)은 전망과 일조량을 좋게 하고, 완만한 경사도는 홍수의 피해를 막을 수 있으며, 숲은 물과 흙을 보호해 미기후를 조절해준다.

　물이 가까우면 여름에는 시원한 바람이 불고, 교통이 편리하며, 관개용수뿐만 아니라 물고기까지 잡을 수 있다. 따라서 배산임수의 지형은 신선한 바람을 얻기가 수월하고, 배수가 양호해 토질이 양명하며, 일조량이 좋아 위생적이다.

배산임수에 입지한 마을

지토(址土)의 길흉 판단
생토를 편편하게 고른 다음, 이것을 1.2자(35cm)로 네모지게 판다. 그다음에는 흙을 고운 가루로 내어서 구덩이를 다시 메운다. 이것을 누르지 말고 내버려두었다가 이튿날 아침에 본다. 메운 곳이 오목하게 들어가 있으면 흉하고, 볼록하게 솟아 있으면 길하다.

대지는 곤방과 간방이 들쑥날쑥하지 말아야 한다

동쪽이 높고 서쪽이 낮은 택지는 생기가 왕성하고, 동쪽이 낮고 서쪽이 높으면 큰 부자가 되지 못한다. 앞이 높고 뒤가 낮으면 후손이 끊어진다. 뒤가 높고 앞이 낮으면 우마(牛馬)가 많고, 영웅호걸이 태어난다.

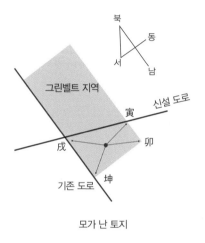

모가 난 토지

사면이 높고 중앙이 낮으면 처음에는 부자가 되지만 나중에는 가난해진다. 가상에서 택지나 건물의 어느 방위가 이지러지거나 내밀면 흉하고, 동서남북의 사방이 내민 곳이 없이 똑바르면 최상이다. 곤(坤)은 남서방이고 간(艮)은 북동방인데, 이 두 방위는 귀신이 출입하거나 귀신이 사는 귀문(鬼門)·이귀문(裏鬼門)에 해당한다. 따라서 대지의 경우 곤방과 간방이 들쑥날쑥하지 말아야 길하다.

남쪽에 빈터가 있으면 길하다

남쪽에 빈터가 있는 대지는 햇볕을 한껏 받아들이니 집 안이 따뜻하며 밝고, 위생이 좋고 안정감을 준다. 또 통풍이 잘된다. 여름철에는 계절풍이 집 안으로 시원스럽게 들어온다. 그리고 출입문, 창문, 마루문을 남쪽으로 많이 내는데, 이것은 남쪽에 공간이 있으면 사생활이 보장되고 소음도 막아주기 때문이다.

남쪽에 빈터가 있으면, 방을 배치하는 일도 쉽다. 밝은 햇살을 충분히 받아야 할 거실, 식당, 아이 방은 남쪽에 둔다. 서재나 어른 방은 차분한 분위기가 필요하니 너무 밝지 않은 북쪽이 좋다. 하지만 지형을 무시한 채 무작정 남쪽에 여유 공간을 두는 것은 풍수에 맞지 않다.

삼각형의 집터는 화재나 쟁론이 생겨 흉하다

두 길이 비스듬히 만나고, 그 끝에서 도로에 접한 부분은 삼각형 모양의 대지가 된다. 이런 터에 집을 지으면 화재를 당하거나, 집 안팎으로 분란이 일어난다. 그리고 삼각형 대지는 건축

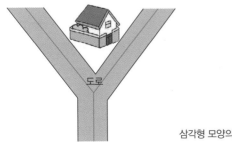

삼각형 모양의 집터

후원

후원은 한국의 전통 정원에만 나타나는 독특한 특징이다. 후원은 뒷산에서 집으로 뻗어온 지맥을 온전히 보존하면서 그 지기를 받아 훌륭한 인물이 태어날 것을 기대하는 풍수적 목적이 담겨 있다.

따라서 후원에는 대(臺)를 설치한 다음 수목과 석물을 이용해 수직 공간을 장식한다. 계절의 변화를 느끼게 설계한 것이다. 후원의 낮은 단에는 계절마다 꽃이 피는 초화류를 심되 화려하고 현란한 것은 피하고, 자생 꽃나무를 주로 심었다. 안채 마루에서 바라볼 때, 정면에 초화가 보이도록 심으며, 더러는 채원(菜園)을 조성하기도 한다.

하기도 어렵다. 방을 배치하기 나쁘고, 집 구조도 복잡하니 살기가 답답하고 불편하다. 그 결과 대지에 비해 집이 작고, 건축비가 비싸게 든다.

좁은 집터에 큰 집을 지으면 흉하다

건축에서 균형과 조화는 가장 기본적인 요소이고, 안전과도 직결된다. 따라서 균형 잡힌 집이 길하다. 집터의 넓이와 집의 크기는 조화를 이뤄야 하는데, 집이 밀집한 곳은 불이 나면 피해를 크게 당한다. 예로부터 이웃집과 처마를 접하지 않고 사방에 뜰이 있는 집을 '삥 두른 집'으로 귀하게 여겼다.

숲이 건강하게 성장하려면 반드시 간벌을 해줘서 일조량과 통풍을 좋게 한다. 만약 간벌을 해주지 않으면 나무는 성장이 더디거나 시들어 죽고 재목이 되지 못한다. 고층 건물이 빼곡히 들어차서 숲을 이룬 아파트 단지라면 일조권의 침해가 많고, 통풍도 원활치 못해 사람이 살기에 적합지 못하다.

좁은 터에 있는 큰 집

습기 찬 대지는 성토를 석 자 이상해야 한다

집은 본래 건조한 땅에 지어야 좋다. 부득이 습기 찬 땅에 집을 짓는다면 건조한 흙으로 성토를 한다. 흙의 길흉을 판단할 때는 생토가 나올 때까지 지상의 부토를 걷어낸 후 초석을 다진다.

습지는 배수가 불완전하고, 특히 목조 건물은 습기에 약하다. 그리고 언덕을 깎아내려 평편하게 다진 땅이거나 본래 늪이었던 곳, 해안이나 강가 등의 낮은 침수 지역을 메워 높인 터는 흉하다. 지반이 충분히 안정되기 전에 건물을 세우면 낭패를 보기 쉽다. 기초가 흔들려 깨지고 담벽이 갈라지며, 기둥이 기울어지거나 추녀가 내려앉는 경우까지 있다.

마당의 큰 나무는 '곤궁할 곤(困)'

뜰 안에 큰 나무를 심으면 '곤궁할 곤(困)' 자가 되어 집안이 쇠락한다. 특히 귀문·이귀문에 해당하는 북동과 남서쪽에 나무가 있으면 더욱 흉하다. 채광이나 통풍을 가로막고 나뭇잎

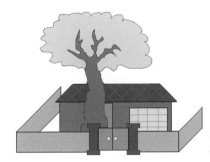

마당에 있는 큰 나무는
곤궁을 뜻한다.

이 떨어지는 등 피해가 크다.

마당에 나무를 심으면 크게 자라니, 정원이 협소해져 활동 범위가 줄어든다. 이 때문에 옛날에는 후원을 따로 두었다. 그런데 현대에 와서는 집 앞에 정원을 가꾸고 식사나 놀이 등에 활용한다. 정원에 나무가 많으면 유지와 관리도 힘들고, 마당의 습기를 빨아들여 땅이 가문다. 또한 집 안에 넓게 그늘을 만들며 햇볕을 차단해 위생적으로 나쁘다. 큰 나무는 벼락을 맞기 쉽다. 그 피해가 사람에게 미칠 수도 있다.

마당에 연못을 파면 크게 흉하다

전통 조경에서 물은 정원을 구성하는 요소다. 경복궁의 아미산 후원에는 낙하담(落霞潭), 함월지(涵月池) 같은 풍류 짙은 석조(石槽)들이 있는데, 이들은 노을이 떨어지고 달이 담겨 있는 못이란 뜻의 예쁜 이름을 가진 석연지다.

석조는 큰 돌의 중앙을 깊게 판 후 물을 담아두거나 연꽃을 키우는 물통이다. 우리 조상은 연못을 팔 수 없는 좁은 마당에

경복궁 아미산의 함월지

석조를 놓아 연못이 가진 효용을 즐겼다. 이것은 "뜰 안에 못을 파면 크게 흉하다."라는 풍수 금기에 따라 흉함을 피하면서도 생활 속에서 연못이 가진 경관미를 한껏 즐기려는 지혜가 담긴 물건이다. 마당에 못의 조영을 꺼린 이유는 모기 같은 벌레들이 산다는 위생적 측면보다는 못으로 인해 뜰의 기능이 막히고, 집에 찬 바람이 돌아 이상한 질병이 생길 위험이 높기 때문이다.

집 안에 우물이 있으면 흉하다

낮에 해가 뜨면 마당은 뜨거운데 우물 안은 찬 기운이 돈다. 우물이 집 안에 있으면 이 기운이 밖으로 나와 집 안에 찬 바람이 돈다. 찬 바람은 풍병을 일으키는 원인으로, 질병이 끊이지 않는다. 그래서 "집 안에 우물이 있으면 흉가다."라고 했다.

정원에 돌을 많이 깔면 음기를 불러 쇠한다

정원이나 마당에 돌을 많이 깔면 땅이 가진 힘, 양기, 기쁨 등 '흙의 생기'를 억누르기에 흉하다. 땅이 가진 생명력을 잃는다. 돌이 열을 부르고 집 전체의 밝은 분위기를 상하게 한다. 여름에 햇볕을 받은 돌은 온도가 섭씨 90도까지 오르고, 돌을 빽빽이 깐 정원은 50도 가까이 온도가 올라간다.

또 돌은 열의 용량이 커서 낮 동안 끌어모은 열을 좀처럼 놓지 않고 간직했다가 저녁이 되어서야 방출한다. 그 결과 여름이 무덥다. 또 겨울에는 밤 동안에 꽁꽁 언 돌이 한낮이 되어서야 풀리며, 주위의 열을 흡수해 더 춥다. 장마철이나 비가 내릴 때면 물기의 증발을 방해해서 침침하고 우중충하며 습한 정원을 만든다.

수로와 냇물을 집 안으로 끌어들이면 크게 흉하다

집 안으로 계류의 물을 끌어들이거나 냇가에 집을 짓는 것은 흉하다. 냇물이 흐르면 그 주변의 지대는 낮아 항시 물 피해가 염려된다. 개울가에 집을 지을 때면 성토해 높이고, 또 건물 바닥도 되도록이면 땅에서 띄운다. 또 물가의 땅은 지반이 약해 문제가 생기기도 한다.

집 안으로 흐르는 냇물

담이 너무 높으면 도둑맞기 쉽다

예전에는 신분, 격식, 지위에 따라 돌담, 흙담, 울짱, 울타리 등 담의 형식이나 높이를 달리했다. 담이 높으면 도둑맞기에 알맞은데, 밖에서 발견될 염려가 없어서 도둑이 거리낌 없이 집 안으로 들어올 수 있기 때문이다.

지나치게 높은 담은 집 전체의 인상을 나쁘게 하고, 주인이 옹졸하고 마음이 가난하다는 점을 느끼게 한다. 그러므로 담은 1.5m(다섯 자)를 넘으면 아무리 높이 쌓아도 효과가 없고, 오히려 일조와 통풍만 더 나빠진다.

참고로 집과 담이 가까우면 흉이 된다. 집과 담 사이가 좁게 붙어 있으면 숨이 막히고 답답하다. 또 햇볕이 잘 들지 못하고 통풍도 나쁘다. 대지가 좁고 도로나 이웃에 붙어 있으면 사생활의 침해가 염려된다. 담 아래쪽을 집과 20cm 정도 띄워서 통풍을 좋게 하면, 뜰에 있는 나무와 화초의 성장이 좋다. 이웃과 가까워도 담을 지나치게 높이면 흉하니, 창에 가리개를 한다.

집은 큰데 식구가 적으면 차차 가난해진다

넓은 집에 식구가 적게 살면 양기가 부족하고 발전성이 없어 차차 쇠하여 가난해진다. 현재 가족에다 미래 가족까지 감안해 집의 넓이와 방의 배치를 구상한다. 집이 너무 크면 주부의 노동량이 과중해져 피로하다. 주부가 관리할 수 있는 집의 넓이는 18~30평이 한도다. 쓰지 않는 방은 햇볕이 들 기회가 적고 습기가 차며, 환기나 통풍이 안 되어 나무 재질이 변하기 쉽다. 또 지나치게 넓은 집은 사람의 마음을 불안하게 한다.

작은 집에 많은 사람이 살면 길하다

옛날에 식구는 많은데 집이 좁은 경우, 한 가지 소원이 있다면 마음 놓고 다리를 뻗고 자는 것이었다. 흥부전에 따르면, 성이 연씨(燕氏)인 흥부네 식구는 자식이 열두 명이고, 흥부 부부까지 합해 열네 명이라 했다. 그 많은 사람이 초가삼간에서 함께 살았을 터이니 실로 마음 놓고 다리 한번 뻗지 못했을 것이다. 그 결과 좁은 공간에서 형제끼리 티격태격 싸우는 소리가 하

주택의 구조
집 모양은 日·月·口 자와 같으면 길하고, 工·尸 자와 같으면 불길하다.

291

루 종일 끊이질 않았을 것이 분명하다. 하지만 양기만은 강해 사람마다 잘살아보겠다는 활기가 넘쳤을 것이다.

예전에는 식구가 많으면 창피하고 가난의 상징으로까지 여겼으나 요즘은 출산율이 급감하면서 자식을 많이 둔 집이 오히려 매스컴에 소개되는 등 자랑거리가 된 세상이다. 좁은 공간에 사람이 많으니 사람마다 활기가 넘치고 양기가 일어나 차차 번창하며 재물이 쌓인다. 규모는 작으나 아담하고 잘 짜여진 집은 살기 편하고, 마음의 여유도 가질 수 있다.

식구가 많으면 길하다

집은 남향이 좋다

집은 남향판이 좋다. 이는 전저후고와 함께 변함없는 원칙이다. "임금은 남면(南面)한다."라는 말이 있듯이 남향은 방위 중 으뜸이다. 남향은 햇볕이 가장 많이 들어 집에 양명한 기운을 북돋운다. 또 햇볕으로 하는 일광소독은 집의 수명이나 주인의 건강과 직결되니, 되도록 마루나 방도 건조해야 하고 통풍도 좋아야 한다. 그리고 우리나라는 여름에 남동풍, 겨울에 북서풍이 분다. 따라서 남향집을 지으면 여름에는 시원하고 겨울에는 바람이 막혀 아늑한 집이 된다.

그런데 풍수는 햇볕보다는 바람의 영향을 더 중요시한다. 북향집이라도 좌향만 길하면 꺼리지 않는다. 물론 햇볕 역시 생기의 요소이므로 무시할 수는 없다. 겨울 동안 높은 산이나 건물이 가로막아 집을 응달지게 만드는 곳은 피하되, 하루 세 시간 이상만 햇볕이 들어오면 충분하다.

도로와 접한 면보다 안쪽으로
깊게 지은 집이 복이 크다

"길로 향한 앞면의 폭이 넓고, 안으로 들어간 깊이가 얕은 집은 번창할 기운이 있으나 오래가지 않는다."라고 했다. 즉, 도로로 향한 면의 너비보다 안쪽으로 깊게 들어서 지은 집은 '속 깊은 집'이라 부르는데, 이 집은 유복하고 오래도록 번영을 누린다.

반대로 도로와 접한 면이 넓고 길며, 깊이는 얄팍해서 옆으로 길쭉한 집은 '속 얄팍한 집'이라 부르는데, 흉하다. 주택에

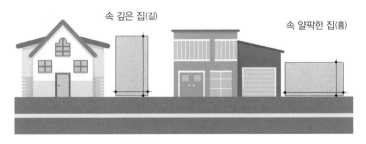

속 깊은 집(길)　　　　　속 얄팍한 집(흉)

속 깊은 집과 속 얄팍한 집

는 외부 사람이 드나드는 방, 집안 식구끼리 공동으로 사용하는 방, 부부나 식구 개인이 쓰는 방 등이 구분되어 있다. 이런 순위로 사생활이 지켜지니 외부와는 떨어져 있는 것이 바람직하다. 도로에 접한 너비보다 안쪽의 길이가 넉넉한 대지가 집의 구조나 방의 배치상 여유 있는 설계가 가능하다.

주인 방은 집의 중앙에 있어야 한다

집 중앙에 사용하지 않는 방이 있으면 주인의 권위가 쇠한다. 집은 이용도가 높은 공간을 중앙에 배치하고, 주위에 다른 공간을 배치해야 살기가 좋다. 그리고 집의 중앙은 집 안에서 가장 소중한 장소이니, 욕실·부엌·화장실과 같은 쓸모가 적은 공간이 되어서는 안 된다. 집의 중앙에는 가족들이 단란하게 모여서 휴식을 취하는 응접실이나, 때로는 식사하는 방으로 사용하는 거실이 자리 잡아야 좋다. 따라서 집의 중앙은 충분한 넓이로 목적에 합당한 기능을 갖춘 쾌적한 장소로 꾸며야 한다.

또 집의 한가운데는 주인 방을 둬야 한다. 집은 주인이 지닌 지위의 상징이고, 따라서 중요한 자리에 가장의 방을 두는 것이 정도(正道)다. 가정에서 주인은 소외되어서는 안 되고, 또 가벼이 대접해서도 안 된다.

현관은 밝고 깨끗해야 복이 들어온다

현관은 집의 얼굴로 전체 인상을 좌우한다. 따라서 조명은 밝게 하고, 신발은 가지런히 정돈하며 바닥은 청소를 깨끗이 하거나 고급스러운 매트를 깐다. 또 우산이 쓰러져 있으면 흉하고, 죽거나 시든 나무와 꽃을 두면 음기를 불러들여 흉하다. 현관문은 안쪽으로 열리게 다는 것이 좋은데, 이유는 외부 사람에게 집 내부가 노출되지 않으면서 비상시에는 대처가 용이하기 때문이다.

밝고 깨끗한 현관

가족의 신발은 언제나 잘 정리하고, 음식을 시켜 먹고 난 후에 빈 그릇은 치운다. 안 신는 신발은 냄새가 나므로 신발장 안에 가지런히 넣어둔다. 또 현관에 애완견을 키우면 손님에게 두려움을 주어 첫인상이 흐려진다.

현관을 대문과 일직선상에 배치하면 흉하다

현관이 대문과 일직선상에 마주 보고 있으면 바깥에서 현관

뒷문

집에 앞문만 있고 뒷문이 없으면 불길한데, 안전과 통풍에 문제가 있다. 가상에서는 문이 한쪽에만 있는 경우를 싫어한다. 방에 문이 하나밖에 없으면 화재나 사고가 나서 방문이 막혔을 경우 피할 수 없다. 또한 강도 따위도 생각해야 한다. 바람은 들어갈 곳과 빠져나갈 곳이 있어야 비로소 소통하니, 앞뒤로 문을 설치할 수 없다면 창문을 놓아도 무관하다.

이 환하게 들여다보여 좋지 않다. 왼편이나 오른편으로 옮겨서 현관을 엿볼 수 없게 한다. 또 대문에서 현관까지 길을 복잡하게 만들면 대문에 들어섰을 때 자기 집에 돌아왔다는 안도감을 준다. 타인이 집을 방문했을 때는 마음의 준비를 하는 여유를 준다. 현관과 대문의 거리가 짧으면, 문빗장을 잘 갖춰 밖에서 현관문을 열지 못하도록 방비한다. 도둑 대부분은 현관으로 당당히 출입한다고 한다.

현관과 침실이 일직선상에 있으면 흉하다

주택은 취침 공간, 생활공간, 가사 공간 및 이에 수반된 공간으로 나뉜다. 즉, 먹고 생활하고 자는 것이 주택의 세 가지 기본 요소인데, 자는 곳이 가장 중요하다. 침실은 안전하고 조용해야 한다. 따라서 잠과 생식을 영위하는 침실을 남이 침범해서는 안 된다. 대문이나 현관 가까이 또는 곧바로 들어올 수 있는 곳에 침실을 두면 위태롭다.

현대에는 소음, 공해, 조명 등 수면을 방해하는 요소가 늘어났다. 따라서 침실은 앞면보다도 안쪽에, 현관에서 곧바른 안쪽보다도 앞이 막혀서 돌아가는 곳에 두어 소음을 줄인다. 그러므로 현관과 일직선상에 놓인 침실과 화장실은 흉한데, 외부의 살기가 방문을 통해 방 안으로 직접 쏘아 들기 때문이다. 해당 침실의 문설주 위에 발이나 차양을 설치해 외부의 살기가 안으로 직접 쏘아 들지 못하게 비보한다. 해당 방문을 닫고서 생활하는 것도 방책이며, 현관에 중문이 설치되어 있으면 중문을 닫고서 생활해야 유리하다.

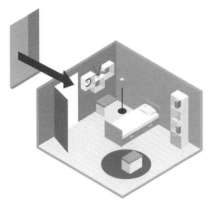

현관과 침실이
일직선상에 놓이면 흉

북창(北窓)은 부인병의 원인
북창을 내면 여성의 경도가 고르지 않고, 부인병을 앓게 되어 좋지 않다. 냉한 기운은 부인병의 원인이 된다. 따라서 집 안을 따뜻하게 해줘야 한다. 북창은 겨울에 열이 달아나고, 찬 바람이 스며서 방의 보온이 나쁘다. 바늘구멍으로 황소바람이 들어온다는 말이 있다.

현관에 큰 거울을 달지 말라

거울은 기를 반사하거나 굴절하는 물건이다. 현관에 전신 거울을 달거나 신발장 위에 큰 사각 거울을 걸어놓으면, 현관으로 들어오는 양기를 거울이 몰아내거나 생기를 왜곡해 흉하다. 이에 대한 대책은 전신 거울을 제거하거나 크기가 작은 것으로 교체하고, 신발장 위에 사각 거울이 있다면 앞쪽에 귀여운 이미지의 화분을 좌우에 놓아 거울 면을 좁게 한다.

안방 전용의 욕실 문은 밤에 닫고 살아야 길하다

넓은 아파트라면 대개 안방에 딸린 전용 욕실이 있고, 드레스룸이란 완충 공간으로 출입한다. 그런데 욕실에는 창문이 별도로 설치되어 있지 않아, 습기 제거와 환기를 위해 보통은 안방으로 향한 욕실 문을 밤낮으로 열어둔다.

안방 바닥은 따뜻하고 욕실 안쪽은 차가우니, 욕실의 찬 기운이 대류작용을 일으켜 안방에 찬 바람이 돈다. 이것은 외풍이 센 집에 살 듯 주인 부부가 풍병(風病)에 시달리거나 악몽을 꾸는 등 숙면을 방해한다. 그 결과 피로가 누적되어 병이 생기는 원인이 되니, 밤이라면 안방에 딸린 욕실 문은 닫아놓고서 생활해야 길하다.

부엌은 한 집안의 건강에 지대한 영향을 끼친다

《양택삼요》에서는 다음과 같이 이른다. 부엌은 음식을 조리하고 저장하며 먹는 공간이다. 대개 질병은 음식 때문에 발생하므로 부엌은 가족의 질병과 관계가 깊다. 사람들이 이 이치를 가벼이 보나, 무수한 집이 문과 안방이 서로 조화로워 부귀를 누리지만 다만 이상한 질병에 시달리는 것은 모두 부엌이 흉하기 때문이다.

따라서 만병은 대개 음식에 따라 생기므로 부엌이 길하면 자손이 번성하고, 부엌이 흉하면 자손이 없다. 여러 번을 시험해도 백발백중이니 그래서 부엌이 양택삼요의 하나가 된 것이다.

부엌은 동향이 길하다

부엌 아궁이의 방향은 동쪽과 남동쪽이 좋다. 즉, 아궁이나 부엌은 실용적인 면과 위생적인 면에서도 동쪽이 유리하다. 목

(木)은 동쪽이면서 나무이고, 오행상으로 불[火]을 낳는다. 그래서 불을 피우는 아궁이는 동쪽이나 남동쪽에 위치하는 것이 길하다. 그리고 아궁이는 바람의 방향에 따라 불이 잘 들기도 하고 내기도 하는데, 불이 가장 잘 드는 방향이 동향과 남동향이다. 또 동향이나 남동향은 하루 중에서 기온이 가장 낮은 시각에 볕이 들고, 반대로 기온이 높은 오후에는 그늘이 져서 부엌이 덥거나 음식물이 상하는 일을 덜어준다.

부엌이 남서방에 있으면 크게 흉하다

부엌은 물을 많이 사용하는 곳이며 또 부정한 것을 설거지하는 장소다. 남서쪽[곤방(坤方)]에 두면 그 방위는 이귀문(裏鬼門)에 해당해 부정한 것을 꺼린다. 남서쪽에 있는 부엌은 볕이 잘 들어 밝고 깨끗하지만, 여름에 기온이 높아서 냉장고가 없던 시절에는 음식물이 곧 상했다. 바람의 영향으로 남풍이나 남동 계절풍이 부는 여름에는 연기나 열기·냄새가 집 안에 퍼지고 화재의 위험도 크다.

노인 방은 남쪽이나 남동쪽에 두면 길하다

햇볕은 노인의 건강에 좋은 보약이다. 따라서 볕이 잘 드는 남향이 좋을 뿐만 아니라 남동쪽은 아침 해가 들어서 일찍 기침하는 노인에게 안성맞춤이다. 노인 방은 가족 방과 너무 떨어져 있거나 격리되면 좋지 못하다. 2층보다는 아래층이 좋고,

동창(東窓)은 대길
동창은 겨울 아침과 선선한 여름 아침, 즉 햇볕이 가장 아쉬울 때 볕이 든다. 하지만 서창은 여름에 온도가 가장 높은 시간, 즉 볕이 가장 긴요치 않을 때에 볕이 든다. 동창은 다른 방위의 창에 비해 우리의 기후 풍토에 잘 맞는다. 또 동창은 여름에 시원한 바람이 드는데, 서창은 겨울에 추운 바람이 친다. 한편 북창은 일 년 중 거의 볕이 안 든다. 남창은 겨울에는 따뜻한 볕이 들고 여름에는 시원하다.

2층일 경우에는 계단 경사를 밋밋하게 고치고, 난간도 있어야 한다. 화장실도 가깝게 두고, 가능하면 방 곁에 전용 화장실을 둔다. 난방도 안정성을 고려한다. 뜰이 보이고 간단히 나설 수 있으면 좋다.

욕실을 북동쪽이나 남서쪽에 두면 해롭다

북동은 귀문(鬼門), 남서는 이귀문(裏鬼門)에 해당한다. 귀문·이귀문은 물이나 부정한 것을 꺼리는데, 더러움을 씻는 욕실을 그곳에 두면 흉하다. 욕실을 북서방에 두는 것도 피하는데, 겨울에 부는 북서풍은 욕실을 춥게 만들기 때문이다. 또 북동방은 볕이 안 들어 습기가 심하다.

거실은 기를 각 방으로 공급하는 마당이다

거실의 기가 산만하면 가족 간에 불화가 싹트고, 건강과 재물운이 나빠진다. 또 각 방으로 기를 공급해주는 풍수적 마당의 역할도 제대로 기대하기 어렵다. 따라서 거실은 전통 주택의 마당처럼 밝은 빛이 들고, 청결하면서 어지럽지 않으며, 여러 물건은 제 위치에 둬야 한다.

간방(艮方. 북동)과 곤방(坤方. 남서)에 있으면 안 될 것들
1. 큰 나무가 있으면 해롭다.
2. 욕실과 화장실을 두지 않는다.
3. 쓰레기장, 하수도를 두지 않는다.

거실에는 장식장, 소파, TV, 비디오, 음향기기, 컴퓨터, 피아노, 운동기구, 벽난로, 거실 가구 등이 놓이는데, 전통 주택의 마당과 같이 모든 것이 깨끗이 정돈된 느낌을 줘야 한다. 이들을 배치하고도 거실 기능은 막히지 말아야 하며, 거실에 큰 수

족관을 두면 찬 바람이 생겨 해롭다.

거실과 발코니의 천장 높이가 같도록 공사한다

기존 아파트에서 거실 혹은 방의 천장 높이와 도배하지 않은 발코니의 천장 높이는 서로 층이 지며 다르다. 발코니를 확장하면 기존 발코니 천장이 거실 천장으로 흡수되는데, 그럴 때 두 곳의 천장 높이가 서로 다르다. 나아가 거실의 발코니에는 대개 한옥의 보아지처럼 지붕을 떠받친 콘크리트 구조물이 밖으로 드러나 있다. 그것 역시 거실로 흡수되면서 마음을 불쾌하게 만든다.

천장 높이가 고르지 않고 들쑥날쑥하면 기의 흐름도 왜곡되면서 살기가 발산되고, 노출된 대들보는 떨어지려는 살기를 발산해 해롭다. 천장 높이가 다르면 같은 높이로 만들거나 일정 높이로 개조해 살기를 무마해야 한다. 그리고 노출된 콘크리트 구조물은 천장을 설치하거나 천으로 가려 마치 없는 것처럼 중화해야 집안의 운이 나빠지지 않고 풍수적으로 길하다.

발코니 확장은 여러 문제를 일으킨다

발코니 확장은 한옥에서 처마를 없앤 것처럼 생활에서 여러 가지 불편을 야기하기도 한다. 먼저 집 외부와 실내 사이에 완충 공간이 없어지므로 여름에는 햇볕이 직접 실내로 들어와 집 안을 덥게 만들고, 겨울에는 단열 효과가 떨어지며 실내 온도가 3~4도 낮은 추운 집이 된다. 또 기존 발코니에 난방 배관을 하지 않으면 '이슬 맺힘'으로 곰팡이가 생기거나 바닥이 썩어 미관이나 위생상 좋지 못하다. 또 창문을 열면 외부의 비바람이 곧장 실내로 들어오고, 화재가 났을 때도 대피하기가 어려우며 불길이 쉽게 번질 우려도 있다.

넓게 트인 거실 전망은 마음을 황량하게 한다

높은 위치에 있는 곳은 전망이 좋지만 대개 바람이 세차게 분다. 그래서 안온과 평안함이 필요한 살림집으로 적절치 못하고, 낮 동안에 잠시 쉬었다 돌아오는 장소로 적당하다. 시야가 넓게 트인 고층 아파트는 비록 사생활을 보호할 수 있지만, 넓게 트인 시야가 마음을 불안하게 한다. 세상에 자신이 노출돼 있다거나 넓은 들판에 홀로 서 있다는 고독감에 사로잡히는 것이다. 한강 변에 사는 고층 아파트 주민 중 우울증 환자가 많다는 것은 탁 트인 전망이 사람에게 어떤 무력감이나 외로움을 주기 때문이다.

현대 고층 아파트의 발코니에서 바라본 전망이 넓게 트인 것은 전통 마을의 입지에서 수구가 지나치게 넓은 것과 마찬가지다. 집 안에 머무는 건강과 화목, 부자의 기운이 넓게 트인 발코니 공간으로 도망갈 위험이 크다. 따라서 발코니나 거실의 창가 쪽으로 커튼을 넓게 치고, 나아가 잎이 많은 관엽식물을 발코니 중앙에 배치한다. 이것은 마을 숲을 조성해 마을의 기를 비보하는 것과 같은 효과를 주며, 마음의 안정까지 얻을 수 있다. 마을 입구에 정자나무를 심는 것과 마찬가지로 수형이 크고 잎이 많은 나무를 발코니에 두면 이 역시 지나치게 트인 전망을 차폐해서 이롭다.

전망이 트인 거실

화장실은 위치가 중요하다

우선 화장실이 대문을 향하면 항상 부스럼 병을 앓는다. 화장실이 대문 바로 정면에 있어 남의 눈에 띄면 손님이든 집안 식구든 기분이 상쾌하지 못하다. 또 화장실은 집의 중앙에 두면 흉한데, 화장실이 중앙에 있으면 배관을 다른 방 밑으로 해야 하고, 고장이 나면 애를 먹는다. 북향에 있는 화장실은 추분에서 춘분 사이에 햇볕이 들지 않아서 몹시 춥고, 또 냉습해 건강에 해롭다. 나아가 화장실은 귀문방인 간방(북동)과 곤방(남서)에 두는 것을 꺼리고, 가능하면 전체를 따뜻하게 설비를 해

현대식 화장실

야 한다.

추운 곳에서 힘을 쓰면 뇌졸중의 위험이 따른다. 화장실 창은 채광과 통풍을 위해 보통 창보다 높게 설치하는데, 어른이 일어서도 가슴 위 정도밖에 보이지 않는 높이, 즉 대략 문틀까지 120cm가 적당하다.

중앙에 계단을 설치하지 말라

집 한가운데는 가장 소중한 곳이므로 주인이 쓰는 거실처럼 가장 중요한 방을 둔다. 계단을 중앙에 놓으면 집을 한가운데에서 둘로 갈라놓아 집의 단일성이 깨지고, 가족 전체의 행복에 금이 간다. 그러므로 이층집은 집 중앙에 계단을 내지 않는 편이 좋다.

위층이 개인 방이나 침실이어서 사생활을 중히 여긴다면 현관 안쪽의 식당이나 부엌 근처에서 올라갈 수 있게 계단을 설치한다. 이층이 손님방이거나 사생활이 문제되지 않는다면 현관에서 직접 올라가게 하는 것이 편리하고 공간 이용도 효율적이다.

계단의 모습

참고로 회전형 계단은 계단을 오르내릴 때마다 억지로 기가 깔때기 안에 밀려 들어가 회전하니 좋은 기가 나쁜 기로 바뀐다는 점을 알아두자. 좁은 계단은 기가 움츠러들면서 기의 혼류가 발생하니 해롭고, 길고 가파른 계단 역시 파괴적인 기를 실어 나른다. 그리고 어두운 계단은 부패하거나 유독한 기를 끌어모으니 계단 조명은 밝은 것을 설치한다.

서향집에는 남으로 창을 내면 길하다

통풍을 생각해 창의 위치를 정한다. 서향집은 남쪽으로 큰 창을 내서 양기를 충분히 받는 동시에, 북쪽에도 개구부를 내어 바람이 남북으로 통하게 만든다. 북향 창은 있으나 남쪽이 막혀 있으면 습해서 좋지 않지만, 남북 양쪽에 출입문이 있는 경우는 창이나 문이 통풍 역할을 한다. 그러나 양편에 출입구가 있는 집은 굳이 이 원리를 따르지 않아도 된다.

바람은 입구가 있어도 출구가 없으면 들어오지를 않는데, 바람의 양은 작은 창의 넓이가 좌우한다. 가령 남쪽만 마음껏 넓게 트여 있고 다른 방위가 밀폐된 경우라면 겨울에 아늑하고 따뜻해도, 여름에는 바람 한 점 없는 한증막의 괴로움을 당한다.

처마나 차양을 뚫고 수목이 기대어 있으면 흉하다

나무가 집에 구멍을 뚫거나 균형을 무너뜨리거나 이가 빠지게 하는 일은 자연의 이치에 어긋나는 것으로 여겨 꺼린다. 《산림경제》에 "큰 나무가 처마에 닿거나 대문에 기대 있으면 꺼린다."라고 했다.

처마나 차양을 꿰뚫을 만큼 큰 나무가 곁에 서 있다면 건물 밑으로도 뿌리가 뻗어 집의 토대가 무너질 위험성이 따른다. 그리고 집 가까이에 큰 나무가 서 있으면 벼락이 떨어지거나 태풍에 밀려 가지가 부러지거나 넘어질 위험이 있다. 나무가 바람에 흔들려도 집이 상하는데, 나무가 흔들리는 진동 폭은 생각보다 훨씬 크다. 낙엽이 지붕에 쌓이면 물받이나 홈통이 막히고 이는 지붕이 썩는 원인이 된다.

큰 나무가 집에 기댄 모습

건물의 지붕은 주산의 형상을 상생으로 받아야 길하다

지붕의 형태

과천 종합청사는 토성으로 관악산의 화성체를 상생으로 받아 길하고, 국회의사당은 금성으로 관악산과 북한산의 화성체와 서로 상극이라 흉하다.

한옥 지붕은 뒷산 봉우리와 그 형태가 닮아 있다. 그것은 사람의 의식에 뒷산의 아름다운 선 모양이 깊숙이 스며들어 있다가 필요에 따라 적절히 발로된 결과다. 주산의 형태가 목성(木星)이면 화성(火星)의 뾰족한 지붕이 길하다. 주산이 금성(金星)이라면 물결 모양의 지붕(수성의 지붕)이 길하고, 주산이 화성이라면 평편한 지붕(토성 지붕)이 길하다. 부드러운 수성(水星)이라면 삼각형의 지붕이 길하고, 토성(土星)이라면 둥근 지붕이 길하다.(水→木→火→土→金) 상생의 길함을 좇기 어려우면 주변 산세와 최하 상극만은 피해야 한다.

건물의 좌향은 지맥에 순응해야 한다

산줄기를 타고 흘러가는 지기는 물을 만나면 멈추고 기를 응집해 혈을 맺는다. 따라서 지기는 용맥을 따라 산에서 내와 강쪽으로 흘러가며, 지맥을 따라 물이 흐른다. 물길이 바로 바람길이다. 따라서 건물을 지을 때면 산을 등지고 내와 강을 향하도록 해야 바람의 기운이 순조로워 복을 받는다.

낮이면 강바람이 집 안 깊숙이 들어오니 신선하고, 밤이면 차가운 산바람이 건물의 뒤로 불어와 막히니 집 안이 아늑해 살기 좋은 집이 된다. 이 경우와 반대라면 낮에는 덥고 밤에는 추워 사람의 건강을 해친다. 북향을 바라보는 남향판의 터에서 일조량을 좋게 하려고 건물의 좌향을 억지로 남향으로 놓

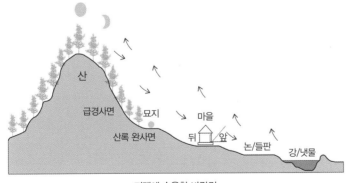

지맥에 순응한 바람길

으면 찬 바람이 거세어 집 안의 생기가 흩어져 흉하다. 또 수려한 산을 바라보도록 건물의 좌향을 놓으면 부지의 뒤가 낮고 앞이 높아져 흉하다.(前高後低) 건물의 뒤를 받쳐줄 산이 없다면 보호자나 후견인이 없는 것처럼 마음이 불안해지고 버틸 여력이 없다.

사람이 사는 곳의 층수는 앞쪽 건물, 산 높이와 어울려야 한다

집 앞쪽에 높은 건물이 있는 경우
발코니에 관엽식물을 일렬로 늘어놓는다. 이것은 마을에 숲을 조성한 것과 같다. 앞 건물이 우리 집을 누르는 압혈(壓穴)의 기를 차폐해준다.

발코니 바깥은 대개 다른 건물이나 산이 시야를 막는 경우가 흔하다. 풍수는 건물도 산으로 본다. 따라서 안산(案山)의 높이는 사람이 바라봤을 때 자신의 눈썹과 심장 사이여야 길하다. 만약 눈썹보다 높아 보이는 압혈이면 기를 펴지 못해 맹인이나 장애인이 태어나거나 운이 더디게 트인다. 너무 낮으면 살풍이 불어와 빈한(貧寒)해진다. 주변 산이 높으면 건물과 사람 사는 층이 높아야 좋고, 낮으면 낮은 건물이 길하다. 또 주변 산이 멀리 있으면 낮은 층이, 지대가 높으면 낮은 층이 유리하다. 살 곳을 정할 때는 주변 산이나 건물의 높이가 자신의 눈썹과 심장 사이에 위치하도록 층수를 고려한다.

건물 모양은 안정, 균형, 매끈함이 우선이다

집이 안정된 모양이면 건물의 모든 부분이 튼튼히 짜여 있고, 한 층이 다른 층에 비해 심각하게 크지도 작지도 않다. 또 집이 안정되려면 위층들이 튼튼한 기초 위에 지어져야 한다. 따라서 돌기둥이나 나무 기둥 위에 지은 집들은 구조가 안전해도 풍수의 시각에서 보면 불안정하다. 균형은 집의 모양이 불규칙적이지 않아야 하고, 매끈한 집은 거칠거나 튀어나온 곳이 없는 집을 말한다.

즉, 각 층에 있는 방들이 돌출되어 있지 않아야 한다. 또한 날카롭게 각이 진 삼각형 지붕, 지붕에 삐죽 튀어나온 창, 높은 굴뚝, 탑이 없어야 한다. 돌출된 부분은 부정적인 기를 모아 집 안에 가두어둔다. 지상 1층은 기둥만 세우고 2층부터 건물을 올려놓은 건물, 지상 1층을 주차장으로 쓰는 건물, 돌출이 많고 균형이 잡히지 않은 건물, 두 건물을 회랑(다리)으로 연결한 건물, 건물 일부분만 개조했거나 증축한 건물 등은 모두 가상이 좋지 못하다.

통행로 위에 2층 또는 곳집을 드린 구조는 흉하다

이층집의 아랫부분을 터서 통로처럼 지나다니게 설계한 집은 방 밑으로 바람이 통해서 보온이 어려워 겨울에는 더 춥고 소음이 시끄럽다. 또 행인과 차로 인해 갖가지 위험이 따라 살기에도 불편하다.

입주를 상량보다 더 길한 날에 행한다

입주(立柱)는 기초 위에 뼈대가 되는 기둥을 세우는 일이다. 상

1) 西紀二00五年乙酉
2) 正統十三年戊辰
〈1448년 (세종 30년)
상량문〉

初四日

상량문

량(上樑)은 기둥머리에 도리와 보를 얹고 마룻대를 올리는 일을 말한다. 그런데 흔히 상량을 중히 알고, 입주는 가벼이 보는 관습이 있다. 이것은 잘못이다. 입주와 상량은 가장 좋은 날을 받아 한날에 같이 하는 것이 좋고, 만일 한날에 할 수 없으면 입주를 으뜸가는 날에, 상량은 버금가는 날에 해야 길하다.

집을 지을 때는 우선 터를 잡고, 터를 닦고서는 정초식을 올린다. 그다음 길일을 가려 시간을 잡고 상량을 한다. 상량문을 쓴 마룻대에는 백지 끈으로 명태와 떡을 달고, 엽전을 끼우고 오색실을 늘여서 광목으로 양쪽에서 달아 올린다. 집이 다된 뒤에는 낙성식을 하는데, 수탉을 잡아 그 피를 뿌리는 풍습이 있다.

마루가 높은 집이 길한데 45cm가 좋다

한옥은 기단인 댓돌을 여러 겹으로 쌓아 높게 만들고, 그 위에 주춧돌을 놓고 기둥을 세우니 자연스럽게 땅에서 높게 떨어진다. 이것은 땅에서 올라오는 습기를 줄여 쾌적하게 살게 하는 방책이다. 마루가 낮으면 땅의 습한 기운을 받아 병을 유발하고, 재해를 당하니 마루는 높아야 좋다.

목조 건축으로 마루 밑의 통풍이 잘 안 되면 습기를 받아 썩거나 흰개미의 해를 입어서 내구성이 없다. 목수들은 큰 저택이라면 석 자, 중류 주택이라면 두 자 다섯 치, 보통 주택이라면 한 자 일곱 치를 띄우라고 말하는데, 못해도 한 자 다섯 치를 띄워야 한다고 한다.

마루나 방을 층지게 꾸미면 흉하다

주택 평면이 층지면 크게 흉하다. 집 안의 사고는 계단에서 제일 많고, 다음으로 많은 사고는 층이 진 턱에 발이 걸려서 넘어지는 일이다. 사람은 평평한 곳에서 생활하는 것을 가장 편안하게 생각한다. 턱의 높낮이가 다르면 사고의 원인이 된다.

흙에 찰기가 없고, 초목이 자라지 않으면 흉하다

흙이 재처럼 먼지가 이는 땅은 부유하지 못하고, 자갈뿐이어서 흙이 보이지 않는 땅이나 맑은 날에도 윤습(潤濕)함을 모르고 비가 온 뒤에 더디 마르는 땅은 모두 흉하다. 부드럽고 무른 지반은 모래, 자갈, 찰흙 등이 채 굳지 않아 지진이 일어나면 주기(周期)가 길고 큰 진동을 일으킨다. 따라서 위에 서 있는 집도 크게 흔들려 벽이 갈라지거나 심하면 무너진다.

또 생기가 좋은 집에는 초목들이 잘 자란다. 만약 나무와 잔디가 잘 살지 못하면 지기가 약한 터다. 모래땅이라면 지기가 부족한 사상누각이 되어 큰 인재도 큰 부자도 태어나지 못한다. 땅 색은 밝고 양명해야 길하다.

수맥이 흐르는 터는 이상한 질병이 생겨난다

수맥파는 가공할 만한 위력으로 사물을 파괴한다. 이유 없이 땅이 마르고, 도로에 금이 가고, 지반이 내려앉고, 건물 벽면을 갈라놓는다. 특히 수맥파는 미세한 전기 기장을 가진 사람의 몸에 반응해 피로감과 만성 두통, 집중력 저하 등의 각종 질병을 일으킨다. 시중에 수맥파를 차단한다는 수맥 매트, 동판, 은박지 같은 제품이 나와 있으나 약간의 효험만 있을 뿐 수맥파를 완전히 차단하지는 못한다. 수맥을 피해 침대와 가구를 배치하는 것이 상책이다.

중국 제(齊)나라 때의 일이다. 관중과 습붕이 고죽국이란 나라를 정벌하려고 군대를 전진시키던 중 물이 없어 모두 목이 말랐다. 그러자 습붕이 "개미집의 높이가 한 치이면 땅속 여덟 자 아래에 물이 있다."라고 말했다. 그래서 개미집을 찾아 아래를 팠더니 과연 물이 나왔다고 한다. 개미에게서 자연의 지혜를 배우듯 벌집이 있는 곳도 수맥이 있는 곳이니 이런 곳은 피해야 한다. 건물의 벽면이나 담에 금이 갔거나(세로로 금이 간다.) 땅이 마르고 갈라진 곳도 피해야 한다.

낡은 우물을 함부로 메우면 눈병과 귓병이 생긴다

민간 신앙에서는 집을 주재하는 성주, 집터를 주관하는 지신 터주, 부엌과 음식을 맡은 조왕신 등의 많은 신을 섬겼다. 그래서 정화수를 뜨던 신성한 우물을 함부로 메워 버리면 신의 노여움을 산다고 생각했다.

우물을 메운 자리는 주위 땅과 지질이 달라 지반의 부동 침하가 일어날 가능성이 높고, 그 위에 집을 짓지 않는 편이 안전하다. 우물을 쓰레기나 연탄재, 콘크리트 잔해 혹은 진흙 따위로 메우면 곧 침하해 구덩이가 생기니 다시 메워야 한다. 가상에서는 "바닥의 깨끗한 모래나 자갈 등을 남김없이 들어내고, 우물 속을 깨끗이 손봐 좋은 흙으로 메우되, 기와·돌·쓰레기 등을 골라내고 토사만으로 정결하게 메워라."라고 권한다. 우물은 땅속의 수맥이 터져 물이 새어 나온 것이다. 구멍을 튼튼히 메워야 물이 다시 새어 나오지 않는다.

나무가 무성하던 땅에 집터를 닦을 때면 그루터기를 남기지 않는다

땅속에 그루터기를 남겨두면 비록 길상의 집을 짓는다 해도 그 집에 사는 사람의 운이 더디 트이고 고생스러운 일이 끊임없이 일어난다. 땅속에 풀이나 나무그루 같은 유기물이 남아 있으면, 발효하든지 썩어서 그 자리에 구멍이 뚫리고 땅이 꺼져 함몰 현상이 일어난다. 또 목조 건축의 가장 무서운 적인 흰개미 같은 해충의 보금자리가 된다.

정지 작업은 나무그루를 파내는 것뿐만이 아니다. 자갈을 고르고, 돌도 치우고, 겉흙의 토질이 나쁘면 성토하거나 객토(客土. 토질 개량을 위해 다른 곳에서 흙을 파다가 옮김)도 한다. 따라서 가운데 뜰에는 나무를 심지 말고, 그늘을 얻고 싶으면 꽃나무를 재배한다.

늙은 나무를 벨 때

우리 조상은 수령이 50년 넘은 나무에 귀신이 산다고 믿었고 영목(靈木)이라 불렀다. 그래서 함부로 베면 재앙을 당한다고 생각했다. 부득이 벌목해야 할 경우라면 제사를 올리고 벌목할 이유를 알렸다. 조선 말, 광화문을 복원하려고 강원도에서 100년 넘은 소나무를 벨 때 "어명이오!"라고 크게 외친 후 베었다고 한다.

두 집을 하나로 만든 집은 흉하다

가옥 구조상 넓기만 하고 살기에는 불편한 고약한 집이다. 일반적으로 면적이 갑절이면 그 이상 살기가 편한 법이다. 그러나 두 집을 아울러서 한 집으로 만든 경우라면 비록 넓이는 배로 늘어나지만, 그만큼 지내기가 편하지는 않다.

집의 웃풍을 막지 않으면 괴이한 꿈에 시달린다

웃풍이 있으면 식구 중에 병자가 생기거나, 악몽을 자주 꾼다. 웃풍이란 겨울에 창, 천장, 벽 등에서 나오는 찬 기운을 말한다. 오늘날에도 웃바람이 센 집은 값싼 집, 날림 집 혹은 헐어 빠지고 낡은 집의 대명사로 통한다. 웃풍이 특히 문제가 되는 때는 추운 겨울철이다. 웃풍은 방 안팎의 온도 차가 클 때 더 거세게 분다.

장식이 많은 집은 흉하다

너무 화려하고 사치스러운 집은 흉하고, 반면에 정갈하게 균형이 잡힌 집은 길하다. 양기가 충만하면 집안이 번창하나, 겉치레가 화려하고 사치스러운 집은 좋지 않다. 타들어 가던 촛불이 꺼지기 전 마지막으로 밝은 빛을 내는 것처럼 쇠망할 징조로 본다.

목재를 거꾸로 세운 기둥을 쓰면 화를 부른다

나무는 아래위가 있고, 뿌리·줄기·가지의 세 부분으로 나뉜다. 기둥을 세울 때 뿌리 쪽을 위로, 가지 쪽을 밑으로 두면 화를 부른다. 수목이 서 있던 때와 같은 자세로 세우는 것이 순연한 이치이며, 자연의 도리에도 맞다. 나무의 정기도 살리는 길이다. 거꾸로 세우는 것은 그러한 순리를 깨는 억지이니 좋지 않다. 또 뿌리 쪽이 가지보다는 나이테가 많고 단단하며 질기기 때문에 힘이 많이 걸리는 부위에 써야 한다는 실용적인 이유도 있다.

지붕의 기와가 흔들리면 질병에 걸릴 우려가 있다

지붕 위에 기와를 이은 것이 기울거나 비뚤어진 집은 가족 중에 병자가 나올 상이니 조심해야 한다. 지붕 위에 풀이 자라고 상한 채 버려져 있다는 것은 집 전체를 수리하지 않고 지낸다는 것이다.

대문 기둥이 구부러진 것은 질병에 시달릴 상이다

대문의 문설주가 비뚤어지거나 구부러진 것은 주인의 체모와 위엄이 서지 않는 일이고 수문신을 욕되게 한다. 옛말에 문벌이니, 문중이니, 가문이니 하고 문을 내세운 것은 문이 곧 집안과 주인의 권세·지위·신분·내력을 뜻했기 때문이다. 민간

집 짓는 순서

집을 지을 때는 주인 방을 먼저 짓고, 다음에 청방(廳房), 그 다음에 군방(群房)을 짓는다. 이것이 끝날 무렵에 대문을 지으니, 대략 안에서 시작해 바깥에서 끝을 맺는다. 앞서 대문을 개조(蓋造)하면 주인이 성하지 못한다. 또한 앞서 울타리를 짓고 뒤에 집일을 하면 안 된다.

신앙에서는 대문에 수문신이 있어서 출입을 단속하는 것으로 믿었다.

대문과 현관은 외부의 기(陽氣. 바람)가 집 안으로 출입하며, 길흉화복을 부르거나 막는 장소로서 우리 삶에 중요한 의미를 내포한다. 봄이 되면 대문에 입춘대길(立春大吉)이나 용(龍), 호(虎) 등을 써 붙여 행운을 부르거나 액운과 잡귀가 집 안으로 들어오는 것을 막았다. 또한 엄나무를 대문 위에 걸쳐놓으면 잡귀가 범접하지 못하며, 밤나무로 만든 문패를 달아놓으면 도둑이 들지 못한다고 믿었다. 현관문에 얼룩이 져 더럽거나, 녹이 슬었거나, 여러 광고물이 부착되어 지저분하거나, 먼지가 쌓여 있다면 모두 가문(家門)이 더럽혀진 것이다.

대문이 크고 집이 작으면 흉하다

분수에 맞지 않는 대문은 만들지 말아야 한다. 대문은 집의 지체와 집주인의 신분을 나타내며 지위에 따라 형식이 따로 있다. 집의 크기에 비해 대문이 작으면 재물이 모이고, 문이 크고 가옥이 작으면 재물이 흩어진다. 또 대문과 중문은 마땅히 서로 마주 보아서는 안 된다. 대문은 집의 부속물인데, 집보다 문이 돋보이는 것은 전체 미관을 상하게 한다. 자동문은 큰 문에 속하고, 회전문은 작은 문에 해당한다.

쓰레기 · 물구덩이는 남서쪽에 두지 말라

남서[坤方] 방위는 이귀문에 해당하는 금방(禁方)이고, 일년 내내 해가 잘 들어 따뜻하니 부패하기 쉬워 파리나 구더기가 끓으며, 악취가 집 안에 퍼진다. 또 조원상(造園上)의 문제도 많다. 마을이나 도시의 경우도 마찬가지이다. 쓰레기 처리장이 양지바른 남서쪽 교외에 있으면 파리가 들끓고, 남서풍을 따라 악취와 파리가 집 안으로 날아든다.

남서방은 정원 설계상 가장 중요한 지점이다. 남향집에서는 거실과 대청을 남쪽에 두는데, 정면에 쓰레기장을 둔다면 불쾌하다. 쓰레기는 북쪽의 구석진 곳을 택해 처리해야 한다.

물맛이 좋으면 길하다

물은 만물을 생성케 한다. 물이 좋은 곳은 물의 정기를 받아 뛰어난 인물이 나고, 수질이 나쁜 고장은 변변치 못한 위인밖에 나지 않는다. 무릇 물은 향기로움을 귀히 여긴다. 혹시라도 물맛이 시거나 쓴다면 길하지 못하다. 또 물은 맑아야 좋고, 탁하면 꺼린다. 겨울에는 따뜻해야 좋고, 여름에는 차가워야 좋다.

천장에 너무 크게 채광창을 내면 양기가 지나치다

천장에 낸 창은 크지 않더라도 밝은 광선을 취할 수가 있다.

방 안의 명도(明度)는 방의 기능과 목적에 따라 적절한 한계가
있다. 한계를 넘어서면 심리적으로나 육체적으로 피로해진다.
따라서 천장에 너무 커다란 창을 내면 양기가 지나쳐 재난을
당한다.

이부자리는 건조해야 길하고, 침상은 높아야 한다

침실 바닥을 높게 해서 잠자리의 습기를 피하고, 건조하게 유
지한다. 이부자리는 햇볕에 말리면 좋으나, 침대는 이동이 어
려워 일광소독이 어렵다. 따라서 건조한 곳이어야 곰팡이나
벌레가 꼬이지 않는다.

　사람은 하루의 1/3을 침실에서 보내는데, 침실은 조용하고
즐거운 기분이 감돌아야 한다. 또한 피로를 푸는 곳이므로 침
실 아래쪽으로 수맥이 흘러 정신을 산란하게 해서는 안 된다.

마굿간(車庫) 앞이 넓으면 길하다

마굿간 앞은 공간을 넓게 잡는 것이 유리하다. 불의의 사고가
있을 경우 피하기도 좋고, 또 우마(牛馬)에 쟁기나 마차를 채우
기도 편리하다. 현대에도 차고 앞이 넓어야 주차나 수리, 세차
하기에 좋다.

광 위에 방을 드리는 것은 흉하다

높은 곳에 다락을 두고, 마루 아래를 광으로 이용해 허드레 물건을 넣어두는 일이 있다. 광을 사람이 살기에 적당한 곳에 세우는 것도 좋지 않고, 광을 두기에 적합한 장소에 사람이 사는 것도 좋지 않다. 따라서 마루를 높여 다락을 드리고, 그 밑을 광으로 쓰면 흉하다. 경매로 나왔던 집이 얼마 되지 않아 다시 경매로 나오는 경우가 그런 예다.

집 안에 분재와 넝쿨식물이 있으면 발전이 없다

잎이 무성한 나무나 수령이 많은 분재를 침실에 두면 좋지 못하다. 이것 역시 벽에 둘러싸인 나무 '곤(困)' 자가 되어 흉하지만, 분재는 인위적으로 수형과 성장을 조작한 나무라 생기보다는 억눌리고 억압받는 고통의 살기를 뿜어낸다. 그 결과 분재를 가까이에 많이 두면 성장운이 따르지 않는다. 또 집 안에서 키우는 초목 중 다른 나무의 등걸을 타고 빙빙 돌며 성장하는 화초나 넝쿨식물이 있으면, 이들은 집 안의 기를 왜곡하고 꼬이게 만든다.

결국 이런 흉기가 집 안에 머물면 사업운이나 재물운이 약화된다. 공기 정화 식물들은 대부분 잎이 넓은 관엽식물로, 실내에 놓아두면 공기 오염 물질과 냄새를 제거하고, 음이온을 발생하며, 전자파와 소음을 차단한다. 더불어 심신을 안정시키는 원예 치료적 효과도 있어 다양한 이로움을 누릴 수 있다.

주택 주변의 흉한 지형물은 살기를 뿜어낸다

집 주위에 첨탑, 송전탑, 암석, 위성 통신탑 등 흉한 지형물이 보이면 이들은 칼과 창을 들고 쳐들어오는 것처럼 살기를 뿜어내어 해롭다. 거북은 신령한 기운을 가져 흉한 지형물에서 뿜어져 나오는 살기를 퇴치하는 영험한 동물로 여겼다. 따라서 주택과 사무실 주변에 흉물이 있으면 거북 석상의 머리를 그쪽으로 둔다.

또 우리 조상은 집의 네 귀퉁이에 큰 돌을 고여놓으면 이상한 재앙이 생겨나지 않는다고 믿었다. 따라서 아파트에서 살인, 자살, 강도, 도둑 같은 흉한 사건이 일어나면, 아파트 동 건물의 네 귀퉁이에 큰 돌을 고여놓도록 한다.

거북 석상

그림으로 집 안의 기를 교정하거나 복을 키운다

우리 선조는 그림을 이용해 집안의 운기를 북돋고, 사악한 기운을 몰아내고, 왜곡된 기를 교정했다. 집안의 건강운과 재물운을 높이려면 해석이 모호한 그림보다는 이치와 구도가 비록 적절치 못하나 상징성 있는 동식물로 뜻을 확실히 전달해주는 그림이 효과 면에서 우수하다. 주제와 소재에서 상징성을 갖추지 못했다면 풍수적 기도 발산하지 못하기 때문이다.

풍수적으로 걸어두면 해로운 그림도 있다. 호랑이가 홀로 있는 그림이라면 이것은 집 안에 산신령을 모신 것으로 해석해 무당집이나 가능한 일이다. 예로부터 호랑이는 산신으로 대우해 신앙의 대상이 되었다. 액막이가 필요하다면 사납지 않은 호랑이 그림이나 '용·호'(龍·虎) 자를 대문에 붙이는 것이 좋다. 갈대밭으로 기러기가 날아드는 그림은 노안도(老安圖)로 해석하고 노인 방에 두어야 장수의 기를 받는다.

그림의 기(氣)
- 장원급제 : 오리, 게
- 관운 : 흰 사슴
- 장수 : 향나무
- 부귀 : 모란
- 다산 : 포도, 석류
- 출세 : 수탉

노안도

본명궁에 맞는 실내장식으로 운기를 높인다

사람은 태어난 해에 따라 고유의 본명궁을 가지고 태어난다. 본명궁은 구성법에 따라 아홉 가지로 구분하는데, 그중에서 중앙 5에 속할 경우 남자는 곤궁(坤宮), 여자는 간궁(艮宮)으로

본명궁의 분류
- 木 : 파랑, 초록색, 화초류, 나뭇조각, 나무 가구
- 火 : 붉은색, 붉은 조명, 벽난로
- 土 : 노랑색, 흙, 도자기, 돌
- 金 : 흰색, 시계, 철 조각품, 철제 가구
- 水 : 검은색, 회색, 수조, 크리스털, 유리

판단한다.

감궁(坎宮)은 동사택-陽-水이고, 진궁(震宮)은 동사택 - 陽 - 木이며, 손궁(巽宮)은 동사택 - 陰 - 木이고, 이궁(離宮)은 동사택 - 陰 - 火이다. 곤궁(坤宮)은 서사택 - 陰 - 土이고, 태궁(兌宮)은 서사택 - 陰 - 金이며, 건궁(乾宮)은 서사택 - 陽 - 金이고, 간궁(艮宮)은 서사택 - 陽 - 土이다.

부부의 본명궁에 내재된 오행을 살펴 상생과 상극을 살피되, 오행의 성질과 색깔을 고려해 실내장식을 한다. 조명, 바닥재, 커튼, 침대보, 이불, 가구 등을 부부의 기를 높이는 방 안에 둔다.

좋은 집에는 좋은 사람이 살아야 대길하다

관상학에서는 골상(骨相)보다 심상(心相)이 우선한다고 말한다. 아무리 골상이 흉해도 심상이 좋으면 개운(開運)한다는 뜻이다. 가상에서도, "땅과 집이 좋아도 주인이 옳지 못하면 이로움이 없다. 마치 군법에서 지리(地利)는 인화(人和)에 미치지 못하는 것과 같다. 지(地)·택(宅)과 인(人)이 서로 어울리고 도와주면 행운이 다가온다."라고 했다. 즉, 집이 모든 조건을 갖추었어도 주인이 못된 사람이면 소용이 없고, 좋은 터와 집에는 반드시 좋은 사람이 살아야 비로소 행복을 누릴 수 있다고 한다.

이사가 빈번하거나 경매로 나온 주택은 피한다

지기쇠왕설(地氣衰旺說)은 땅이 가진 생명력이 시간 흐름이나 그 땅을 차지한 사람에 따라 왕성해지거나 쇠약해진다는 뜻이다. 땅의 기운이 왕성할 때면 부귀와 번영을 누리지만 땅의 기운이 쇠약할 때면 재앙과 불행이 닥친다고 보는 풍수적 견해다.

이사가 잦은 집이나 경매로 나온 집의 원인을 추적하면 미처 관찰하지 못한 풍수적 결함이 있는 경우가 흔하다. 집을 사거나 점포나 상가를 얻으려 할 때 먼저 그 집에 살았던 사람들이 어떠했는가를 살핀다. 사업이 번창하고 복을 받았다면 내가 살아도 복을 받을 가능성이 클 것이다.

4부

복을 부르는
인테리어

제1장

반드시 알아야 할
본명궁 풍수

사람의 고유한 기

사람은 모두 그만의 고유한 기(氣), 즉 본명궁(本命宮)을 지니고 태어난다. 본명궁이 주변 환경의 기와 서로 조화를 이룰 때 행운은 증진된다. 풍수지리는 집 안의 기를 이용해 삶의 활력과 안락을 구한다.

그런데 주변 환경이 아무리 좋아도 그 집에 사는 사람의 기와 충돌해 그것을 받아들이지 못하거나 기 싸움에서 패배한다면 효과가 떨어지고, 어떤 경우는 피해를 입기도 한다. 따라서 주변 환경의 기는 비록 눈에는 보이지 않으나 운명에 지대한 영향을 미치니, 사람의 기와 조화를 꾀해서 보다 큰 풍수적 효험을 얻어야 한다. 주변 환경의 기를 각 개인의 기와 나란히 맞추는 것이 운명을 더욱 복되게 만드는 일이다.

본명궁 풍수란?

사람은 태어난 생년(生年. 연도)에 따라 8괘의 낙서(洛書)에 해당하는 고유한 기를 가진다. 이것을 본명궁이라 한다. 본명궁 풍수는 주변 환경의 기를 사람의 기인 본명궁에 맞춰 복을 얻고 화를 피하도록 고안된 방법론이다.

집과 방과 사무실에서 침대·책상·소파 같은 가구를 어떤 방위와 위치에 배치해야 자신에게 좋은 기가 전달되는지, 자기와 기가 통하는 사람이 누구인지를 찾아낸다. 또한 자기의 운기(運氣)를 키워주는 색깔, 옷의 코디, 이사 방위를 선택해서 풍요로운 행운을 얻도록 도와준다.

본명궁 풍수는 주변 환경의 기가 비록 좋아도 사람의 기와 서로 맞아야 효과를 얻을 수 있다는 전제 아래, 비보의 지혜를 모아 사람과 주변 환경의 기가 서로 조화를 이루도록 환경을 바꾸는 방법까지 포함한다. 현대에 들어 세계적으로 유행하는 풍수 인테리어의 핵심이기도 하다. 본명궁에는 감궁(坎宮), 간궁(艮宮), 진궁(震宮), 손궁(巽宮), 이궁(離宮), 곤궁(坤宮), 태궁(兌宮), 건궁(乾宮), 중궁(中宮)이 있다.

본명궁을 파악하기 위한 하도와 낙서

하도(河圖)는 중국 황하에서 나온 용마(龍馬)의 등에 새겨진 무늬를 본 복희씨가 천지 만물이 생성하는 이치를 깨달아 이를 그린 것이다. 숫자를 음양으로 구분했는데 1·3·5·7·9는 양의 수(數)이고, 2·4·6·8·10은 음의 수다.

또 숫자를 오행으로 구분했다. 1과 6은 수(水), 3과 8은 목(木)이며, 5와 10은 토(土)다. 7과 2는 화(火)이고, 9와 4는 금(金)이다. 여기서 1·2·3·4·5는 만물을 생(生)해주는 생수(生數)이며, 6·7·8·9·10은 기본 생수에 5를 더했으니 만물이 형체를 이루는 성수(成數)다.

낙서(洛書)는 B.C. 2205년 중국 낙수에서 나온 거북의 등에 새겨진 무늬를 본 하우씨가 신묘한 이치를 깨달아 완성한 것으로 만물의 성장과 발달을 나타낸다. 중앙에 5가 있고, 1의 덮개로 9가 있고, 중앙의 좌우에는 3과 7이 있으며, 2와 4는 어깨다. 6과 8은 다리가 되어 1의 좌우에 있다.

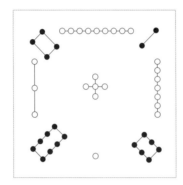

낙서도

낙서의 신비

숫자 아홉 개가 격자무늬로 새겨진 낙서는 숫자 배열이 매우 특이하다. 직선으로 연결되는 숫자 셋을 합하면(가로, 세로, 대각선) 그 합이 언제나 15가 된다. 이 숫자는 태양력 1년의 24절기 하나에 해당하는 일수(日數)와 일치한다.(15일×24절기=360일) 그래서 낙서의 신비는 수 세기 동안 철학자의 마음을 사로잡았고, 오늘날까지 비밀은 완전히 풀리지 않았다. 따라서 낙서수(洛書數)는 고대의 지혜를 푸는 열쇠를 제시하며, 풍수는 이를 우리 실생활에 널리 활용하고 있다.(4+9+2=15, 4+3+8=15, 4+5+6=15)

4	9	2
3	5	7
8	1	6

낙서수

낙서 8괘

낙서 8괘는 주나라 문왕(文王)이 낙서에다 8괘(八卦)를 결합한 것이다. 문왕 8괘 또는 후천 8괘(後天八卦)라고 부른다. 낙서와 8괘가 만났으니, 이제 낙서수는 단순히 숫자가 아니라 8괘가 가진 동서사택론, 음양론, 오행론의 속성을 함께 지닌다. 낙서수 5는 중앙에 위치한 중궁(中宮)으로 8괘방에 속하지 않는다. 그 결과 동서사택론과 음양론에 해당하지 않으며, 오행만 토(土)가 된다. 따라서 사람의 본명궁이 중궁인 남자는 곤궁(坤宮)으로 기를 판단하고, 여자는 간궁(艮宮)으로 판단한다.

1) 낙서(洛書) 1-감(坎)-동사택(東四宅)-양(陽)-수(水)

2) 낙서(洛書) 2-곤(坤)-서사택(西四宅)-음(陰)-토(土)

3) 낙서(洛書) 3-진(震)-동사택(東四宅)-양(陽)-목(木)

4) 낙서(洛書) 4-손(巽)-동사택(東四宅)-음(陰)-목(木)

5) 낙서(洛書) 5-중앙(中央)-토(土)

• 남자 : 곤궁(坤宮), 여자 : 간궁(艮宮)

6) 낙서(洛書) 6-건(乾)-서사택(西四宅)-양(陽)-금(金)

7) 낙서(洛書) 7-태(兌)-서사택(西四宅)-음(陰)-금(金)

8) 낙서(洛書) 8-간(艮)-서사택(西四宅)-양(陽)-토(土)

9) 낙서(洛書) 9-이(離)-동사택(東四宅)-음(陰)-화(火)

木 陰 4 巽	火 陰 9 離	土 陰 2 坤
木 陽 3 震	5	金 陰 7 兌
土 陽 8 艮	水 陽 1 坎	金 陽 6 乾

낙서 8괘

본명궁 이론

본명궁 풍수의 적용 방법은 청나라 사람인 조정동이 지은 《양택삼요》의 원리를 그대로 따른다. 《양택삼요》는 마당의 한가운데에 서서 대문과 안방의 방위를 측정한 다음, 대문이 위치한 방위를 문(門)의 방위로 삼고, 안방이 위치한 방위를 주(主)의 방위로 삼아 'ㅇ문ㅇ주'의 개념으로 정리한다. 그리고 문과 주의 관계를 8괘방이 지닌 동서사택론, 음양론, 오행론 등 세 가지 속성으로 각각 살펴서 그들 사이의 길흉을 판단하며, 그 결과를 8택론으로 구분한다.

  본명궁 풍수도 같은 방법과 공식을 사용한다. 우선 사람의 본명궁을 살펴 그가 8괘방으로 어떤 낙서수를 가진 사람인가를 판단한 후, 그 낙서수가 나타내는 8괘를 그가 지닌 고유한 기운(기)으로 삼아 '나'라고 본다. 물론 8괘는 동서사택론, 음양론, 오행론 등 세 가지 속성을 지닌다.

  다음에는 내 '기'와 상대할 다른 사람이나 물건의 방위에 해당하는 낙서수의 8괘, 가구들의 방위적 8괘, 생활소품(화초류,

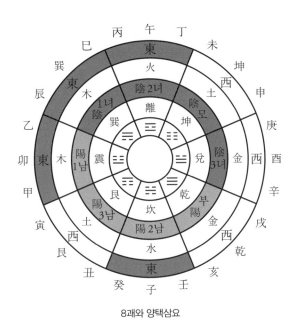

8괘와 양택삼요

본명궁은 음력 기준

사람은 태어난 해에 따라 고유의 본명궁을 갖는데, 생년은 음력을 기준으로 해를 정한다. 그런데 본명궁은 생년이 같아도 남자와 여자의 기(氣)는 대부분 다르다. 남자의 본명궁은 시계 방향으로 순환하고, 여자의 본명궁은 시계 반대 방향으로 순환한다.

조명, 벽지, 커튼, 승용차 등)의 재질과 색깔이 지닌 오행의 8괘 등을 '너'로 보고 'ㅇ나ㅇ너'의 관계를 파악한다.

8괘 길흉 조견표

나＼상대	乾	坤	艮	兌	坎	離	震	巽
乾	伏	延	天	生	六	絕	五	禍
坤	延	伏	生	天醫	絕	六	禍	五
艮	天	生	伏	延	五	禍	六	絕
兌	生	天	延	伏	禍	五	絕	六
坎	六	絕	五	禍	伏	延	天	生
離	絕	六	禍	五	延	伏	生	天
震	五	禍	六	絕	天醫	生	伏	延
巽	禍	五	絕	六	生	天	延	伏

본명궁의 공식표

사람이 태어난 생년으로 본명궁을 판단한 후 상대방의 기를 8괘로 판단해 나와 상대방의 관계를 아래 표에 따라 8택론으로 규정한다.

길한 본명궁 관계

본명궁		생기(生氣)		천을·천의 (天乙·天醫)		연년(延年)		복위(伏位)	
8괘	낙서	8괘	낙서	8괘	낙서	8괘	낙서	8괘	낙서
감(坎)	1	巽	4	震	3	離	9	坎	1
진(震)	3	離	9	坎	1	巽	4	震	3
손(巽)	4	坎	1	離	9	震	3	巽	4
이(離)	9	震	3	巽	4	坎	1	離	9
간(艮)	8	坤	2	乾	6	兌	7	艮	8
곤(坤)	2	艮	8	兌	7	乾	6	坤	2
태(兌)	7	乾	6	坤	2	艮	8	兌	7
건(乾)	6	兌	7	艮	8	坤	2	乾	6

흉한 본명궁 관계

본명궁		화해(禍害)		오귀(五鬼)		육살(六殺)		절명(絕命)	
8괘	낙서	8괘	낙서	8괘	낙서	8괘	낙서	8괘	낙서
감(坎)	1	兌	7	艮	8	乾	6	坤	2
진(震)	3	坤	2	乾	6	艮	8	兌	7
손(巽)	4	乾	6	坤	2	兌	7	艮	8
이(離)	9	艮	8	兌	7	坤	2	乾	6
간(艮)	8	離	9	坎	1	震	3	巽	4
곤(坤)	2	震	3	巽	4	離	9	坎	1
태(兌)	7	坎	1	離	9	巽	4	震	3
건(乾)	6	巽	4	震	3	坎	1	離	9

본명궁 표(생년 기준)

남자의 본명궁 표

감궁 (坎宮)	이궁 (離宮)	간궁 (艮宮)	태궁 (兌宮)	건궁 (乾宮)	중궁 (中宮)	손궁 (巽宮)	진궁 (震宮)	곤궁 (坤宮)
1927 1990	1928 1991	1929 1992	1930 1993	1931 1994	1932 1995	1933 1996	1934 1997	1935 1998
1936 1999	1937 2000	1938 2001	1939 2002	1940 2003	1941 2004	1942 2005	1943 2006	1944 2007
1945 2008	1946 2009	1947 2010	1948 2011	1949 2012	1950 2013	1951 2014	1952 2015	1953 2016
1954 2017	1955 2018	1956 2019	1957 2020	1958 2021	1959 2022	1960 2023	1961 2024	1962 2025
1963 2026	1964 2027	1965 2028	1966 2029	1967 2030	1968 2031	1969 2032	1970 2033	1971 2034
1972 2035	1973 2036	1974 2037	1975 2038	1976 2039	1977 2040	1978 2041	1979 2042	1980 2043
1918 1981 2044	1919 1982 2045	1920 1983 2046	1921 1984 2047	1922 1985 2048	1923 1986 2049	1924 1987 2050	1925 1988 2051	1926 1989 2052

음력 출생 연도가 있는 줄의 맨 위 칸의 궁이 자신의 본명궁이다. 본명궁이 중궁이면 남자는 곤궁곤궁(坤宮), 여자는 간궁(艮宮)이다. 60갑자에 의해 63년마다 같은 괘의 본명궁이 도래한다. 동일 연도에 태어난 남자와 여자가 같은 본명궁은 진궁(震宮)뿐이다.

삼원갑자(三元甲子)
상원갑자는 1864~1923년까지, 중원갑자는 1924~1983년까지, 하원갑자는 1984~2043년까지이다.

333

여자의 본명궁 표

중궁 (中宮)	건궁 (乾宮)	태궁 (兌宮)	간궁 (艮宮)	이궁 (離宮)	감궁 (坎宮)	곤궁 (坤宮)	진궁 (震宮)	손궁 (巽宮)
1927 1990	1928 1991	1929 1992	1930 1993	1931 1994	1932 1995	1933 1996	1934 1997	1935 1998
1936 1999	1937 2000	1938 2001	1939 2002	1940 2003	1941 2004	1942 2005	1943 2006	1944 2007
1945 2008	1946 2009	1947 2010	1948 2011	1949 2012	1950 2013	1951 2014	1952 2015	1953 2016
1954 2017	1955 2018	1956 2019	1957 2020	1958 2021	1959 2022	1960 2023	1961 2024	1962 2025
1963 2026	1964 2027	1965 2028	1966 2029	1967 2030	1968 2031	1969 2032	1970 2033	1971 2034
1972 2035	1973 2036	1974 2037	1975 2038	1976 2039	1977 2040	1978 2041	1979 2042	1980 2043
1918 1981 2044	1919 1982 2045	1920 1983 2046	1921 1984 2047	1922 1985 2048	1923 1986 2049	1924 1987 2050	1925 1988 2051	1926 1989 2052

음력 출생 연도가 있는 줄의 맨 위 칸의 궁이 자신의 본명궁이다. 본명궁이 중궁이면 남자는 곤궁(坤宮), 여자는 간궁(艮宮)이다. 60갑자에 의해 63년마다 같은 괘의 본명궁이 도래한다. 동일 연도에 태어난 남자와 여자가 같은 본명궁은 진궁(震宮)뿐이다.

본명궁 표(음력 기준)

구분	음력		양력	本命宮			
				남자		여자	
	生年	干支		宮	卦數	宮	卦數
쥐(子)	1924	甲子	1924/02/05~1925/01/24	巽	4	坤	2
	1936	丙子	1936/01/24~1937/02/10	坎	1	中	5
	1948	戊子	1948/02/10~1949/01/28	兌	7	艮	8
	1960	庚子	1960/01/28~1961/02/14	巽	4	坤	2
	1972	壬子	1972/02/15~1973/02/02	坎	1	中	5
	1984	甲子	1984/02/02~1985/02/19	兌	7	艮	8
소(丑)	1925	乙丑	1925/01/25~1926/02/12	震	3	震	3
	1937	丁丑	1936/02/11~1938/01/30	離	9	乾	6
	1949	己丑	1949/01/29~1950/02/16	乾	6	離	9
	1961	辛丑	1961/02/15~1962/02/04	震	3	震	3
	1973	癸丑	1973/02/03~1974/01/22	離	9	乾	6
	1985	乙丑	1985/02/20~1986/02/08	乾	6	離	9
범(寅)	1926	丙寅	1926/02/13~1927/02/01	坤	2	巽	4
	1938	戊寅	1938/01/31~1939/02/18	艮	8	離	9
	1950	庚寅	1950/02/17~1951/02/05	中	5	坎	1
	1962	壬寅	1962/02/05~1963/01/24	坤	2	巽	4
	1974	甲寅	1974/01/23~1975/02/10	艮	8	兌	7
	1986	丙寅	1986/02/09~1987/01/28	中	5	坎	1
토끼(卯)	1927	丁卯	1927/02/02~1928/01/22	坎	1	中	5
	1939	己卯	1939/02/19~1940/02/07	兌	7	艮	8
	1951	辛卯	1951/02/06~1952/01/26	巽	4	坤	2
	1963	癸卯	1963/01/25~1964/02/12	坎	1	中	5
	1975	乙卯	1975/02/11~1976/01/30	兌	7	艮	8
	1987	丁卯	1987/01/29~1988/02/16	巽	4	坤	2
용(辰)	1928	戊辰	1928/01/23~1929/02/09	離	9	乾	6
	1940	庚辰	1940/02/08~1941/01/26	乾	6	離	9
	1952	壬辰	1952/01/27~1953/02/13	震	3	震	3
	1964	甲辰	1964/02/13~1965/02/01	離	9	乾	6
	1976	丙辰	1976/01/31~1977/02/17	乾	6	離	9
	1988	戊辰	1988/02/17~1989/02/15	震	3	震	3
뱀(巳)	1929	己巳	1929/02/10~1930/01/29	艮	8	兌	7
	1941	辛巳	1941/01/27~1942/02/14	中	5	坎	1
	1953	癸巳	1953/02/14~1954/02/02	坤	2	巽	4
	1965	乙巳	1965/02/02~1966/01/20	艮	8	兌	7
	1977	丁巳	1977/02/18~1978/02/06	中	5	坎	1
	1989	己巳	1989/02/06~1990/01/26	坤	2	巽	3

구분	음력		양력	本命宮			
				남자		여자	
	生年	干支		宮	卦數	宮	卦數
말(午)	1930	庚午	1930/01/30~1931/02/16	兌	7	艮	8
	1942	壬午	1942/02/15~1943/02/04	震	3	坤	2
	1954	甲午	1954/02/03~1955/01/23	坎	1	中	5
	1966	丙午	1966/01/21~1967/02/08	兌	7	艮	8
	1978	戊午	1978/02/07~1979/01/27	巽	4	坤	2
	1990	庚午	1990/01/27~1991/02/14	坎	1	中	5
양(未)	1931	辛未	1931/02/17~1932/02/05	乾	6	離	9
	1943	癸未	1943/02/05~1944/02/24	震	3	震	3
	1955	乙未	1955/01/24~1956/02/11	離	9	乾	6
	1967	丁未	1967/02/09~1968/01/29	乾	6	離	9
	1979	己未	1979/01/28~1980/02/15	震	3	震	3
	1991	辛未	1991/02/15~1992/02/03	離	9	乾	6
원숭이(申)	1932	壬申	1932/02/06~1933/01/25	中	5	坎	1
	1944	甲申	1944/01/25~1945/02/12	坤	2	巽	4
	1956	丙申	1956/02/12~1957/01/30	艮	8	兌	7
	1968	戊申	1968/01/30~1969/02/16	中	5	坎	1
	1980	庚申	1980/02/16~1981/02/04	坤	2	巽	4
	1992	壬申	1992/02/04~1993/01/22	艮	8	兌	7
닭(酉)	1933	癸酉	1933/01/26~1934/02/13	巽	4	坤	2
	1945	乙酉	1945/02/13~1946/02/01	坎	1	中	5
	1957	丁酉	1957/01/31~1958/02/17	兌	7	艮	8
	1969	己酉	1969/02/17~1970/02/05	巽	4	坤	2
	1981	辛酉	1981/02/05~1982/01/24	坎	1	中	5
	1993	癸酉	1993/01/23~1994/02/09	兌	7	艮	8
개(戌)	1934	甲戌	1934/02/14~1935/02/03	震	3	震	3
	1946	丙戌	1946/02/02~1947/01/21	離	9	乾	6
	1958	戊戌	1958/02/18~1959/02/07	乾	6	離	9
	1970	庚戌	1970/02/06~1971/01/26	震	3	震	3
	1982	壬戌	1982/01/25~1983/02/12	離	9	乾	6
	1994	甲戌	1994/02/10~1995/01/30	乾	6	離	9
돼지(亥)	1935	乙亥	1935/02/04~1936/01/23	坤	2	巽	4
	1947	丁亥	1947/01/22~1948/02/09	艮	8	兌	7
	1959	己亥	1959/02/08~1960/01/27	中	5	坎	1
	1971	辛亥	1971/01/27~1972/01/15	坤	2	巽	4
	1983	癸亥	1983/02/13~1984/02/01	艮	8	兌	7
	1995	乙亥	1995/01/31~1996/02/18	中	5	坎	1

8택론에 따른 행운과 불행

생기(生氣)

재물운이 높다. 정치가라면 높은 지위와 명예를 얻으며, 침실이나 서재로 쓰면 좋다.

천을·천의(天乙·天醫)

큰 부자는 되지 못하나, 질병이 있는 경우 침실을 천을방이나 천의방에 두고 자면 치유하는 데 좋다. 밥솥에 불이 들어가는 화입구(火入口)를 천을방이나 천의방에 두면 병이 치유된다.

연년(延年)

가족끼리 화목하게 지내는 데 탁월하다. 자식을 못 두거나 결혼을 하지 못한 경우 개선할 수 있는 기(氣)를 주며, 잦은 부부싸움을 줄여준다.

복위(伏位)

행복한 삶은 영위하나 부자가 될 힘은 약하다. 이 방위에 책상을 두면 능력이 증진되고 머리가 맑아진다.

화해(禍害)

사고와 재난을 가져오는 방위이나 심각한 수준은 아니다. 작은 송사에서 패하고 약간의 돈을 잃어버린다.

오귀(五鬼)

화재와 도난의 재앙이 닥친다. 가족끼리 불화가 생기고 직장에서는 다툼이 있다. 8택론 중에서 가장 흉한 관계다.

육살(六殺)

가족에게 슬픔이 닥치고 사업이 망한다. 8택론 중 오귀 다음으로 흉하며 패가망신한다.

절명(絕命)

가족이 병마에 시달리고, 재물을 잃는다.

주변 환경에 맞는 8택론

집과 사무실의 대문은 생기에 두고, 침실 문은 연년에 둔다. 오븐과 밥솥의 화입구는 생기나 천을(천의)에 둔다. 공부방 책상이나 사무실 책상은 생기에 두는 게 좋다. 사업상 출장을 가거나 이사하는 경우라면 역시 생기에 둔다.

오행의 상관 관계

구분	木	火	土	金	水
木	비화	분산	고갈	파괴	성장
火	성장	비화	분산	고갈	파괴
土	파괴	성장	비화	분산	고갈
金	고갈	파괴	성장	비화	분산
水	분산	고갈	파괴	성장	비화

내가 목(木)이고 상대가 화(火)이면, 나는 상대를 도와주면서(木生火) 힘이 빠지니 내 기(氣)는 분산(分散)된다. 상대가 토(土)라면 나는 상대를 파괴하느라고(木剋土) 기가 고갈된다. 상대가 금(金)이면 상대가 나를 파괴하고(金剋木), 상대가 수(水)라

면 나를 도와줘(水生木) 내가 성장한다. 상대와 내가 목(木)이라면 우리는 비화(比和)라서 서로에게 영향을 미치지 않는다. 오행의 다른 요소들도 이와 같은 방법으로 비화, 분산, 고갈, 파괴, 성장으로 구분한다.

오행에 따른 소품

나와 상대의 기가 상충해서 불화가 예견된다면, 다음 소품을 이용해 흉한 기를 중화한다.

오행	색깔	해당 물건
金	흰색(또는 은색)	쇠로 만든 물건, 시계, 모빌, 둥근 물건
木	초록, 파란색	화초류, 나무 조각품, 삼각형 물건
水	검은색	유리 제품, 수석(壽石)
火	붉은색	조명, 벽난로, 붉은 카펫, 뾰족한 것
土	황토색	도자기, 흙 조각품, 사각형 물건

거울

1. 현관 거울 : 비교적 작은 것으로, 큰 거울은 화분 등으로 가려서 좁게 사용한다. 전신 거울을 두면 남자가 바람을 피운다.
2. 침실 화장대 거울 : 적당한 크기가 좋다. 깨끗한 거울은 운기를 올린다. 옛날 경대(鏡臺)는 보이지 않게 보관한다.
3. 화장실 거울 : 적당한 크기가 좋으며 맑고 깨끗하게 유지한다. 깨진 거울은 화목운을 금 가게 한다.

본명궁 풍수의 활용

친구·동업자·직원 찾기

내 본명궁과 상대의 본명궁을 파악하면 서로 기운이 맞는 사람인지를 판단할 수 있다. 다음 세 가지 예시를 통해 본명궁으로 자신과 잘 맞는 사람을 어떻게 찾는지 알아보자.

결혼 상대방 찾기

1970년생의 남자가 있는데, 1972년생의 여자와 사귀고 있다. 둘은 결혼해도 좋은가? 만약 나쁘면 어떤 대책이 있는가?

남자는 1970년생으로 본명궁이 진궁(震宮)이고, 여자는 1972년생으로 본명궁이 중궁으로 간궁(艮宮)이다. 따라서 두 사람의 관계는 진남간여(震男艮女)가 되어 8택론에 따르면 육살(六殺)이다. 결혼하면 가족에게 슬픔이 닥치고 사업이 망할 수 있어 흉하다. 대책은 두 사람의 본명궁에 내재된 오행을 참고로 하는데, 남자의 진궁에는 목기(木氣)가 있고 여자의 간궁에는 토기(土氣)가 있어 목극토(木剋土)로서 상극이며 남자가 여자를 극한다.

따라서 두 사람 사이를 좋게 만들려면 남자의 목기(木氣)를 약화하고, 여자의 토기(土氣)를 성장시켜야 한다. 가장 좋은 비책은 화(火)를 쓰는 것이다. 화는 목기를 분산하고, 토기를 성장시키기 때문이다. 화기(火氣)를 지닌 것에는 빨간색, 조명기구, 뾰족한 것들이 있다. 따라서 신혼집에는 벽지와 커튼, 침대보와 조명 등을 붉은색 계통으로 치장해서 두 사람의 운기를 비보해야 관계가 좋아진다.

사업 함께하기

1975년생의 남자가 자동차 서비스 사업에 진출하고자 여러 명의 동업자를 찾고 있다. 남자 1968년생, 여자 1972년생, 남자 1955년생이 나타났다. 어떤 사람과 함께 사업을 해야 성공이 보장될까?

1975년생 남자는 본명궁이 태궁(兌宮)인데, 1968년생 남자는 중궁으로 곤궁(坤宮)이니, 태나곤녀(兌나坤녀)로서 둘 사이는 천을이다. 1972년생 여자는 중궁으로 간궁(艮宮)이니 태나간녀(兌나艮녀)로서 연년이고, 1955년생 남자는 이궁(離宮)으로 태나이녀(兌나離녀)로서 오귀다. 따라서 1975년생 남자는 연년의 관계에 있는 1972년생 여자가 적당하다.

직원 채용하기

A 기업은 새로운 직원을 두 명 채용하려고 면접을 보았다. 지원자는 1981년생 남자, 1983년생 여자, 1980년생 남자, 1984년생 여자다. 회사 대표는 남자로 1960년생이다. 어떤 사람을 채용해야 하는가?

회사 대표는 1960년생이라 본명궁이 손궁(巽宮)이다. 1981년생 남자는 감궁(坎宮)이라 회사 대표와는 생기이고, 1983년생 여자는 태궁(兌宮)으로 대표와 육살이다. 1980년생 남자는 곤궁(坤宮)으로 회사 대표와 오귀이며, 1984년생 여자는 간궁(艮宮)으로 회사 대표와 절명이다. 따라서 회사 대표와 본명궁이 길한 관계는 1981년생 남자뿐이니, 이 사람만을 채용해야 한다.

행복한 침실 꾸미기

결혼한 지 10년이 지난 부부가 있다. 남자는 1966년생이고, 여자도 1966생이다. 부부가 쓰는 안방을 풍수 인테리어로 운기를 강화하고자 한다. 남자는 태궁(兌宮)이고, 여자는 간궁(艮

2층의 평면도

신발장
조금 큰 신발장을 쓴다.(사이즈 수납) 항상 청결을 유지해야 건강운이 증진된다. 신발장은 불투명한 목제와 통풍구가 있는 것이 좋다.

宮)으로 둘 사이는 태남간녀(兌男艮女)로서 연년(延年)이라 길하다. 침실에 보다 화목한 기운을 증대하려면 태궁의 금기(金氣)와 간궁의 토기(土氣)를 살펴야 한다. 두 사람의 오행은 토생금으로 상생이다. 따라서 이 경우에는 토기를 강화해 남자의 운기를 올려야 한다. 방 벽지는 상아색으로 도배하고, 침대보는 황토색으로 깔며, 노란색 커튼을 설치한다. 또 도자기 같은 것을 놓는다. 흙으로 만든 조각품을 놓아도 길상이다.

침대보와 이불

침대보, 즉 침대 커버의 색은 부부의 본명궁을 살펴 최적의 것을 선택한다. 붉은색 계통의 침대 커버는 토기(土氣)를 가진 사람, 즉 간궁(艮宮)·곤궁(坤宮)에 길하다. 노란색 계통의 커버는 금기(金氣)를 가진 사람, 즉 건궁(乾宮)·태궁(兌宮)에 길하다. 흰색 계통은 수기(水氣)를 가진 사람, 즉 감궁(坎宮)에 길하며 회색 계통은 목기(木氣)를 가진 사람, 즉 진궁(震宮)과 손궁(巽宮)에 길하다. 커튼의 색은 부부의 운기를 상승시키는 방향으로 색을 고르고, 아이들 방은 약간 어두운 커튼으로 조명을 조절해야 정서가 안정된다.

사무실 풍수 인테리어

A 본부장은 1955년 5월 17일생이라 본명궁이 이궁(離宮)으로 괘수가 9다. 음양론으로 보면 음의 속성을 지녔고, 오행론으로는 화(火)의 성질을 지녔으며, 동서사택론으로는 동사명(東四命)에 속한다. 따라서 본부장의 사업상 성공과 재운을 키워주는 생기방은 진방(震方)이고, 회사 내 인화와 건강을 증진하는 연년방은 감방(坎方)이다.

그림에 나타난 본부장의 집무 책상은 위치가 감문손주(坎門巽主)의 생기택이라 길한 위치다. 《양택삼요》에 따르면 "부귀

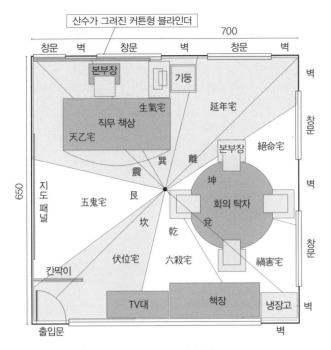

임원실의 풍수 인테리어

공명하며 전토(田土)를 많이 장만하고, 가축도 번성하니 제1의 길택이다."라고 했다.

동선을 고려해 노트북을 올려놓는 사이드 데스크는 본부장의 왼쪽에 두었다. 본인 취향에 따라 오른쪽에 설치해도 상관은 없다.

집무 책상의 왼쪽에 놓인 회의 탁자 중 본부장이 앉을 의자의 방향은 역시 감문이주의 연년택이라 길하다. 둥근 회의 탁자는 오행상으로 금성(金星)에 해당하고, 본부장의 본명궁 화(火)와 상극이며, 초록색의 탁자보는 목생화(木生火)로서 운기를 키운다.

또 집무실에 나무 책상과 자연스러운 관목류의 화초를 두면 길한데, 분재는 해롭다. 왜냐하면 분재는 나무를 인위적으로

사장실 풍수 코디

사장실에는 사장의 취미와 관련한 물품, 그중에서 운동 소품을 놓아둔다. 사장의 건강은 곧 회사의 건강이다. 따라서 사장이 다양한 취미와 운동을 즐기는 사람이며, 융통성 없는 사람이 아니라는 인상을 줄 필요가 있다. 이것은 상대방과 자연스러운 대화 주제를 이끌어내는 효과도 있다.

억누르고 비틀어 수형을 교정한 것이니, 고통스러운 기가 발생해 발전하고 성장하는 기를 가로막기 때문이다. 다만 공기 정화 기능을 가진 산세베리아와 난초는 이롭다.

집무 책상에는 은은하고 따뜻한 기운을 풍기는 스탠드 조명(붉은/노란색)을 설치한다. 밝은 조명의 스탠드가 책상 위에 있으면 본부장은 늘 연구하고 공부하는 분이며, 자세히 살핀 뒤 결재를 한다는 인상을 부하에게 심어준다.

TV대 위에 회사의 임직원과 함께 찍은 사진을 놓아둔다. 가족사진을 놓아두면 회사보다는 가족을 더 우선한다는 인상을 풍겨서 좋지 못하다. 서양에서는 가족사진을 놓아두지만 인화를 우선시하는 동양의 기업 문화에서는 임직원과 찍은 사진이 회사와 본부장을 복되게 할 것이다.

책장에 꽂힌 책은 본부장의 인격과 지식의 수준을 대변하며, 손님에게 매우 강렬한 인상을 남긴다. 회사 업무와 관련한 전문 서적은 필수적으로 비치하고, 회사의 연감과 사사(社史) 같은 자료도 좋으나 책장 안이 비거나 휑해 보이지 않아야 한다. 책장에는 언제나 책이 가득 꽂혀 있거나 빈 곳이 있다면 수상 경력, 표창장 같은 기념패를 가지런히 진열하는 것도 운을 트이게 한다. 그리고 추가 달린 시계는 금기(金氣)가 강해 본부장의 본명궁인 화기를 분산한다. 따라서 작은 크기의 추 없는 시계를 남쪽의 사각기둥에 걸어둔다.

인간관계 좋게 하기

남자는 1963년생 감궁(坎宮)으로 괘수가 1이고, 여자는 1966년생 간궁(艮宮)으로 괘수가 8이다. 두 사람의 관계는 8택론으로 보아 감남간여(坎男艮女)가 되어 오귀(五鬼)니 매우 흉하다. 두 사람의 관계를 침실 풍수 인테리어로 교정하고자 한다.

남자는 감궁(坎宮)-수(水)이고, 여자는 간궁(艮宮)-토(土)로,

토(土)가 수(水)를 극한다. 따라서 토기를 분산, 고갈, 파괴하고 수기를 성장시켜야 한다. 이를 위해서는 목기(木氣)를 강화해 토기를 약화한다. 따라서 안방에 화초류를 두거나 나무 조각품을 두고, 커튼과 침대보·벽지·바닥재의 색깔 역시 푸른색 혹은 초록색 계통으로 치장한다. 금기(金氣)를 쓰는 경우도 있으나, 토기가 워낙 강해 풍수 교정의 효과는 떨어진다.

올바른 스탠드 배치

스탠드는 흉한 기운과 찬 기운을 몰아내고, 집 안에 따뜻한 기운을 돌게 한다. 북향의 침실과 어둡고 습한 곳에는 스탠드를 설치하는 것이 유리하다. 또 스탠드는 화기를 가져 이궁(離宮), 간궁(艮宮), 곤궁(坤宮)의 본명궁에게 운기를 상승시켜 길하다. 조명 색은 본명궁의 운기를 감안해 붉은색, 노란색, 흰색 중에서 선택한다.

자녀 방 꾸미기

딸이 1985년생이고 본명궁은 이궁(離宮)인데, 오행은 화(火)다. 이궁을 성장시키는 궁은 진궁, 손궁, 감궁인데, 오행까지 성장시키는 목생화(木生火)의 궁은 진궁(동쪽)과 손궁(남동쪽)이다. 따라서 바라보는 방향은 동쪽 혹은 남동향이 길하고, 방 안의 인테리어는 목기(木氣)를 위주로 한다. 책상은 나무로 만든 것을 배치하고, 의자도 나무가 좋다. 벽지, 침대보, 책상 등은 파란색이나 초록색으로 치장한다. 책상 위에 밝은 스탠드 조명을 설치하는 것도 기를 강화해서 길하다.

침실 꾸미기

아버지는 1959년생으로 곤궁(坤宮)이고, 어머니는 1960년 경자생(庚子生)으로 곤궁(坤宮)이다. 아들은 1991년 신미생(辛未

거실 소품

1. 거실의 TV는 오후에 그늘이 일찍 드는 곳에 설치한다.
2. 시계는 금기(金氣)를 가진 것으로 판단하고, 자명종 시계는 동쪽에 두면 좋다.
3. 수족관은 가족 간에 분쟁을 초래하고 건강을 해친다.

벽지

1. 방마다 방 주인의 본명궁을 살펴 주인의 운기를 올려주는 주는 색깔을 선택한다.

2. 거실의 경우 가족의 본명궁을 조합해 가장 무난한 색으로 도배한다.

3. 노거수의 표피 문양이 그려진 벽지는 장수의 기를 뿜어내고, 별자리 그림이 그려진 벽지는 어린이에게 꿈을 심어준다.

4. 기존 벽지에 띠 벽지를 돌려 붙이면 분위기가 잘 살며 생기가 커진다.

바닥재

1. 마루에 까는 바닥재의 색은 부부의 본명궁을 살펴 운기를 올리는 쪽으로 선택한다. 만약 부부의 운기가 상충한다면 기를 중화하는 방향으로 색을 결정한다.

2. 바닥재의 재질은 부부의 본명궁을 살펴 운기를 올리는 쪽으로 결정한다. 부부의 운기와 상충한다면 기를 중화하는 방향으로 결정한다.

生)으로 이궁(離宮)이고, 딸은 1988년 무진생(戊辰生)으로 진궁(震宮)이다.

안방은 부부가 곤궁이라 토기(土氣)가 성장하는 화(火)가 길하다. 따라서 약간 붉은색(핑크색) 계통의 벽지로 마감한다. 협탁을 두고 밝은색의 스탠드를 켜놓는 것도 부부의 운기를 올려 길하다. 하지만 화초류를 방 안에 두면 목극토(木剋土)라서 흉하다.

아들 방의 경우 본명궁이 이궁(離宮)이라 화기를 올리는 목(木)이 길하다. 따라서 푸른색(초록색) 계통의 벽지로 마감한다. 커튼을 쳐서 방을 약간 어둡게 하고 화초류를 안에 둔다. 딸 방의 경우 본명궁이 진궁(震宮)이라 목기를 올리는 수(水)가 길하다. 따라서 회색 톤의 벽지로 마감한다. 방 안에 어항 같은 수경 시설을 둔다.

관엽식물과 기(氣)

관엽식물은 집 안에 생기를 증진하나, 마른 꽃이나 시든 식물은 사기를 키워 흉하다. 본명궁이 이궁(離宮)이나 진궁(震宮), 손궁(巽宮)인 사람에게는 초화류가 길하지만, 이외의 본명궁을 가진 사람에게는 길하지 못하다. 그렇지만 공기 정화나 전자파 차단 같은 기능성 식물을 집 안에 두면 길한데, 집 안에 너무 큰 식물을 두면 식물이 주인이 되어 흉하다. 그리고 집의 모서리는 흉한 기운이 많아 관엽식물을 배치하면 흉기가 중화한다.

참고로 양의 기운을 지닌 식물에는 국화, 향나무, 감나무, 소나무, 관음죽, 행운목 등이 있고 음의 기운을 지닌 식물에는 벤저민, 몬스테리아, 덴팔레, 홍콩야자 등이 있다.

승용차 색깔 정하기

남자는 1970년생이고, 여자는 1974년생이다. 어떤 색깔의 승용차를 타고 다녀야 하는가? 남자의 본명궁은 진궁-오행-목(震宮-五行-木)이고, 여자는 태궁-오행-금(兌宮-五行-金)이다. 진궁의 목기를 성장시키는 오행은 수기(水氣)다. 따라서 검은색의 승용차가 길하고, 파란색도 무방하다. 여자의 본명궁인 태궁(兌宮)의 금기(金氣)를 성장시키는 오행은 토기(土氣)다. 따라서 승용차의 색은 노란색이 좋고 흰색도 무방하다.

옷 코디하기

사람이 입는 옷의 색깔도 기(氣)를 지니고 있다. 우선 빨간색은 양의 색이고, 파란색은 음의 색으로 태극기의 태극 문양은 음양을 뜻한다. 따라서 양기가 센 젊은 사람들은 푸르거나 검은색 계통의 옷을 입어야 몸의 양기와 조화를 이뤄 세련되게 보인다. 반대로 노인은 몸이 쇠약해 음기가 강하므로 빨갛고 밝은 옷을 입어야 역시 음양의 조화가 이루어져 건강해 보인다.

어떤 옷을 입을 것인가는 자기의 본명궁을 살펴서 그 안에 내재된 오행을 살핀다. 먼저 대중 앞에서 자기를 내세울 필요가 있을 때는 자신의 본명궁 오행을 성장시키는 색의 옷을 입는다.

수기(水氣)를 가졌으면 흰색으로 코디하고, 목기(木氣)를 지녔으면 약간 검은 옷으로 코디한다. 화기(火氣)를 지녔으면 푸른색이나 초록색 옷으로, 토기(土氣)를 지녔으면 빨간색으로, 금기(金氣)를 지녔으면 노란색이나 황토색 계열의 옷으로 코디한다. 만약 옷으로 코디하기 어려우면 남자는 넥타이로, 여자는 스카프 같은 것으로 색을 맞추면 된다. 또 타인을 위해 나를 잘 보여야 할 때는 반대로 코디하는데, 상대방의 본명궁을 파악해 그 본명궁에 내재된 오행의 기를 성장시키는 색으로 내 옷을 코디한다. 최소한 넥타이나 스카프 같은 소품을 준비하는 일은 누구나 쉽게 실천에 옮길 수 있다.

이사할 방향 정하기

길한 이사 방향을 잡기 위한 원칙은 이렇다. 자기의 본명궁과 대비해 재산을 불리고 싶으면 생기방을, 가족 화목을 원하면 연년방을, 질병을 치료하려면 천을방(천의방)을, 자녀의 공부를 위해서는 복위방을 선택한다. 이때 이사했다고 생각하고, 현재 집이 아닌 이사한 집에서 현재 위치를 살펴 길흉을 판단한다.

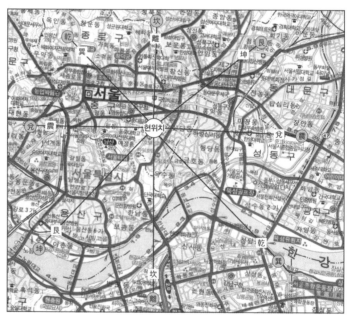

간방에 해당하는 지역이 곤방

가령 장충동에 사는 1965년생 남자가 이사할 방위를 정한다고 가정해보자. 남자의 본명궁은 간궁(艮宮)으로, 이 사람에게 길한 연년방은 태방(兌方), 생기방은 곤방(坤方), 천을방은 건방

(乾方), 복위방은 간방(艮方)이다. 이때 생기방인 곤방으로 이사하려면 어떻게 해야 할까. 미리 이사했다고 가정하고, 이사한 곳에서 거꾸로 보아 곤방에 해당하는 지역으로 이사해야 한다. 즉, 현 위치에서 보아 간방(艮方)에 해당하는 청량리나 제기동 방면이 좋을 것이다.

오븐과 밥솥의 위치

오븐이나 밥솥의 위치는 가족의 운과 복에 지대한 영향을 미친다. 모든 면에서 기가 좋아도 밥솥의 화입구가 주부의 본명궁과 대비해 흉한 네 방향 중 하나에 해당한다면 흉한 기를 받는다.

화입구는 힘의 근원으로 전기밥솥의 경우 전기가 들어오는 곳이다. 밥솥의 전기 인입 플러그가 주부에게 좋은 방향이 되도록 해야 한다. 화입구를 생기 방향을 향하게 하면 부와 번영을 가져오고, 천을(천의) 방향을 향하도록 하면 건강이 좋아지며, 연년 방향을 향하도록 하면 말다툼이나 오해가 풀리고 가족이 화목하다.

밥솥의 화입구 방향을 주부에게 흉한 방향 중 하나로 향하게 한다면, 대문 방향을 잘못 둔 것보다 심각한 악영향을 받는다. 어떤 가정이 연속해서 악운을 맞는다면, 그 원인은 대개 밥솥의 화입구를 잘못된 방향에 둔 경우가 많다고 한다.

예를 들어 1972년생 여자가 건강을 증진하려면 전기밥솥의 화입구를 어느 방향에 둬야 할까? 1972년생이면 본명궁이 간궁(艮宮)이고 천을방은 건방(乾方, 북서)이다. 따라서 밥솥 위에 패철을 올려놓고 남북을 교정한 다음, 밥솥의 화입구가 건방에 오도록 돌려놓는다. 그런 후에는 다른 사람이 밥솥을 만지지 못하도록 당부한다.

생활소품

1. 숯을 이용한 화분은 수기(水氣, 검은색)를 가져 목기(木氣)를 가진 사람에게 이롭다.
2. 그림은 그림이 내포한 뜻을 파악해 장소와 목적에 맞게 이용해야 길하다.
3. 거실에 창, 칼과 같은 도검이나 장난감 무기류를 두면 살기를 발산한다.
4. 발코니에 수경 시설을 두려면 주인 부부의 본명궁과 합당해야 한다.

직업별 이로운 방위

1. 점포·상가
• 옷감 : 남서, 남동
• 장식품 : 남, 남동
• 화장품상 : 남, 남동
• 귀금속상 : 남동, 남
• 카메라, 안경점 : 남, 북서
• 시계 : 북동, 북서
• 식품점 : 남서, 남동
• 문방구, 서점 : 남, 동
• 꽃집 : 동, 북
• 일용품점 : 북서, 북동, 남동
• 장식업 : 남, 북

2. 서비스업
• 식당 : 서, 남서
• 커피숍 : 서, 북, 동
• 술집 : 서, 동
• 미용실 : 남, 남동
• 여관업 : 남, 북동, 남동
• 세탁업 : 북, 남동, 남서

제2장

행운을 끌어당기는
그림 풍수

그림 풍수의 의의

우리 옛 그림은 '기 그림'이라 해도 과
언이 아니다. 동양화는 단순히 자연과
사람 등 사실을 기록하거나 풍경을
그린 것에 그치지 않고, 그림을 보는
사람이 화가가 전달하고자 한 메시지
를 전달받는 것이 더 중요하다. 그래
서 "시를 읽으면 그 속에 그림이 보이
고, 그림을 보면 그 속에 시가 있다."
라는 말이 생겼다.

물고기 도자기

　옛날에는 친구가 아들을 낳으면, 그
아들이 건강히 성장한 후에 꼭 과거에 급제하라는 마음을 담
은 축하 선물을 보냈다. 무슨 선물이 이 상황에 가장 적합할
까? 바로 물고기가 그려진 그림이나 도자다. 물고기가 예부
터 과거급제를 의미했기 때문이다. 왜일까? 황하에 물살이 거
칠기로 소문난 곳이 용문(龍門)인데, 그곳을 물고기가 거슬러
올라가면 용이 된다는 전설이 있다. 여기서 등용문(登龍門)이
란 말이 생겼다. 그러니 물고기가 그려진 옛 그림을 보면 그림

속의 물고기를 단순히 감상하는 것이 아니라 과거에 급제하라는 뜻을 전달받아야 한다.

그림에 내포된 의미 읽기

그림은 화가의 마음에 떠오른 형상을 색채를 써 평면 위에 나타낸 것으로, 물체를 사실대로만 담아내는 사진과는 구별된다. 따라서 그림에는 화가가 주장하고픈 이야기가 담겨 있고, 그의 바람은 어느새 감상하는 사람의 마음에까지 깊이 전달되어 감동을 준다. 그 결과 시를 감상할 때면 그 시가 묘사한 정경을 보아야 하고, 그림을 볼 때는 그 안에 담긴 정취를 읽어야 한다.

자녀가 공부를 잘할 그림

연잎이 시든 못에 해오라기 한 마리가 서 있다

연잎이 시든 못에 해오라기(白鷺) 한 마리가 서 있다. 연잎은 10월에 시들고, 이때 백로는 이미 남쪽으로 날아가고 없을 것이니 상황 설정이 잘못되었다.

그렇지만 연잎이 시들면 열매인 연과(蓮菓)가 나타나고, 백로 한 마리가 서 있으니 일로(一鷺)이다. 따라서 이 그림은 일로연

과거급제를 의미

과(一鷺蓮菓)인데, 발음이 같은 일로연과(一路連科) 즉 '향시(鄕試)
와 전시(殿試) 두 번의 과거시험에서 연속해 급제한다.'라는 뜻
이 담겨 있다. 요즘 실정에 맞게 여러 시험을 준비하는 사람에
게 합격하라는 뜻을 담아 방에 걸어두면 좋다.

게와 갈대를 함께 그리다

갈대로 게를 묶어 놓은 그림에 '전로'(傳蘆. 갈대를 전하다.)란 글
자를 써놓았다. 이 그림의 갈대 로(蘆)자는 임금이 전시(殿試)
의 장원급제자에게 내리는 음식인 려(臚)와 발음이 같다. 따라
서 전로(傳蘆)는 전려(傳臚)라 읽고, 게는 등에 딱지가 있어 갑
(甲) 자로 해석한다. 따라서 이 그림은 '장원급제인 과갑(科甲)
을 하여 임금이 내리는 특별 음식을 받는다.'라는 뜻이 담겨
있다. 갈대와 게 두 마리가 그려진 그림은 '두 번의 과거(향시와
전시)에서 모두 장원급제해 임금이 내리는 음식을 받는다.'라
고 해석한다. 이런 그림은 수능시험을 준비하는 학생의 방에
걸어놓으면, '대학교에 수석 합격해 장학금을 탄다.'라는 뜻의
기가 발산된다.

과거급제를 의미하는 게 그림

버드나무 아래에서 오리가 놀다

수양 버드나무 아래에서 오리가 유유
히 놀고 있는 그림은 '계속 장원으로
급제하라.'라는 의미가 담겨 있다. 오
리 압(鴨)은 새(鳥)의 으뜸[甲]이기 때
문에 오리는 일등을 상징한다. 그리고
버드나무 류(柳)는 곧 머물 유(留)이니
'계속 급제하라.'라는 뜻이다. 오리 두
마리가 놀고 있다면 이갑(二甲)으로

오리 그림은 합격을 의미

향시와 전시에서 모두 장원으로 급제하라는 뜻이다. 이런 그
림은 대학 진학을 위한 수능시험과 논술시험에서 모두 우수
한 성적으로 합격하라는 의미다.

모란꽃과 수탉을 함께 그리다

모란꽃과 수탉을 함께 그린 그림에서 모란은 부귀를 뜻한다.
수탉이 울면 공계(公鷄)로 공(公)은 독음이 같은 공(功)으로, 울
명(鳴)은 이름 명(名)으로 해석해 '이름을 날리다.'라는 뜻의 공
명(功名)으로 해석한다. 즉, 모란과 수탉은 '부귀하고 이름을
널리 알린다.'라는 뜻이다. 야망을 실현하고자 열심히 공부하
는 사람이나 정치가의 집에 걸어두면 세상에 이름을 크게 날
릴 수 있다.

가족이 건강할 그림들

구불구불한 향나무는 목숨 수(壽)

향나무를 꾸불꾸불 그린 그림은 그 형체가 목숨 수(壽) 자를

문자도(文字圖)

글자의 의미와 관계가 있는 고사나 설화 등의 내용을 대표하는 상징물을 자화(字畵) 속에 그려 넣어 서체를 구성하는 그림이다. 대개 병풍 그림이다.

닮았다. 향나무는 백(栢)이니 일백 백(百)으로 해석하고, 나무 형태가 목숨 수(壽) 자를 닮았으니 곧 백수(百壽)를 뜻한다. 현대에는 목숨 수(壽) 자를 한 자나 열여섯 자 또는 백 자씩 쓴 그림을 회갑을 맞이한 분께 장수하라는 뜻을 담아 전한다.

백수도

머리가 하얀 새 두 마리를 모란꽃과 함께 그리다

머리가 흰 백두조(白頭鳥)가 모란꽃으로 날아드는 그림은 반드시 새 두 마리를 그려야 부부 해로를 뜻한다. 부귀의 의미인 모란꽃과 함께 그리면 부귀백두(富貴白頭)의 의미가 있다. 소나무와 대나무, 백두조 한 쌍을 그리면 송(松)은 송(頌)으로, 죽(竹)은 축(祝)으로 해석해 송축백두(頌祝白頭)가 된다. '검은 머리가 파뿌리가 되도록 부부간에 해로함을 축하한다.'라는 뜻이다. 이런 그림은 나이가 지긋한 노부부에게 장수와 건강을 기원하는 마음을 담아 선물한다.

꽃나무의 상징

나무와 꽃은 각각 의미가 있다. 모란은 부귀를, 매화는 절개와 장수를, 대나무는 절개와 축하를, 소나무와 향나무는 장수를, 국화는 군자와 장수를, 석류는 자손 번창을, 작약은 귀한 친구를, 복숭아는 무릉도원을 의미한다.

부귀백두

매화꽃은 눈썹이 흰 사람, 즉 노인

매화꽃 위에 달이 걸려 있는 그림에서 매화 가지는 매초(梅梢)이고 달이 떴으니 상월(上月)이다. 같은 독음을 가진 미수상락(眉壽上樂)으로 해석해 '장수와 즐거움을 함께 누린다.'란 뜻이다. 흰 매화꽃인 백매(白梅)를 백미(白眉)로 해석한다. 이 그림을 현대적으로 해석하면, 사회적 지위를 가진 사람에게 즐겁게 살라는 뜻이다.

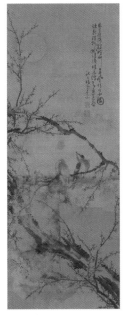

미수상락

학과 대나무가 함께 있는 그림은 장수를 축하한다

학은 십장생의 하나로 천 년을 산다고 하니, 대나무 아래에서 학이 걸어가는 그림은 천수도(天壽圖)다. 그리고 대나무는 축(祝)이니 축수도(祝壽圖)가 된다. 이런 그림은 연세가 많은 분께 장수하라는 뜻을 전한다.

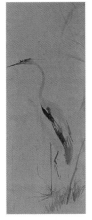

천수도

십장생
열 가지 장수하는 존재를 말한
다. 해, 산, 구름, 바위, 소나무,
대나무, 거북, 사슴, 학, 불로초
를 가리킨다.

대나무와 바위 그림은 축수도

대나무를 바위와 곁들여 그렸는데,
실상 대나무는 바위와 같은 척박한
땅에서는 잘 자라지 못한다. 그림에
뜻을 두고 그린 것으로 대나무 죽(竹)
은 축하한다는 축(祝) 자로 해석하고,
바위는 수석(壽石)이라 수(壽)를 뜻하
니 곧 '회갑을 축하하는 축수도(祝壽
圖)'다. 패랭이꽃 역시 석중화(石竹花)
로 곧 죽석(竹石)이니, 축수(祝壽)라고
해석한다.

축수도

관운과 승진운을 높이는 그림들

흰 사슴을 향나무와 함께 그리다

사슴의 털은 본래 갈색인데, 향나무
아래에 흰 사슴을 그린 그림이 있다.
흰 사슴[白鹿]은 온갖 복록(百祿)을 뜻
하고, 향나무는 백(栢)이니 일백 백
(百)을 의미하며, 사슴 록(鹿)은 벼슬
록(祿)으로 해석해 백록(百祿)을 누리
라는 기원이 담겨 있다. 현대 사회의
경우, 공무원과 기업체 임원의 집에
걸어놓으면 관운이 높아지고 승진이
순조롭다.

백록도

쏘가리와 오리를 함께 그리다

입에 낚시가 꼬인 쏘가리와 오리가 함께 있는 그림이 있다. 쏘가리는 한자로 궐어(鱖魚)라 부르는데, 이것은 대궐을 뜻하는 '궐(闕)' 자와 독음이 같다. 오리는 압(鴨)으로 일등(甲), 즉 장원급제를 뜻한다. 따라서 이 그림은 '과거에 장원급제해 대궐에 들어가 벼슬살이를 한다.'라는 의미를 담고 있다. 공무원 중에서 중앙 부처나 청와대에서 근무하고 싶은 분에게 선물한다.

궐어도

책걸이 그림은
장관이 되는 기가 나온다

책걸이인 서가(書架) 그림은 병풍처럼 사랑방의 머리맡에 펼쳐둔다. 국회의원 선거에 출마하거나 장관 임명을 바라는 분의 방 안에 둔다. 책을 받들어 소중히 여기는 것은 상서(尙書)인데, 이는 중국에서 육경(六卿)의 이름이고, 조선에서는 판서(判書)에 해당한다. 따라서 책걸이 그림에는 벼슬이 판서에 이르기를 바라는 뜻이 담겼다.

책걸이

동물의 상징

꽃과 나무와 마찬가지로 동물에게도 여러 상징이 숨어 있다. 고양이는 70세 노인을, 나비는 80세 노인을, 오리와 게와 물고기는 장원급제를, 잉어는 효도를, 박쥐는 오복을, 사슴과 암탉은 벼슬을, 수탉은 공명을, 까치는 기쁜 소식을, 원앙새는 아들을 뜻한다.

닭과 맨드라미를 상하로 그리다

닭과 맨드라미꽃을 상하로 그린 그림에서 맨드라미는 닭 벼슬처럼 생긴 꽃으로 계관화(鷄冠花)라 부른다. 닭 벼슬 역시 벼슬을 뜻한다. 따라서 닭과 맨드라미를 상하로 그려 넣으면 관상가관(冠上加冠)이 되어, '관 위에 관을 얹었으니 관리로서 성공한다.'라는 뜻이 담긴다. 공직자나 기업체 임원의 방에 걸어둔다.

관상가관

부귀와 화목을 얻는 그림들

모란꽃은 부귀를 상징한다

모란꽃은 부귀화(富貴花)로 곧 부귀를 뜻한다. 목련은 옥(玉), 해당화는 당(堂)을 뜻하기 때문에 모란꽃을 그리되, 목련꽃과 해당화를 함께 그리면 부귀옥당(富貴玉堂)의 뜻이 된다. 모란꽃 그림은 집안에 부귀운이 찾아오도록 기원하는 그림이다.

모란은 부귀를 의미

까치와 호랑이를 함께 그려
좋은 소식을 기대하다

소나무 가지에 까치가 앉아 있고, 나
무 아래에는 호랑이가 우스꽝스러운
모습으로 그려져 있다. 본래는 표범
이어야 한다. 왜냐하면 소나무는 신
년(新年)을 뜻하고, 표범의 표(豹) 자는
중국에서 보(報)로 발음하고, 까치는
기쁨을 뜻하기 때문이다. 소나무와
까치 그리고 호랑이를 함께 해석하면
'새해를 맞이하여 기쁜 소식이 전해

신년보희

진다.'라는 소망을 담은 '신년보희'(新年報喜)의 뜻이다. 만약 집
안에 우환이 잦아 분위기가 침통할 경우 거실에 걸어놓는 그
림인데, 만사가 형통하고 가족이 화목해진다.

여러 기물을 그린 기명절지도는
부귀를 뜻한다

여러 물건을 꽃가지와 함께 그리는
데, 물건에는 모두 뜻이 담겨 있다. 구
리 그릇(銅瓶)은 평안(平安), 불수감은
복(福), 백합꽃 뿌리는 백(百), 모란꽃
은 부귀, 불로초는 여의(如意), 땅콩은
장생(長生), 접시에 담긴 귤은 대길(大
吉), 복숭아(壽)가 여러 개 달려 있으
면 다수(多壽), 수석은 수(壽), 국화꽃
은 유유자적한 생활, 대추와 밤은 손
자를 일찍 보는 것, 서재와 책과 벼루
는 학문을 뜻한다. 이런 그림은 오복

기명절지도

이 집안에 가득하라는 뜻이 있다.

사업이 번창할 그림

감나무를 불로초와 함께 그리거나 물고기와 그린 그림은 모두 사업 번창의 기를 뿜어낸다. 감은 시(柿)로 일 사(事)를 뜻하고, 불로초는 모양이 여의봉을 닮아 여의(如意)라고 부른다. 따라서 불로초와 감을 함께 그리면 사사여의(事事如意)로 '일마다 마음먹은 대로 된다.'라는 뜻이 담겨 있다. 또 감과 물고기를 함께 그리면 물고기 어(魚)는 남을 여(餘)로 해석한다. 즉, 사사유여(事事有餘)로 '일마다 남음이 있다.'란 의미다. 그러므로 감 그림은 사업을 시작하거나 사업에 어려움이 처한 분께 선물한다.

장수에 도움이 되는 그림들

갈대밭으로 기러기가 날아든다

박쥐 그림
박쥐는 복(福)을 뜻하므로 다섯 마리를 그려 넣는다. 그래야 오복(五福)이 된다.

갈대밭에서 기러기가 걸어 다니는 그림을 그리거나, 갈대밭으로 기러기가 날아드는 그림은 모두 장수와 관계있는 그림이다. 기러기는 안(雁)이고, 갈대는 노(蘆)이므로 곧 노안도(蘆雁圖)인데, 이것은 발음이 같은 노안(老安), 즉 '노후를 편안히 보낸다.'라는 뜻으로 해석한다. 따라서 갈대와 기

노안도

러기 그림은 연세가 든 부모님이나 존경하는 은사의 방에 걸
어둔다.

고양이는 70세 노인을 뜻한다

나무 위에서 참새가 놀고, 나무 아래
에 고양이 두 마리가 놀고 있다. 참새
는 기쁨을 뜻하고, 고양이 묘(猫)는 중
국에서 70세 노인을 뜻하는 모(耄)와
발음이 같아 70세 노인을 의미한다.
고양이가 두 마리이니 70세 생일인
고희(古稀)를 축하하며, 노부부가 오래
도록 살라는 기원을 담고 있다.

모질도

나비는 80세 노인을 뜻한다

고양이는 묘(猫)로 모(耄)와 발음이 같아 70세 노인을 뜻하고,
나비 접(蝶)은 80세 노인을 뜻하는 질(耋)과 발음이 같아 80세
노인을 뜻하니, 고양이와 나비 그림은 모질도(耄耋圖)다. 여기
에 바위까지 있으면 바위는 수(壽)를 뜻하니 곧 70세, 80세가
되도록 오래 산다는 의미가 담겨 있다.

국화꽃과 바위

국화꽃을 다발로 묶어 그리거나 바위와 함께 그린 그림은 장
수를 의미한다. 국화꽃은 수(壽)이니, 다발로 그려진 국화 그림
은 고수(高壽)이고, 바위와 함께 그려진 그림은 연년익수(延年
益壽)로 해석한다. 현대에 와서는 '새해를 맞이해 더욱 오래 살
라.'라는 의미로 걸어놓는다.

연년익수

자손이 번창할 그림

연꽃 아래에서 노니는 원앙새

연생귀자

연꽃이 활짝 핀 연못에서 원앙 한 쌍이 놀고 있는데, 연꽃은 여름에 피고 원앙은 겨울 철새라서 상황 설정이 맞지 않는다. 그렇지만 이런 그림은 시집간 딸이 부부간에 금실이 좋고 자손을 많이 낳으라는 기원이 담겨 있다. 연꽃이 활짝 피었으니 연이 생기롭다고 하여 연생(蓮生)이라 부르고, 원앙새는 한국의 부부 금실과 달리 중국에서는 귀한 자식을 뜻한다. 따라서 '연이어 귀한 자식을 낳는다.'라는 뜻으로 해석하며, 혼인을 앞둔 딸이나 신혼부부에게 선물하기 좋은 그림이다.

석류·포도·박 그림은 자손 번창을 뜻한다

석류는 주머니 속에 씨앗이 가득 들어 있으므로 다자(多子)를 뜻하고, 포도와 박 역시 다자를 뜻한다. 반드시 덩굴에 매달린 채로 그려야 한다. 포도와 박은 자식이 되고 덩굴은 한자로 만대(蔓帶)가 되므로, '자손이 영원히 끊어지지 않는다.'라는 '자손만대'로 해석하기 때문이다. 종가 댁의 거실에 많이 걸려 있다.

자손 번창을 뜻하는
포도 그림

죽순 그림은 손자를 축하하는 의미

죽순(竹筍)은 발음이 손자를 뜻하는 손(孫)과 같다. 죽(竹)은 축(祝)으로 해석하니 죽순 그림은 '손자를 본 것을 축하한다.'[爲祝見孫]라는 뜻이다. 손자를 보아 기뻐하는 노인이나 손자를 바라는 분에게 선물한다.

축견손(祝見孫)

제3장
사례로 보는 실전 아파트 풍수

배산임수 지형이 좋다

배산임수는 집 뒤에 산이 있고, 앞에는 내와 들판이 있는 소위 전저후고(前低後高)의 지형을 말한다. 전통적으로 한옥은 뒷산에 바짝 붙여서 지었는데, 집 뒤에는 후원을 두어 산에서 집으로 뻗어온 지맥을 보호했다. 배산임수는 일조량이 우수하고, 통풍이 좋으며, 배수가 양호해 사람이 건강하게 살 여러 조건을 자연 생태적으로 갖춘 터다.

뒷산에서 아파트 부지로 입수한 용맥의 형상이 뚜렷하고 나아가 뒷산의 경사 변환점 아래에 아파트가 지어졌다면, 매우 양호한 지형으로 5점이다. 입수한 용맥은 없지만, 뒷산의 경사 변환점 아래에 입지한 아파트라면 양호한 상태라서 4점이다. 뒤에는 산이 있으나 산에서 멀리 떨어진 평지라면 보통으로 3점이다. 만약 산 중턱의 비탈면을 정비한 뒤 지은 아파트라면 입지가 취약한 수준이라 2점이고, 산 정상이나 절벽 아래, 절개면 아래에 자리한 아파트는 입지가 매우 취약해 1점이다.

늪지·연못·개천을 매립한 장소는 피한다

집은 건조한 땅 위에 지어야 한다. 늪지나 논, 바다와 강가 등 낮은 침수 지역을 메워 성토(盛土)한 땅은 흉하다. 지반이 충분히 안정되기 전에 건물을 세우면 기초가 흔들려 건물 벽이 깨지고, 땅은 갈라지며, 담이 무너지는 등 불안전하다. 부득이 습기 찬 땅 위에 집을 지어야 한다면 생토가 나올 때까지 지상의 부토를 걷어낸 후 초석을 다지거나, 건조한 흙으로 석 자 (90cm) 이상을 성토한 뒤에 건물을 짓는다.

평지이고 한 번도 쓰지 않은 생토라면 5점이고, 자연 그대로의 생토라면 4점이다. 건물이 있던 장소에 재건축한 경우는 지기가 훼손을 입은 상태라서 3점이고, 본래 습지였던 곳을 성토한 경우는 2점이며, 습지나 매립지 또는 쓰레기 더미 같은 곳에 지어진 아파트는 1점이다.

산들이 사방에서 보호하는 형세가 길하다

산들이 사방을 유정하게 에워싼 안쪽 공간이 좋은데, 뒤쪽의 현무(주산)는 마을이 들어선 지맥을 형성하며 뒤바람도 막아주고, 좌측의 청룡과 우측의 백호는 좌우 측에서 불어오는 바람을 막아주며, 앞쪽에 있는 안산(案山)은 살풍을 막아 마을을 아늑하고 편안하게 보호한다. 풍수에서는 건물을 산으로 보니, 도시라면 다른 건물이 사방을 에워싸도 같은 평가를 내린다. 주변 건물이 너무 크거나 위압적이라면 흉하고, 규모와 층수가 적절해서 다정한 느낌을 주고 보호하는 듯한 형세라면 길하다.

사방에 사신사를 고루 갖추고 그들의 형세가 모두 풍수에 맞으면 5점이고, 그저 사신사만 갖춘 형세라면 4점이다. 사신사 중 한두 개를 구비하지 못했다면 3점이고, 사신사를 갖추지 못한 공결(空缺)한 터는 2점이고, 살풍이 거센 터는 1점이다.

물이나 도로가 둥글게 감싸주는 터가 길하다

물이 둥글게 감싸고 흐르는 금성수(金星水)는 재물이 많은 터이고, 물이 배역하며 흐르는 반궁수(反弓水)는 음란하며 군병으로 차출되어 먼 외지로 떠나고, 도적이 생겨 재산을 손해볼 터다. 도심에서는 도로가 물길을 대신한다. 도로가 감싸주는 안쪽의 입지를 선택해야 길하다. 만약 앞쪽 도로가 일직선으로 곧게 지나가면, 성품이 강한 사람이 태어나니 귀(貴)함은 있으나 부(富)를 논하긴 어렵다.

금성수의 터는 지기가 장해 5점이고, 물이 곧게 흘러가는 목성수의 터는 4점이며, 앞쪽에 물이 흐르지 않는 평지라면 3점이다. 반궁수의 터는 치수(治水)로 인해 홍수 피해가 없다 해도 바람만큼은 아랑곳하지 않고 세차게 불어와 생기를 앗아가니 2점이고, 과녁빼기 터는 1점이다.

수맥이 흐르는 터는 이상한 질병이 생겨난다

수맥파는 가공할 만한 위력으로 사물을 파괴한다. 이유 없이 땅이 마르고, 도로에 금이 가고, 지반이 내려앉고, 건물 벽을 갈라놓는다. 특히 수맥파는 미세한 전기장을 가진 사람의 몸에 반응해 피로감과 만성 두통, 집중력 저하의 각종 질병을 일으킨다.

개미나 벌집이 있는 곳은 수맥이 있는 곳이니 피해 살 곳이다. 건물 벽이나 담에 금이 가거나 땅이 마르고 갈라지는 곳은 큰 수맥이 지나가는 부지로 1점이고, 수맥이 관찰되면 2점이며, 보통 땅은 3점이다. 수맥이 없는 곳은 토색(土色)을 살펴 보통이면 4점, 매우 우수하면 5점이다.

땅이 부석부석하고 먼지가 자주 일어나면 흉하다

흙이 재와 같아 언제나 먼지가 이는 땅에서는 부자가 되지 못한다. 자갈뿐으로 흙이 보이지 않고, 맑은 날에도 윤습(潤濕)함을 모르며, 비가 온 뒤에 더디 마르는 땅 역시 모두 흉하다. 부드럽고 무른 지반은 모래, 자갈, 찰흙 등이 채 굳지 않아 지진이 일어나면 큰 진동을 일으킨다. 그 결과 그 위에 서 있는 집도 크게 흔들려 벽이 갈라지거나 무너진다.

생기가 좋아 식물이 잘 자라는 땅은 5점, 흙과 모래가 섞여 있는 땅은 4점이다. 모래와 흙, 자갈이 보이는 땅은 3점이고, 자갈밭은 2점이며, 샘물이 솟거나 바위투성이 땅은 지기가 허약해 1점이다.

산 정상, 절벽 아래, 절개면 아래 터는 흉하다

절개면
절개면처럼 깊은 상처를 입은
땅은 아직 치유되기 전이라 사
람에게 해코지를 할 수 있고(산
사태), 또 절개면과 건물 사이
에 형성된 골에서는 골바람이
강해 지기가 흩어진다. 경사
가 급한 터에 축대를 쌓고 흙
을 메운 뒤에 지은 집은 지기
(재산)도 빠르게 흘러 흉하고,
절벽과 절개면 아래의 집은 바
람이 거세 생기가 흩어져 흉
하다.

산 정상을 평탄하게 깎아 조성한 땅은 사방에서 바람이 세차
게 불어와 생기가 흩어진다. 재산을 모으기 어렵고, 관재구설
에 시달린다.

사방 어느 한 곳도 산이 감싸주지 못한 채 홀로 돌출된 입지
에 지어진 아파트는 1점이고, 절벽과 낭떠러지 같은 벼랑 아
래의 터 역시 좌우 측에서 바람이 세차게 불어와 장풍이 되지
못하니 2점이다. 산을 절개한 뒤 개발한 땅은 기가 안정되지
못해 이상한 재앙에 시달리니 3점이다. 평지라면 4점에 해당
하고, 배산임수 지형을 갖춘 곳은 양호해 5점이다.

함지박처럼 오목한 터는 꺼린다

사면이 높고 중앙이 낮으면 마치 함지박 속에 들어선 것처럼
사방이 산에 가려 있다. 해가 늦게 뜨고 일찍 떨어져 하늘의
양명한 기운을 충분히 받지 못한다. 또 계곡물은 밤낮으로 넘
치는데 일조량은 적고 통풍은 잘 안 되니, 음랭한 기운이 산
안개로 변해 사람이나 초목을 병들게 해서 집안이 차츰 쇠락
한다.

사방으로 산이 높아 함지박 속에 깊이 들어앉은 느낌이면
1점이고, 약간 오목한 지역은 2점이다. 평지는 3점이고, 배산
임수 지형은 4점이며, 사신사가 사방으로 보호하는 형세라면
5점이다.

주변 산의 형세가 단정해야 길하다

주변 산이 험상궂은 형상이고, 창과 칼 같은 바위들이 보이고, 석산 개발 등으로 산이 깨지고 부서진 형상이 보이면 없던 걱정도 새롭게 생겨나며 패절(敗絶)을 면치 못한다.

　주변 산에 흉한 지형지물이 보이면, 거북 석상을 설치해 살기를 퇴치하거나 방살한다. 주변 산이 온통 바위투성이로 살기를 뿜어내면 1점이고, 머리에 부스럼이 난 것처럼 암석이 군데군데 돌출해 있으면 2점이다. 보통 산세라면 3점이고, 주변 산들이 단정하면서 깨끗하면 4점이고, 그 정도가 유정한 느낌까지 든다면 5점이다.

샘물보다 높은 터라야 재복이 늘어난다

택지는 평탄한 곳이 제일이지만, 샘물보다는 높아야 하고 지기가 응집한 터가 길하다. '높다'라는 뜻은 한 자 또는 몇 치라도 주변보다 높은 곳을 말한다.

　풍수는 도로를 물길로 보아, 도로보다 아래쪽에 위치한 집을 '물 아래 집'이라 하여 흉하게 본다. 고가도로가 지나가는 아래쪽의 입지, 큰 도로 아래쪽의 입지 등은 먼지와 소음 그리고 매연이 집 안으로 날아 들어와 집 안의 생기를 오염시킨다. 큰 도로나 고가도로 아래의 터는 1점이고, 작은 도로나 고가도로의 아래쪽은 2점이다. 평지는 3점이고, 아래쪽에 큰 도로가 있으면 4점이며, 아래쪽에 작은 도로가 있으면 5점이다.

담장이 있으면 좋으나, 너무 높으면 곤궁해진다

예전에 담은 신분과 지위에 따라 돌담, 흙담, 울타리 등 형식
이나 높이에서 규제를 받았고, 집과 서로 조화가 잡혀 있었다.
담이 높고 좋은데, 상대적으로 집이 초라하면 가난해질 징조
라 여겼다.

　집을 지으면 밀폐형 담장을 설치한다. 만약 담에 구멍이 나
있거나 허물어지면 그쪽으로 바람이 세차게 불어와 생기가
흩어진다. 아파트 단지 전체를 벽돌담으로 잘 여며서 쌓되 높
이까지 적당하면 5점이고, 높이가 너무 높거나 낮으면 4점이
며, 군데군데 구멍이 뚫린 담장은 3점이다. 철조망이나 창살
형 담장은 2점이고, 담장을 설치하지 않았다면 1점이다.

단지 배치
1. 〈册. 책〉 : 책을 많이 읽어
학자나 문장가가 배출된다.
2. 〈日. 왈〉 : 교수나 비평가 또
는 언론 계통의 종사자가 배출
된다.
3. 〈丹. 단〉 : 의인(義人)이나 충
절이 강한 인물이 배출된다.
4. 〈且. 차〉 : 외도가 심한 인물
을 배출한다.
5. 〈母. 모〉 : 현모양처가 배출
된다.
6. 〈皿. 명〉 : 그릇같이 융통성
이 없는 인물이 배출된다.
7. 〈田. 전〉 : 근면하고 성실하
여 존경받는 인물이 배출된다.

단지 안의 동 배치는 길상이어야 복이 오래간다

전통 주택에서 사랑채와 안채를 비롯한 여러 건물이 길한 형
태의 배치를 취해야 복이 오래간다고 믿었다. 건물 배치가 日,
月, 用 자와 같으면 길하다. 工, 尸 같은 형태는 흉하다.

　아파트 동의 배치가 '日目' 형태라면 눈을 뜨고 해를 바라보
는 형국이라, 장애인이 태어나고 사업운이 깜깜하다. '명'(明)
자 배치가 길하다. '尸月' 같은 배치는 달빛 아래에 사람이 목
을 매고 죽은 형태로 끔찍한 일이 생긴다. 단지 내 건물 배치
가 '用' 자와 같으면 5점, '明' 자와 같으면 4점이다. 특정 글자
와 연관 짓기가 어려우면 3점이고, '工, 尸' 같은 글자라면 2점
이며, 그 이외에 '尸月' 모양이면 1점이다.

명(明) 자 형태의 단지 배치

고밀도 아파트 단지는 가도(家道)가 번성치 못한다

대지와 집의 크기는 통풍, 채광 등 주택의 물리적 조건을 갖추
는 데 중요하다. 숲에 있는 나무가 건강하게 성장하려면 반드
시 간벌을 해주어야 일조량과 통풍이 좋아진다. 만약 간벌을
해주지 않으면 나무는 성장이 더디거나 시들어 죽으니 재목
이 되지 못한다. 고층 건물이 빼곡히 들어차 숲을 이룬 아파트
단지라면 일조권 침해가 많고, 통풍도 원활치 못해 사람이 살
기에 적합지 못하다.

　아파트 단지 전체가 채광과 전망이 우수한 곳은 5점이고,
채광이 좋은 곳은 4점이다. 채광과 전망이 일반적인 아파트
단지는 3점이고, 전망이나 채광 두 가지 중 한 가지라도 나쁘
면 2점이다. 모두 나쁘면 1점이다.

아파트로 들어오는 진입로는 살기를 실어 온다

아파트로 들어오는 진입로가 생기를 가져오려면, 길이 미로 같지 않으면서도 완만한 곡선을 이뤄야 좋다. 그러나 올가미 형태의 도로에 둘러싸인 건물, T자형 길의 끝에 위치한 건물, Y자형의 두 팔에 둘러싸여 조여드는 형상의 땅에 위치한 건물은 모두 피한다.

아파트 단지 내의 도로 유형은 어느 아파트 동을 선택하느냐에 중대한 영향을 미친다. 다음 그림을 보자. 1동과 2동은 도로와 가까워 도로에서 오는 살기에 노출돼 입지가 불리하니 1점이다. 3동과 4동은 도로의 살기로부터 보호받는 곳에 있어 1동과 2동보다는 조건이 좋아 3점이다. 5동은 구부러지는 길의 바깥쪽에(반궁수) 위치해 길의 부딪히는 힘에 압박을 받으니 2점이고, 6동은 대로에서 멀리 떨어져 있고, 완만한 곡선 도로와 가깝다. 거기에 도로 끝에 위치해 교통량이 적으니 5점이다. 6동과 같은 위치이나 건물 앞쪽에 여유 공간이 작으면 4점이다.

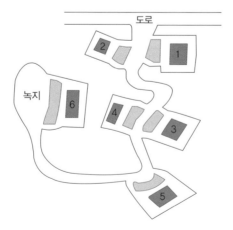

아파트 단지 내 진입로

고층 아파트는 지자기가 부족하다

고층 콘크리트 건물에 살면 지자기(地磁氣)를 정상적으로 전달 받기 어렵다. 이는 현대인에게 나타나는 여러 성인병, 즉 어깨 와 등과 목덜미의 뻣뻣함, 요통, 가슴의 통증, 두통, 불면증, 습 관성 변비와 같은 질병과 관계가 깊다. 풍수적으로 좋은 아파 트 층은 대략 7층 이하다.

아파트가 30층 이상이면 지자기가 결핍된다. 이에 대한 비보 책을 쓰지 않은 집은 1점이고, 아파트가 10~30층에 살면서 비 보책을 쓰지 않은 집은 2점이다. 고층이면서 화분의 흙갈이를 하는 등 비보책을 쓴 경우는 3점이고, 7층 이하의 집은 4점이 다. 7층 이하의 집에서 비보책까지 썼다면 5점이다.

도로와 접한 면보다
안쪽이 깊은 아파트가 복이 오래간다

길로 향한 면의 너비보다 안쪽으로 깊숙이 들어간 집이 유복

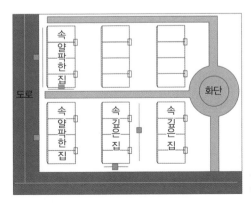

속 깊은 집과
속 얄팍한 집

하고 오래도록 번영을 누린다. 반대로 앞면이 넓고 속 깊이가 얄팍해 옆으로 길쭉한 집은 흉하다.

도로와 접한 건물의 면적을 보아 매우 깊게 들어간 '속 깊은 집'이면 5점이고, 그보다 덜한 '속 깊은 집'이면 4점이다. 정사각형의 형태라면 3점이고, 반대로 속 얄팍한 집은 2점이며, 그 정도가 심해 길쭉한 건물이면 1점이다.

아파트 단지 안의 조경은 풍수적 비보물

아파트 조경은 땅의 기운과 오행상으로 상생인 수종을 식재해 지기를 북돋고, 한국인의 체질과 인성에 맞는 생태적 동산이나 휴식 공간으로 꾸미는 역할을 한다. 또 아파트마다 주변 역사나 환경과 조화를 이루는 테마공원을 조성하고, 단지 안에는 기가 원활하게 통하도록 도로와 조형물을 설치한다.

오행 원리에 맞게 조경 설계를 한다. 동쪽은 목(木)이니 그곳에 청솔마당이나 바람개비원을 만든다. 남쪽은 화(火)이니 그쪽에 보행자 출입구를 두고 해맞이 마당을 만든다. 중앙은 토(土)다. 그곳에 광장을 두고 온누리 마당을 만든다. 서쪽은 금(金)이니 구름원, 북쪽은 수(水)이니 오석원·물결무늬지압원 등을 만든다. 가장 큰 나무는 단지의 북서방에 심는다. 아파트 조경을 살펴서 매우 우수하면 5점이고, 우수하면 4점이다. 보통이면 3점이고, 부족하면 2점이다. 아주 부족하면 1점이다.

건물 지붕은 주산의 형상을 상생으로 받아야 길하다

한옥의 지붕은 뒷산의 봉우리와 형태가 닮아 있다. 뒷산의 아름다운 선이 사람의 의식에 깊숙이 스며들어 있다가 필요에 따라 적절히 발로된 결과다. 주산의 형태가 목성(木星)이면 화성의 뾰족한 지붕이 길하다. 금성(金星)이라면 물결 모양의 지붕이 길하고, 화성(火星)이라면 평편한 지붕이 길하다. 부드러운 수성(水星)이라면 삼각형의 지붕이 길하고, 토성(土星)이면 둥근 지붕이 길하다.

아파트 지붕이 주변 산과 완전한 조화를 이루면 5점이고, 상생이라 판단되면 4점이다. 보통이라면 3점이고, 상극의 기운이 있으면 2점이며, 완전한 상극이면 1점이다.

건물의 좌향은 지맥에 순응해야 한다

지기는 용맥을 따라 산에서 내와 강 쪽으로 흘러가며, 지맥을 따라 물이 흐르고, 물길은 바로 바람길이다. 따라서 건물을 지을 때면 산을 등지고 내와 강을 향하도록 해야 바람의 기운이 순조로워 복을 받는다. 낮이면 바람이 집 안 깊숙이 들어오니 신선하고, 밤이면 찬 산바람이 건물의 뒤로 불어와 막히니 집 안이 아늑해 살기 좋은 집이 된다. 반대가 되면 낮에는 덥고 밤에는 추운 집이 되어 사람의 건강을 해친다.

남향 건물이 지맥까지 순응했으면 5점이고, 지맥에 순응한 정도이면 4점이다. 평지라면 3점이고, 산을 바라보도록 건물의 좌향을 놓으면 부지의 뒤가 낮고 앞이 높아 흉하니 2점이

다. 만약 전고후저 건물이 뒤를 받쳐줄 산까지 없다면 보호자
나 후견인이 없는 것처럼 마음이 불안해지고 버틸 여력이 없
어지니 1점이다.

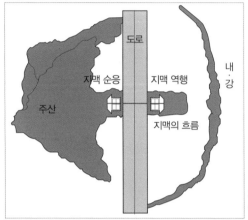

지맥 흐름에 순응하거나
역행한 경우

건물 층수는 앞쪽 건물이나
산 높이와 어울려야 한다

발코니 바깥은 대개 다른 건물이나 산이 시야를 막는 경우가
흔하다. 풍수는 건물도 산으로 보는데, 안산은 눈썹과 심장 사
이의 높이여야 길하다. 만약 눈썹보다 높아 보이는 압혈이면
기를 펴지 못해 맹인이나 장애인이 태어나거나 운이 더디게
트인다. 너무 낮으면 살풍이 불어와 빈한(貧寒)해진다.

발코니 밖으로 넓은 공원이나 호수가 보이면 5점이고, 막힘
없이 전망이 뚫려 있으면 4점이다. 앞쪽의 건물 지붕이 눈썹
과 심장 사이에 해당하면 3점이다. 그런데 앞쪽의 건물 지붕
이 머리 위쪽으로 높아 보이면 2점이고, 우리 집에 햇볕이 들

지 못할 정도로 높으면 1점이다.

건물 모양은 안정, 균형, 매끈함이 우선이다

집 모양이 안정되면 건물의 모든 부분이 튼튼히 짜여 있고, 한 층이 다른 층에 비해 심각하게 크지도 작지도 않다. 또 집이 안정되려면 위층들이 튼튼한 기초 위에 지어져야 한다. 따라서 돌기둥이나 나무 기둥 위에 지어진 집들은 구조적으로 안전해도 풍수적으로 불안정하다.

집 모양이 불규칙적이지 말아야 하고, 거칠고 튀어나온 곳이 없이 매끄러워야 한다. 즉, 각 층에 있는 방들이 돌출되어 있지 않으며, 날카롭게 각이 진 삼각형 지붕이 없고, 지붕에 삐죽 튀어나온 창, 높은 굴뚝, 탑이 없어야 한다. 돌출된 부분은 부정적인 기를 집 안에 가둔다.

지상 1층은 기둥만 세우고 2층부터 건물을 올려놓은 건물, 지상 1층을 주차장으로 쓰는 건물, 돌출이 많고 균형이 잡히지 않은 건물, 두 건물을 회랑(다리)으로 연결한 건물, 건물 일부분만 개조했거나 증축한 건물 등은 모두 가상이 좋지 못하다. 건물 모양이 매우 흉하면 1점이고, 흉한 정도이면 2점이다. 보통이라면 3점이고, 건물 모양이 우수하면 4점이며, 매우 우수하면 5점이다.

주위보다 높게 지은 집은 불길하다

주위 집보다 높이 솟아 두드러지면 불길하고 재산이 늘지 않는다고 한다. 현대 초고층 아파트는 인위적인 냉난방 시설이 없거나 고장이 나면 여름에는 더워서, 겨울에는 추워서 살지 못한다.

건물 높이가 매우 높아 세상의 주목을 받는 집에 살면 1점이고, 마을 내에서 가장 높은 건물이면 2점이다. 보통 아파트라면 3점이고, 저층 아파트는 4점이다. 그리고 고급 빌라와 같이 단층이나 2층 정도의 건물은 5점이다.

집은 남향이 좋다

예로부터 "남향집에 살려면 삼대에 걸쳐 덕을 쌓아야 한다." 라고 한다. 이 말은 남향집은 매우 살기 좋은 집이기 때문에 그런 집에 살려면 그만한 희생도 감수해야 한다는 뜻이다. 또 "임금은 남쪽을 바라보며 정사를 펼친다."라고 했으니 남향은 제왕의 방위다. 남향은 햇볕이 많이 들어 집에 양명한 기운을 북돋운다. 또 일광소독은 집의 수명이나 주인의 건강과 직결되니, 되도록 마루나 방도 건조해야 하고 통풍도 좋아야 한다.

한국은 여름에는 남동풍, 겨울에는 북서풍이 분다. 따라서 남향집을 지으면 여름에는 시원하고 겨울에는 바람이 막혀 아늑한 집이 된다. 남향집은 5점, 남동향 집은 4점, 동향집은 3점, 서향집은 2점, 북향집은 1점이다.

현관은 외부의 기가 집 안으로 출입하는 수구

현관은 외부 기가 집 안으로 출입하고, 길흉화복을 부르거나
막는 장소다. 주인의 신분, 권세, 지위, 내력을 문이 상징한다
고 보아 가문(家門)이란 말이 생겼다. 따라서 문설주가 비뚤어
지거나 구부러지면 주인의 체모와 위엄이 서지 않고 곧 쇠락
할 집으로 여겼다. 기둥이 구부러져 있으면 질병에 시달릴 상
으로 보았다.

   현관문에 얼룩이 져 더럽거나, 녹이 슬었거나, 여러 광고물
이 부착되어 지저분하거나, 먼지가 쌓여 있다면 모두 가문이
더럽혀진 것이다. 그 정도가 매우 심하면 1점이고, 심한 정도
이면 2점이다. 보통은 3점이고, 깨끗하면 4점이며, 가문이 반
짝반짝 빛나면 5점이다.

현관문
봄이 되면 대문에 '입춘대길'(立
春大吉)이나 '용호'(龍虎) 등을
써 붙여 행운을 부르거나 액운
잡귀가 집 안으로 들어오는 것
을 막았다. 엄나무를 대문 위
에 걸쳐 놓으면 잡귀가 범접치
못하며, 밤나무로 문패를 해
달아놓으면 도둑이 들지 못한
다고 한다.

현관은 밝고 깨끗해야 복이 들어온다

현관은 그 집의 얼굴로 전체 인상을 좌우한다. 따라서 조명은
밝게 하고, 신발은 가지런히 정돈하며, 바닥은 청소를 깨끗이
하거나 고급스러운 매트를 깐다. 또 우산이 쓰러져 있으면 흉
하고, 현관에 죽거나 시든 나무와 꽃을 두면 음기를 불러들여
흉하다.

   현관이 어둡고 물건이 어지럽게 널려 있으면 1점이고, 현관
전등이 꺼져 어두우면 2점이다. 보통이라면 3점이고, 현관이
밝으면 4점이다. 현관이 밝고 깨끗하면 5점이다.

현관과 일직선상에 놓인 침실과 화장실은 흉하다

현관문을 열었을 때 방문이 정면에 보이면 흉하다. 외부의 살기가 방문을 통해 방 안으로 직접 들어오기 때문이다. 또 화장실이 현관과 마주 보이는 위치라면 식구들에게 종기나 부스럼이 떠나지 않는다. 화장실이 남의 눈에 띄면 기분이 상쾌하지 못하다.

현관과 침실, 현관과 욕실이 서로 마주 보이는 집은 1점이고, 비록 마주 보이나 문설주 위에 발이나 차양을 설치해 외부의 살기가 안으로 직접 들어오지 못하면 2점이다. 둘 중에 하나가 현관과 마주 보면 3점이고, 여기에 발이나 차양을 쳐 비보했다면 4점이다. 현관에서 전혀 보이지 않으면 5점이다.

현관에 큰 거울을 달지 않는다

거울은 기를 반사하거나 굴절하는 물건이다. 현관에 전신 거울을 달거나 신발장 위에 큰 사각 거울을 걸어놓으면, 현관을 통해 들어오는 양기를 거울이 몰아내거나 생기를 왜곡해 흉하다.

현관에 거울이 없으면 5점이고, 작은 거울이 있으면 4점이다. 보통 사각 거울이 신발장 위에 있는데 화분으로 양옆을 가려놓았다면 3점, 그대로 노출했다면 2점이다. 전신 거울이 현관에 붙어 있다면 1점이다.

거실은 기를 각 방으로 공급하는 마당

거실의 기가 산만하면 가족 간에 불화가 싹트고, 건강과 재물운이 나빠진다. 또 각 방으로 기를 공급해주는 마당 역할도 제대로 기대하기 어렵다. 따라서 거실은 전통 주택의 마당처럼 밝은 빛이 들고, 청결하면서 어지럽지 않으며, 여러 물건을 원래 위치에 둬야 한다.

거실에는 장식장, 소파, TV, 비디오, 음향기기, 컴퓨터, 피아노, 운동기구, 벽난로, 거실 가구 등이 놓인다. 이때 전통 주택의 마당과 같이 모든 것이 정돈되고 깨끗한 느낌을 줘야 한다. 그리고 이들을 배치하고도 거실 기능은 막히지 말아야 한다. 거실 분위기가 매우 양호하면 5점이고, 양호하다면 4점이다. 보통 수준이면 3점이고, 어수선하면 2점이며, 대형 수족관까지 설치해놓았다면 1점이다.

발코니 확장 시 거실과 발코니의 천장 높이가 같아야 한다

높이가 다른 천장이라면 같은 높이로 만들거나 일정 높이로 개조해 살기를 무마해야 한다. 그리고 노출된 콘크리트 구조물은 천장을 공사하거나 천으로 가려 마치 없는 것처럼 중화해야 집안의 운이 악화하지 않아 풍수적으로 길하다.

거실과 발코니의 천장 높이가 다를 때는 2점이고, 보아지까지 노출되었다면 1점이다. 발코니 천장을 천으로 가렸다면 3점이고, 두 천장의 높이가 같으면 4점이다. 마무리 공사가 깔끔하면 5점이다.

공기 정화 식물

공기 정화 식물은 대부분 키가 1m 이상이고 잎이 넓은 관엽 식물이다. 실내에 놓아두면 공기 오염 물질과 냄새 제거, 음이온 발생, 전자파 차단, 소음 차폐, 심신 안정화 등 다양한 이로움을 누릴 수 있다. 황야자나무(아레카 야자), 접란, 파키라, 네프로레피스, 스파티필름, 벤저민고무나무, 디펜바키아, 관음죽 등이 매우 효과적인 공기 정화 식물로 알려져 있다.

전망이 넓은 거실은 마음을 황량하게 한다

자연 상태에서 전망이 좋고 높은 곳은 바람이 세차게 부는 곳이라 안온과 편안이 요구되는 살림집으로 적절치 못하다. 그저 낮 동안에 잠시 쉬었다 돌아오는 장소로 적당하다. 고층 아파트에서 발코니를 통해 시야가 넓게 트이면, 건강과 화목·부자의 기운이 넓게 트인 공간을 통해 도망갈 위험이 크다.

발코니나 거실의 창가 쪽에 커튼을 넓게 치고, 잎이 많은 관엽식물을 발코니 중앙에 배치한다. 넓은 전망이 그대로 노출되어 있으면 1점이고, 커튼으로 양쪽 끝을 가렸으면 2점이다. 두꺼운 커튼 안쪽에 얇은 커튼으로 발코니 쪽을 가려놓았다면 3점이고, 관엽식물을 일렬로 놓아두면 4점이다. 두꺼운 커튼을 치고 필요시에만 열고 밖을 내다보면 5점이다.

가족과 주택 규모는 서로 맞아야 기가 산다

식구가 적고 집이 넓으면 차츰 가난해지고, 반대로 작은 집에 많은 사람이 모여 살면 차차 부귀해진다. 규모는 작으나 아담하고 잘 짜인 집은 살기에 좋고 마음까지 여유로워 가정이 단란해진다. 하지만 식구가 적고 집이 커서 휑하면 빈방이 생겨 음기가 차고, 청소할 곳이 많다. 각자 방에서 생활하다 보니 대화가 적어서 마음이 불안해진다.

빈방이 생기면 옷방으로 만들어 사람이 자주 출입하도록 하고, 문은 항상 열어놓아 사람의 기가 서로 통할 수 있도록 한다. 집 안의 분위기를 감안해 혼자 집에 있을 때 무서운 생각이 들면 1점이고, 쓸쓸하고 외로운 생각이 들면 2점이다. 아무

생각 없이 생활하면 3점이고, 집이 포근하다고 느껴지면 4점이고 항상 웃음이 넘치는 집은 5점이다.

집 안에 분재가 많거나
덩굴식물이 있으면 발전이 없다

잎이 무성한 나무나 수령이 많은 분재를 침실에 많이 두면 좋지 못하다. 이것 역시 '벽에 둘러싸인 나무'의 모양, 즉 괴로울 곤(困) 자 모양이 되어 흉하다. 또 집 안에서 키우는 초목 중에 다른 나무의 등걸을 타고 빙빙 돌며 성장하는 넝쿨식물이 있으면, 이 나무는 집 안의 기를 왜곡하고 꼬이게 만든다. 결국 이런 흉기가 집 안에 머물면 사업운이나 재물운이 약화한다.

집 안에 키가 큰 나무가 많아 그늘이 지면 1점이고, 분재가 많으면 2점이다. 넝쿨식물이 있으면 3점이고, 키 작은 관상수가 있으면 4점이고, 공기 정화 식물을 키우면 5점이다.

주택 주변의 흉한 지형물은 살기를 뿜어낸다

집 주위에 첨탑, 송전탑, 암석, 위성 통신탑 등 흉한 지형물이 보여 집에 조응하면 이들은 칼과 창을 들고 쳐들어오는 것처럼 살기를 뿜어내 해롭다.

거북은 신령한 기운이 있어 흉한 지형물에서 뿜어져 나오는 살기를 퇴치하는 영험한 동물로 여겼다. 따라서 주택과 사무실 주변에 흉물이 있으면 거북 석상의 머리를 그쪽으로 둔다.

집 주변으로 흉한 지형물이 전혀 없으면 5점이고, 대체로 없
다면 4점이다. 보통 한두 개가 보이면 3점이고, 많으면 2점이
며, 매우 많으면 1점이다.

안방은 주택에서 가장 중요한 공간이다

침실은 안전하고 조용해야 한다. 잠과 생식을 영위하는 침실
은 남에게 침범당하지 말아야 한다. 따라서 현관 가까이 또는
현관에서 맞바로 들어올 수 있는 곳에 침실을 두면 위태롭다.
　요즘에는 소음·공해·조명 등 수면을 방해하는 요소가 늘어
났다. 따라서 침실은 앞쪽보다도 안쪽에 있는 것이 좋다. 현관
에서 바로 마주하는 곳보다는 앞이 막혀서 돌아가는 곳에 침
실이 있어야 소음에서 자유롭고 사생활이 보호된다. 안방 위
치가 생기방과 연년방이면 5점이고, 천을방이면 4점이다. 복
위방은 3점이며, 화해방과 절명방은 2점이다. 육살방과 오귀
방은 1점이다.

침대 머리를 두는 위치가 중요하다

침대 머리를 두는 위치가 좋아야 한다. 따라서 침실의 공간 중
심에서 패철로 방문의 방위를 측정해 동사택과 서사택을 정
하고, 다음처럼 같은 사택 내에 침대 머리를 둔다. 침대 위치
는 동사방이면 생기방이, 서사방이면 연년방이 가장 좋다. 고
로 안방에서 침대 위치는 생기방과 연년방이면 5점이고, 천을

방(천의방)이면 4점이다. 복위방은 3점이다. 화해방과 절명방
은 2점이고, 육살방과 오귀방은 1점이다.

안방 전용의 욕실문은 밤에 닫고 살아야 길하다

현대 아파트에는 대개 안방에 딸린 전용 욕실이 있는데, 습
기 제거와 환기를 위해 보통은 안방으로 향하는 욕실 문을 밤
낮으로 열어두고 생활한다. 안방 바닥은 따뜻하고 욕실 안쪽
은 차가우니, 욕실의 찬 기운이 대류작용을 일으켜 안방에 찬
바람이 돈다. 그러면 웃풍이 센 집에 사는 것처럼 주인 부부가
풍병(風病)에 시달리거나 악몽을 꾸는 등 숙면을 방해한다. 고
로 안방에 딸린 욕실 문을 닫고서 잠을 자야 한다.

욕실 문을 밤에 닫고서 잠을 자면 5점이고, 관리 상태가 양
호하면 4점이다. 그리고 가끔 닫고 자면 3점이고 관리 상태가
취약하면 2점이며, 항상 열어놓고서 잠을 자면 1점이다.

실내장식은 주인의 본명궁과 기가 맞아야 길하다

집 안을 꾸미는 여러 인테리어 소품 중 조명·커튼·바닥재·벽
지·침대보의 색깔은 주인의 본명궁에 들어 있는 오행과 상생
일 때 운기가 증진된다.

여러 생활소품의 기와 주인의 본명궁이 매우 잘 맞으면 5점
이고, 어느 정도 맞으면 4점, 보통이면 3점, 서로 상극이면 2
점, 그 정도가 심하면 1점이다.

그림으로 집 안의 기를 교정하거나 복을 키운다

우리 선조는 그림을 이용해 집 안에 운기를 북돋고, 사악한 기운을 몰아내고, 왜곡된 기를 교정했다. 집 안에서 건강운과 재물운을 높이려면 해석이 모호한 그림보다는 이치와 구도가 비록 적절치 못해도 상징성 있는 동식물로 뜻을 확실히 전달해주는 그림이 효과 면에서 우수하다. 주제와 소재에서 상징성을 갖추지 못했다면 풍수적 기도 발산하지 못하기 때문이다.

그림의 뜻을 제대로 이해하고 해당 그림을 적합한 장소에 제대로 걸었다면 5점이고, 그림을 걸어놓은 상황이 양호하면 4점이다. 해로운 기가 나오는 그림이 없다면 3점이고, 호랑이 그림처럼 산신령의 기가 나오는 그림을 걸어놓으면 2점이며, 흉한 기가 나오는 그림이 많으면 1점이다.

아들 방의 침대는 기가 많아야
건강하고 똑똑해진다

아들의 성격은 대개 호전적이고 도전적이며 외향성과 능동성이 있다. 따라서 남자다운 기를 받는 방을 아들 방으로 삼아야 아들의 신체와 정신이 건강하게 자란다.

아들 방에서 침대 위치는 생기방과 연년방이 5점이고, 천을방(천의방)이 4점이며, 복위방은 3점이다. 화해방과 절명방은 2점이고, 육살방과 오귀방은 1점이다.

딸 방의 침대 위치는 기가 출중한 곳에 둔다

여자다운 기를 받는 방에 딸 방을 두어야 딸의 신체와 정신이
건강하다.

딸 방에서 침대 위치는 생기방과 연년방이 5점, 천을방(천의
방)이 4점이며, 복위방은 3점이다. 화해방과 절명방은 2점, 육
살방과 오귀방은 1점이다.

책상은 길한 위치에 두고 의자를 기준으로 삼는다

방문의 방위	책상의 위치
진문(震門)	(1) 손주(巽主 : 甲科最利)　(2) 이주(離主 : 登科)
손문(巽門)	(1) 진주(震主 : 甲科及第)　(2) 감주(坎主 : 甲科連續)
감문(坎門)	(1) 진주(震主 : 甲科連續)　(2) 손주(巽主 : 총명)
이문(離門)	(1) 진주(震主 : 甲科最利, 秀才, 장원)
간문(艮門)	(1) 태주(兌主 : 소년등과)
태문(兌門)	(1) 간주(艮主 : 甲科及第)

책상 위치가 표에 제시된 위치에 있고, 또 이 방위가 자녀의
회두극좌와도 상충하지 않는다면 5점이고, 위치는 맞으나 회
두극좌에 걸리면 4점이다. 또 천을방에 책상이 위치하면 3점
이다. 화해방과 절명방에 책상이 있다면 2점이고, 육살방과
오귀방에 있다면 1점이다.

책상 위를 깨끗이 정리해야 공부운이 커진다

공부 잘하는 아이는 책상을 잘 정리하고, 공부에 흥미가 없는 아이는 책상이 산만하고 뒤죽박죽이다. 책과 참고서, 학용품이 어지럽게 흐트러져 있으면 주의가 산만하고 집중력이 약하다는 증거다. 책상 서랍의 정리도 마찬가지다. 자기가 쓸 물건을 서랍마다 잘 분류해놓으면 자기 물건에 애정도 생긴다. 또 이는 마음이 안정되어 있다는 증거다.

아이의 책상과 서랍이 어지럽고 지저분하면 고칠 것을 지시하고, 만약 고치지 않으면 부모가 솔선수범해 정리정돈을 해준다. 인내를 가지고 꾸준히 정리해주면 아이의 마음이 바뀐다. 옷을 걸어놓는 것도 마찬가지이다. 이곳저곳에 옷을 마구잡이로 던져놓는 버릇은 자기 물건의 소중함을 모르기 때문이다. 옷장이나 옷걸이를 비치한 뒤 옷을 가지런히 걸도록 유도한다. 책상 위와 책상 서랍의 정리정돈이 매우 양호하면 5점이고, 대체로 양호하면 4점이다. 보통이면 3점이며, 정리 상태가 산만하면 2점이다. 매우 산만하면 1점이다.

부엌은 한 집안의 건강에 지대한 영향을 끼치는 장소

부엌은 음식을 조리하고, 저장하고, 먹는 공간이다. 대개 질병은 음식 때문에 발생하므로 부엌은 가족의 질병과 관계가 깊다. 냉장고가 없었던 시절에는 음식물이 곧 상했다. 또 여름에는 남풍이나 남동 계절풍이 불어 남서방에 부엌이 있으면 연기나 열기, 냄새가 집 안에 퍼지고 화재의 위험성도 컸다.

부엌 위치가 생기방과 연년방이면 5점이고, 천을방이 4점이다. 복위방은 3점이며, 화해방과 절명방은 2점이다. 육살방과 오귀방은 1점이다.

북향 화장실은 불시에 재난이 일어난다

북향 화장실은 추분에서 춘분 사이에 햇볕이 들지 않아서 몹시 춥고, 또 냉습해 건강에 해롭다. 추운 곳에서 힘을 쓰면 뇌졸중 위험이 따르므로, 화장실은 가능하면 따뜻하게 유지해야 한다.

화장실은 대문이나 안방과 다른 사택의 방위에 있어야 길하다. 화장실 위치가 대문과 안방 모두와 같은 사택에 있으면 1점이고, 대문이나 안방 중 하나가 같은 사택에 있으면 2점이다. 해당 사항이 없으면 3점이다. 채광이 좋으면 4점이고, 밝고 넓으며 비상 기구까지 갖춰 놓으면 5점이다.

욕실을 북동쪽과 남서쪽에 두면 나쁘다

북동방(艮)은 귀문, 남서방(坤)은 이귀문에 해당하니, 귀문과 이귀문은 물이나 부정한 것을 꺼린다. 따라서 더러움을 씻는 욕실을 이곳에 두는 것을 피한다. 북동방에 욕실을 두면 겨울에는 북동풍이 불어와 춥고, 아궁이의 불티도 걱정되며, 볕이 안 들어 습기가 심하다.

욕실 위치는 다른 방과의 연관을 고려한다. 부엌과 세탁기와 가까울 것, 급수와 배수 시설, 화장실의 유무, 침실과 가까울 것 등이다.

　욕실은 대문이나 안방과 다른 사택의 방위에 있어야 길하다. 따라서 욕실 위치가 대문과 안방 모두와 같은 사택에 있으면 1점이고, 대문이나 안방 중 하나와 같은 사택에 있으면 2점이며, 해당 사항이 없으면 3점이다. 채광이 좋으면 4점이고, 밝고 넓으며 비상 기구까지 설치해놓으면 5점이다.

계단을 집 중앙에 두면 가족의 화목이 깨진다

집 한가운데는 소중한 공간이라 거실처럼 중요한 방을 앉혀야 한다. 계단을 중앙에 만들면 집의 한가운데가 둘로 갈라져 단일성이 깨지고 가족 전체의 행복에 금이 간다. 또 계단은 넓고 경사가 완만해야 길하며, 좁고 어둡고 회전형이면 흉하다.

　계단 위치와 형태가 매우 양호하면 5점이고, 대체로 양호하면 4점이다. 보통이면 3점이고, 취약하면 2점이며, 매우 취약하면 1점이다.

이사가 빈번하거나 경매로 나온 아파트는 피한다

가상에서는 "땅과 집이 좋아도 주인이 옳지 못하면 이로움이 없다. 마치 군법에 지리(地利)는 인화(人和)에 미치지 못하는 경우와 같다."라는 말을 자주 인용한다. 즉, 집이 모든 조건을 갖추었어도 주인이 못된 사람이면 소용이 없고, 좋은 터와 집에는 좋은 사람이 살아야 비로소 행복을 누릴 수 있다는 의미다.

이사와 경매가 빈번한 집은 1점, 몇 번의 이사가 있었으면 2점이다. 일반적인 수준의 이사 빈도라면 3점이고, 이사 횟수가 적으면서 부자가 되었다면 4점이다. 오래 살고 부자가 된 집은 5점이다.

풍수사의 주관적인 판단도 중요하다

풍수사는 여러 경험을 쌓아서 아파트의 좋고 나쁨을 감(感)으로 느낄 수 있다. 따라서 느낌이 매우 좋으면 5점이고, 대체로 좋으면 4점이다. 일반적인 느낌을 받으면 3점이고, 뭔가 불안한 느낌을 받으면 2점이며, 무섭고 들어가고 싶지 않은 느낌을 받으면 1점이다.

아파트 길흉 판단표

구분		가중치	평가 항목 및 평점					비고
			5점	4점	3점	2점	1점	
입지환경	1. 배산임수의 지형	6	매우 양호	양호	보통	취약	매우 취약	일조량, 통풍, 배수
	2. 아파트 부지의 조건	6	평지/생토	생토	재건축지	습지/성토	습지	지기의 강약
	3. 사신사의 국세	6	길격(吉格)	구비(具備)	보통	공결(空缺)	겁박, 배반	장풍 여부
	4. 물과 도로 형태	6	금성수	목성수	보통	반궁수	과녁빼기	진입로, 주도로
	5. 수맥 여부	6	전혀 없음	없음	보통	있음	많음	지반 연/강, 갈라짐
	6. 땅의 상태	6	매우 양호	양호	보통	취약	매우 취약	초목성장, 먼지
	7. 부지 조성 장소	6	매우 양호	양호	보통	취약	매우 취약	산 정상, 절벽, 절개지
	8. 오목한 터(함지박)	6	전혀 아님	아님	보통	약간 해당	매우 해당	일조량
	9. 주변 산의 형세	6	매우 단정	단정	보통	흉함	매우 흉함	살기 발산
	10. 샘물보다 높은 터	6	전혀 아님	아님	보통	약간 해당	매우 해당	도로, 고가 아래
소계			300	240	180	120	60	
단지환경	1. 담장 설치 여부	2	매우 양호	양호	보통	통풍형	미설치	기 보호, 청룡과 백호
	2. 단지 내 동 배치	2	매우 길상	길상	보통	흉함	매우 흉함	복록 여부
	3. 단지 내 건물의 밀도	4	매우 쾌적	쾌적	보통	밀집	매우 밀집	채광, 전망
	4. 단지 내 진입로	4	매우 길함	길함	보통	살기 보통	살기 심각	살기 전달
	5. 고층 아파트	4	1~3층	4~6층	7층	8~10층	11층 이상	지자기 결핍
	6. 단지와 건물의 배치 형태	2	매우 짧음	짧음	보통	길음	매우 길음	도로와 접한 면
	7. 아파트 내 조경	2	매우 우수	우수	보통	취약	매우 취약	비보
소계			100	80	60	40	20	
건물환경	1. 건물 지붕	1	완전 상생	상생	보통	상극	완전 상극	주변 산과 조화
	2. 건물 좌향	2	향법 적중	지맥 순응	보통	역행	완전 역행	순한 바람
	3. 건물 높이와 층수	2	매우 양호	양호	보통	압혈	매우 압혈	안산(눈썹/심장)
	4. 물 형태의 길흉	2	매우 우수	우수	보통	나쁨	매우 나쁨	안정, 균형, 매끈함
	5. 주위보다 높은 집	1	매우 적당	적당	보통	높음	매우 높음	재보(財寶)
	6. 남향집	2	남향	남동향	동향	서향	북향	일조량
소계			50	40	30	20	10	
거실	1. 현관문 형세	2	매우 양호	양호	보통	나쁨	매우 나쁨	수구(水口), 가문(家門)
	2. 현관 입구의 분위기	2	매우 청결	청결	보통	불결	매우 불결	첫인상 좌우
	3. 현관과 일직선	2	전혀 없음	없음	보통	화장실	침실	침실, 화장실
	4. 현관 거울	2	전혀 없음	없음	작은 것	사각 거울	전신 거울	기 왜곡·굴절
	5. 거실 상태(분위기)	2	매우 양호	양호	보통	취약	매우 취약	기의 공급처
	6. 발코니 확장	2	매우 양호	양호	보통	취약	매우 취약	천장 높이 일치

구분		가중치	평가 항목 및 평점					비고
			5점	4점	3점	2점	1점	
거실	7. 발코니 전망이 넓음	2	매우 작음	작음	보통	넓음	매우 넓음	생기 누수
	8. 가족 수와 주택 규모	2	매우 적절	적절	보통	부적절	매우 부적절	양기
	9. 화초류(실내 조경)	2	매우 적절	적절	보통	흉함	매우 흉함	분재, 넝쿨식물
	10. 흉한 지형물	2	전혀 없음	없음	보통	있음	많음	암석, 첨탑, 송전탑
	소계		100	80	60	40	20	
침실·자녀방	1. 안방의 위치	10	생기/연년	천을	복위	화해/절명	육살/오귀	가상/양택삼요
	2. 안방 침대의 위치	10	생기/연년	천을	복위	화해/절명	육살/오귀	
	3. 안방의 욕실문 관리	8	매우 양호	양호	보통	취약	매우 취약	급살
	4. 실내 장식과 본명궁	8	매우 양호	양호	보통	취약	매우 취약	조명, 커튼, 침대보
	5. 그림 설치	4	매우 양호	양호	보통	취약	매우 취약	기 교정
	6. 아들 방의 침대 위치	8	생기/연년	천을	천/복	화해/절명	육살/오귀	
	7. 딸 방의 침대 위치	8	생기/연년	천을	천/복위	화해/절명	육살/오귀	
	8. 책상 위치	10	생기	연년	천/복위	화해/절명	육살/오귀	동사택 기준
	9. 책상, 서랍 정리	4	매우 양호	양호	보통	산만	매우 산만	공부 운
	10. 부엌의 위치	10	생기/연년	천을	복위	화해/절명	육살/오귀	질병
	소계		400	320	240	160	80	
기타	1. 화장실 위치	2	매우 적절	적절	보통	부적절	매우 부적절	뇌졸중, 이귀문
	2. 욕실 위치	2	매우 적절	적절	보통	부적절	매우 부적절	귀문, 이귀문
	3. 계단 위치	2	매우 양호	양호	보통	취약	매우 취약	집의 중앙, 회전식
	4. 이사/경매 여부	2	전혀 아님	아님	보통	빈번	매우 빈번	과거 추적
	5. 풍수사 판단	2	매우 좋음	좋음	보통	나쁨	매우 나쁨	기감(氣感)
	소계		50	40	30	20	10	
총계(48항목)			1,000	800	600	400	200	

제4장
일의 성패를 좌우하는
택일 풍수

택일의 중요성

우리 조상은 자녀가 혼인을 하거나 이사를 가거나 심지어 조
상의 묘를 이장할 때도 좋은 날짜를 택해 일을 치뤄야만 집안
이 편안하고 가족에게 해가 없다고 믿었다. 그래서 예전에는
필부(匹夫)까지도 택일을 중시해 외출할 때도 좋은 날짜를 택
해 나들이했을 정도이다. 그러므로 택일 방법을 모르면 서당
훈장을 찾아가 날짜를 받아왔고, 훈장 역시 주민을 위해 여러
일의 날짜를 택일해주는 것을 자랑으로 여겼다.

그런데 현대에 들어서는 천문 자체가 무시되고 생활의 편리
성만 좇다 보니 택일의 중요성이 예전보다 많이 약화되었다.
혼인도 좋은 날짜보다는 하객의 편의성을 고려해 주말이 선
호되고, 제사 역시 시간을 맞추어 예를 올리기보다는 가족의
귀가를 위해 이른 저녁에 지내는 것이 현실이다.

그렇지만 한국 사회는 아직도 택일이 민간 풍습으로 살아
있고, 특히 혼인·이사·이장은 좋은 날을 가려서 해야 좋다는
믿음이 강하다. 따라서 양택이든 음택이든 풍수적 발복을 증
대하고, 좋은 것은 취하고 흉한 것은 피하는 택일법을 꼭 알아
야 한다.

음택과 택일

천문·지리·인사(人事)가 조화를 이뤄야 비로소 완전한 진혈(眞穴)이 되면서 좋은 생기가 발동해 후손이 복을 받는다.《청오경》은 "혈이 좋더라도 장일(葬日)이 나쁘거나 장법(葬法)에 맞지 않으면 시체를 아무렇게나 버리는 것과 마찬가지다."라고 했다.

《장경》도 "사자를 매장할 때는 혈의 방향에 따라 각각 좋은 일시가 있을 뿐만 아니라, 망자와 상주의 배합도 잘된 길일양시(吉日良時)를 택해야 지리와 조화를 이뤄 좋은 현상이 나타난다. 하지만 매장하는 일시가 일정한 법칙에서 어긋나면 지리와의 조화가 파괴되어 지리적으로 아무리 훌륭한 혈이라도 좋은 영향을 받을 수 없다."라고 했다.《설심부雪心賦》역시 "비록 혈이 길하다 해도 장사가 흉하면 꺼린다."라고 말하면서 음택풍수에서 택일은 진혈만큼이나 중요하게 여겼다.

천기대요에 따른 택일

동양 철학자들은 하늘에 있는 별이 별자리의 배열, 운행 주기, 밝기와 위치에 따라 고유한 기를 발하는데, 그 기가 지상에 사는 사람의 운명에 영향을 미친다고 보았다. 그래서 하늘의 별을 관찰해 그들의 운행 주기에 따른 길흉이 달라짐을 판단해 좋은 기운이 모이는 날짜를 택해 혼인과 이사와 같은 사람의 일을 행했다.

먼저《천기대요天機大要》라는 책에서 제시하는 택일 방법이 있다. 이 책은 고대로부터 우리 조상이 하늘에서 펼쳐지는 천

천기대요
조선 시대인 1737년 지백원이 지은 일종의 도참서인데, 역학과 오행의 원리에 의해 상장(喪葬)·혼인(婚姻)·양택(陽宅)·제사(祭祀) 등 인간 생활의 전반에 대한 길흉화복을 가리는 방법을 기술했다. 조선 시대는 조정에서부터 서민에 이르기까지 음양오행설에 의해 길흉을 판단하는 것이 관습이었으므로 이 책은 당시 사회에서 일용 편람으로 널리 사용되었다.

문 현상을 관찰해서 그 현상들이 인간 세상에 미치는 영향을 예견한 내용이다.

《천기대요》의 내용 중 '기조문'(起造門)은 가옥의 건축과 수리에 대한 택일과 좌향을 소개하고 '이사문'(移徙門)은 이사 날짜를 택일하는 방법을 소개한다. 이 방법은 날짜뿐만 아니라 연도와 월까지 고려했고, 집을 지을 때면 흙 파는 날, 터 파는 날, 주춧돌 놓는 날 등 건축 공사에 따라 택일을 극도로 세분했다. 따라서 그 내용을 속속들이 이해하기도 어렵고, 모든 일을 좋은 날짜를 택해 추진하기는 시간적으로나 진척 면에서 실용적이지 못한 면이 있다.

민력을 이용해 택일하는 방법

일반 가정에서는 주로 《민력》을 보고 날짜를 선정했다. 민력은 '책력'(冊曆)이라 불리며, 택일 내용뿐만 아니라 해와 달의 출몰 시간, 바닷물의 간만 시간, 농사짓는 시기와 방법까지 자세히 소개한 책이다. 이 때문에 예전에는 가정에서 늘 옆에 끼고 살았다.

민력에 의한 택일법은 우선 갑순(甲旬)을 따져 산 사람에게 좋은 날짜와 죽은 사람에게 좋은 날짜로 구분하고, 갑순 내에서 별자리인 28수(二十八宿), 12신(十二神), 9성(九星)이 지상의 사람에게 미치는 길하고 흉한 영향을 각각 판단한 뒤 이를 종합해 가장 좋은 날짜를 선택한다. 민력을 이용한 택일법은 학식 있는 사람들이 생활 속에서 널리 이용해온 반면, 택일법을 모르는 사람들은 역술가나 무속인에게 날짜를 받아 일을 진행했다.

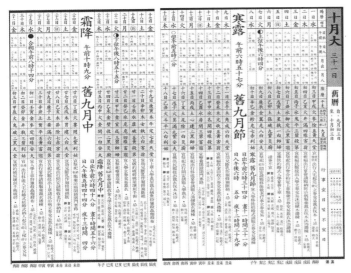

일상에서 활용하는 민력

갑순 택일법

갑순의 이해

택일은 별의 운행이 사람에게 좋은 영향을 미치는 날짜를 선택하는 것으로 음력이 아닌 양력을 기준으로 삼는다. 날짜가 지나가는 일진(日辰)은 60갑자에 의해 매일 간지(干支)가 정해져 있는데, 2008년 10월 중 5일의 간지는 무인(戊寅)이고, 12일의 간지는 을유(乙酉)이다. 그런데 간지는 60갑자로 구성되고 그중 육갑(六甲)이라 하며 간지의 천간(天干)이 '갑'(甲) 자로 시작되는 일진은 여섯 개가 있다. 갑자(甲子), 갑오(甲午), 갑인(甲寅), 갑신(甲申), 갑진(甲辰), 갑술(甲戌)이다. 그런데 천간이 갑자에서 시작된 일진이 다시 갑 자로 시작되는 일진이 되려면 꼭 10일이 걸린다.

예를 들어 2008년 10월 1일은 간지가 갑술이고, 10월 11일은 갑신이니, 10일마다 갑 자가 돌아오며, 갑 자로 시작해 다시 갑 자가 오는 10일간을 갑순(甲旬)이라 부른다. 2008년 10월의 경우, 갑순은 10/1~10/10일까지 갑술로 시작되는 열흘, 10/11~10/20일까지 갑신으로 시작된 열흘, 10/21~10/30일까지 갑오로 시작된 열흘로 갑순이 셋 있다.

갑순의 종류

갑순은 일진에 따라 10일 만에 돌아오는데, 이 10일 간격을 생갑순(生甲旬)·사갑순(死甲旬)·병갑순(病甲旬)으로 나눈다. 생갑순 10일 내에는 결혼·이사·개업 같은 일을 진행할 날짜를 택하고, 사갑순 10일 내에는 매장·이장·사초(무덤에 잔디를 입히는 일) 같은 일을 진행할 날짜를 정한다. 만약 사정이 여의치 않으면 어떤 일이든 병갑순 10일 내에서 택일할 수는 있다. 하지만 병갑순 내에서 택한 날짜는 길하지도 흉하지도 않는다고 한다.

택일하는 방법의 원칙은 이렇다. 산 사람과 관련한 일은 반드시 생갑순 내에서 날짜를 택해야 길하고, 사갑순 내에서 택일할 수 없다. 또 죽은 사람과 관련한 일은 사갑순 내에서 날짜를 택해야 길하고, 생갑순 내에서는 택할 수 없다.

갑순의 선택

갑순은 10일 간격으로 병갑순(病甲旬) → 생갑순(生甲旬) → 사갑순(死甲旬) → 병갑순(病甲旬) 식으로 순환하는데, 다음 표를 따라서 갑순을 정한다. 갑순은 연도의 지지(地支)에 따라 변한다. 2008년의 경우, 간지가 무자(戊子)로 해의 지지는 '子'이다. 따라서 다음 표를 보면 해의 지지가 子, 午, 卯, 酉年의 경우, 일진의 간지가 갑자(甲子)와 갑오(甲午)로 시작되는 10일은 생갑순이고, 갑인(甲寅)과 갑신(甲申)으로 시작되는 10일은 병갑

순이며, 갑진(甲辰)과 갑술(甲戌)로 시작되는 10일은 사갑순이
된다.

2008년 10월을 보면, 1~10일은 갑술로 시작되는 열흘이라
사갑순이고, 11~20일은 갑신으로 시작된 열흘이라 병갑순이
며, 21~30일은 갑오로 시작된 열흘이라 생갑순이 된다. 2009
년은 기축(己丑)년으로 해의 지지가 '丑'이다. 따라서 일진을
보아 갑진과 갑술로 시작되는 열흘은 생갑순, 갑인과 갑신으
로 시작되는 열흘은 사갑순, 갑자와 갑오로 시작되는 열흘은
병갑순이다.

年 \ 三甲	생갑순(生甲旬)	병갑순(病甲旬)	사갑순(死甲旬)
子·午·卯·酉·年	甲子·甲午	甲寅·甲申	甲辰·甲戌
辰·戌·丑·未·年	甲辰·甲戌	甲子·甲午	甲寅·甲申
寅·申·巳·亥·年	甲寅·甲申	甲辰·甲戌	甲子·甲午

민력을 이용한 28수 택일법

28수의 이해

《민력》에는 28수(二十八宿)에 대한 기록이 일진별로 나온다. 자
연의 조화는 우주에 있는 항성과 행성의 별들에 의해 경영되
는데, 사람을 포함한 모든 생명체는 자연의 변화 법칙에 순응
해야 번영을 누린다. 생물 중에는 해와 더불어 사는 것도 있
고, 달과 함께 사는 것도 있으며, 우주의 별들과 교신을 받아
야 사는 생물도 있다. 어느 한 생물도 우주의 오묘한 질서 밖
에 존재하진 못한다. 고대의 선각자들은 우주 만물이 모두 인
과 법칙으로 엉켜 있다고 말하며 별들의 운행 궤도와 인간사
의 변화를 서로 결부해 인간사의 운명과 변천을 예견하려 했
다. 인간을 우주의 대질서가 경영하는 자연과 동일체로 관찰

한 것이다. 오른쪽으로 하늘을 도는 별은 위성(緯星)으로 金·木·水·火·土 다섯 개고, 왼쪽으로 도는 경성(經星)은 28성수(星宿)다. 28수(宿)는 하늘의 적도를 따라 남북에 있는 별들을 스물여덟 개 구역으로 구분해 부른 이름으로, 그 구역 안에 있는 여러 별 중 대표적인 것들이다.

춘분날 저녁에 동쪽 지평선 위로 떠오르는 동방 7수(東方 7宿)는 각(角), 항(亢), 저(氐), 방(房), 심(心), 미(尾), 기(箕)이고, 하짓날 저녁에 동쪽 지평선 위로 떠오르는 북방 7수(北方7宿)는 두(斗), 우(牛), 여(女), 허(虛), 위(危), 실(室), 벽(壁)이다. 추분날 저녁에 동쪽 지평선 위로 떠오르는 서방 7수(西方7宿)에는 규(奎), 루(婁), 위(胃), 묘(昴), 필(畢), 자(觜), 삼(參)이 있고, 동짓날 저녁에 동쪽 지평선 위로 떠오르는 남방 7수(南方 7宿)는 정(井), 귀(鬼), 유(柳), 성(星), 장(張), 익(翼), 진(軫)이 있어 총 스물여덟 개 성단(星團)이다.

28수의 길흉화복
각 별자리에 해당하는 길흉화복을 정리하면 다음과 같다.

1) 角(각. 木) : 집 짓기[建屋]·집 수리[修家]·결혼(婚姻)에 길하고, 집 부수기[廢建]·묘 손보기[修墳]·묘에 잔디 입히기[莎草]·묘에 석물 설치[立石]는 불리하다.
2) 亢(항. 金) : 이날은 장남(長男)·맏며느리[長婦]에게 해롭고, 결혼하면 홀로 신방을 지키는 수가 있으며, 장사(葬事)를 지내면 줄초상이 일어나 해롭다.
3) 氐(저. 土) : 집 짓기·집 수리·결혼에 길하고, 장사 지내기·묘 손보기에 불리하다.
4) 房(방. 日) : 모든 일에 길하다. 다만 장사 지내기에만 불리하다.

5) 心(심. 月) : 모든 일에 불리하다.

6) 尾(미. 火) : 집 짓기·집 수리·결혼·개업(開門)·방수(放水)
   에 모두 길하다.

7) 箕(기. 水) : 집 짓기·집 수리·묘 손보기·장사 지내기[安
   葬]·개업·방수에 모두 길하다.

8) 斗(두. 木) : 집 짓기 기초[起造]·장사 지내기 등에 모두 길
   하다.

9) 牛(우. 金) : 곡신(穀神)이 많은 날이니, 모든 일에 불리하다.

10) 女(여. 土) : 집 짓기·집 수리·묘 손보기·장사 지내기·개
    업·방수에 모두 불리하다.

11) 虛(허. 日) : 모든 일에 길하나, 오직 장사 지내기에만 불
    리하다.

12) 危(위. 月) : 집 짓기·집 수리·장사 지내기·개업·방수에
    모두 불리하다.

13) 室(실. 火) : 집 짓기·집 수리·장사 지내기·개업·방수에
    길하다.

14) 壁(벽. 水) : 결혼·터 닦기[起造]·묘에 잔디 입히기·장사
    지내기·개업·방수에 모두 길하다.

15) 奎(규. 木) : 터 닦기·물건 만들기[工作]에만 길하고, 장사
    지내기·개업·방수에 모두 불리하다.

16) 婁(루. 金) : 터 닦기·결혼·묘 손보기·장사 지내기·개업·
    방수에 모두 길하다.

17) 胃(위. 土) : 집 짓기·집 수리·장사 지내기에 길하다.

18) 昴(묘. 日) : 집 짓기·집 수리·물건 만들기에만 길하고,
    묘에 잔디 입히기·장사 지내기·결혼·개업·방수에는 불
    리하다.

19) 畢(필. 月) : 터 닦기·집 수리·결혼·개업·방수에 대길하다.

20) 觜(자. 火) : 오직 장사 지내기에만 길하고, 그 외는 불리

하다.

21) 參(삼. 水) : 오직 터 닦기에만 길하고, 장사 지내기·결혼·개업·방수에 불리하다.

22) 井(정. 木) : 집 짓기·집 수리·개업·방수에만 길하고, 장사 지내기·묘 손보기에는 불리하다.

23) 鬼(귀. 金) : 장사 지내기·묘 손보기에 길하고, 집 짓기·집 수리·결혼·개업·방수에는 불리하다.

24) 柳(유. 土) : 집 짓기·집 수리·터 파기[開工]·장사 지내기·묘 손보기·개업·방수에 불리하다.

25) 星(성. 日) : 모든 일에 불리하나, 결혼에는 좋다.

26) 張(장. 月) : 집 짓기·집 수리·묘 손보기·장사 지내기·결혼·외출·출병(出兵) 등에 모두 길하다.

27) 翼(익. 火) : 묘 손보기·장사 지내기·묘에 석물 설치에 길하고, 집 짓기·집 수리·개업·개문(開門)·방수에 불리하다.

28) 軫(진. 水) : 외출·배 짓기[造舟]·집 짓기·집 수리·물건 만들기·장사 지내기·옷 짓기[裁衣] 등에 모두 길하다.

28수의 적용

《민력》에 의해 2008년 10월에 딸을 시집보내는 결혼 날짜를 택일하려고 한다. 우선 생갑순 내에서 택일을 해야 하는데, 10월은 21~30일까지, 즉 갑오(甲午)로 시작된 열흘간이 생갑순이다.

구분	21	22	23	24	25	26	27	28	29	30
干支	甲午	乙未	丙申	丁酉	戊戌	己亥	庚子	辛丑	壬寅	癸卯
28宿	室	壁	奎	婁	胃	昴	畢	觜	參	井
길흉	길	길	보통	길	보통	보통	길	흉	흉	보통

12신 택일법

12신(十二神)의 길흉화복

12신과 길흉화복 사이의 관계를 정리하면 다음과 같다.

1) 建(건) : 가옥 청소·외출·입학·구인(求人)·방문에 길하고, 집 짓기·집 수리·장사 지내기·결혼 등에 불리하다.

2) 除(제) : 제사·병 치료·수술·씨뿌리기 등에 길하고, 이사·구직에 불리하다.

3) 滿(만) : 제사·가옥 청소·손님 청하기[請客]·파종·이사·입주(立柱)에 불리하다.

4) 平(평) : 터 닦기[平土]·제사에 길하고, 파종·벌초에 불리하다.

5) 定(정) : 제사·약혼·구직·구인·집 짓기·집 수리·옷 짓기·장사 지내기에 크게 길하나, 외출·소송(訴訟)·파종에 불리하다.

6) 執(집) : 제사·결혼·집 짓기·장사 지내기에 길하나, 외출·이사에 불리하다.

7) 破(파) : 집 부수기[破屋]·수술·치료에 길하고, 개업·외출·이사·잔치에 불리하다.

8) 危(위) : 제사·집 짓기·집 수리에 길하다.

9) 成(성) : 제사·결혼·구직·구인·집 짓기·집 수리·장사 지내기 등 만사에 길하다.

10) 收(수) : 제사·식목·파종·혼인·수금(收金)에 길하고, 외출·장사에 불리하다.

11) 開(개) : 제사·결혼·집 짓기·외출에는 길하나, 장사에는 불리하다.

12) 閉(폐) : 제사·장사에 길하고, 개업·외출·이사·집 짓기

에 불리하다.

12신의 적용

우주는 시간과 공간이란 뜻으로, 우주의 신이 12신을 낳았는데, 모두 짐승의 머리를 하고 몸은 사람이다. 이 신들이 인간 세상에 하강해 인간의 길흉화복을 관장한다. 《민력》에 의해 2008년 10월 중 딸을 시집보내는 결혼 날짜를 택일하려고 한다. 10월 중 21~30일은 갑오(甲午)로 시작된 생갑순이고, 이 기간에 12신의 길흉은 아래와 같다.

구분	21	22	23	24	25	26	27	28	29	30
干支	甲午	乙未	丙申	丁酉	戊戌	己亥	庚子	辛丑	壬寅	癸卯
12神	成	收	開	閉	建	除	滿	平	定	執
길흉	길	길	길	흉	흉	보통	흉	보통	길	길

9성 택일법

9성의 길흉화복

자백(紫白)은 우주의 흉신(凶神)을 멀리하고 상서로운 길신(吉神)이 모이니, 구성(九星) 중에서 일백(一白), 육백(六白), 팔백(八白), 구자(九紫)만이 길하고, 나머지 이흑(二黑), 삼벽(三碧), 사록(四綠), 오황(五黃), 칠적(七赤)은 흉하다.

9성의 적용

《민력》에 의해 2008년 10월 중 딸을 시집보내는 결혼 날짜를 택일하려고 한다. 10월 중 21~30일이 갑오(甲午)로 시작된 생갑순이고, 이 기간에 9성의 길흉은 다음과 같다.

구분	21	22	23	24	25	26	27	28	29	30
干支	甲午	乙未	丙申	丁酉	戊戌	己亥	庚子	辛丑	壬寅	癸卯
9星	三碧	二黑	一白	九紫	八白	七赤	六白	五黃	四綠	三碧
길흉	흉	흉	길	길	길	흉	길	흉	흉	흉

결혼 날짜의 택일

택일의 기준

2008년 10월 중 결혼 날짜를 택일하려면 우선 10월 내에서 생갑순을 알아야 한다. 무자년(戊年)에서 생갑순은 일진(日辰)의 간지가 갑자와 갑오로 시작되는 10일간이다. 따라서 10월 내에서는 21~30일까지가 갑오로 시작된 생갑순이다. 두 번째는 이 기간에 28수의 내용을 살펴 혼인에 좋고(○), 나쁘고(×), 보통(△)인 날짜로 구분한다. 세 번째는 이 기간에 12신의 내용을 살펴 혼인에 좋고(○), 나쁘고(×), 보통(△)인 날짜로 구분한다. 네 번째는 이 기간 동안 9성의 내용을 살펴 혼인에 좋고(○), 나쁜(×) 날짜를 구분한다. 이를 표로 만들면 다음과 같다.

구분	21	22	23	24	25	26	27	28	29	30
干支	甲午	乙未	丙申	丁酉	戊戌	己亥	庚子	辛丑	壬寅	癸卯
28宿	室	壁	奎	婁	胃	昴	畢	觜	參	井
길흉	길	길	보통	길	보통	보통	길	흉	흉	보통
12神	成	收	開	閉	建	除	滿	平	定	執
길흉	길	길	길	흉	흉	보통	흉	보통	길	길
9星	三碧	二黑	一白	九紫	八白	七赤	六白	五黃	四綠	三碧
길흉	흉	흉	길	길	길	흉	길	흉	흉	흉

날짜 선택

가장 좋은 날짜는 28수·12신·9성이 모두 좋은 날을 택한다. 10월 중에는 해당하는 날이 없다. 두 번째는 28수·9성이 좋은 날을 택하는데, 2008년 10월 24일, 10월 27일이 여기에 해당한다. 두 날짜 중에서 결혼 날짜를 정하는데, 만약 사정이 여의치 않으면 세 번째로 28수와 12신이 좋은 날을 택한다. 10월 중에는 21일과 22일이 여기에 해당하는데, 만약 이 날짜도 여의치 않으면 28수·12신·9성 중 하나라도 좋은 날짜를 택한다.

좋은 시각을 정하는 방법

양시의 의의

양시(良時)는 혼인·개업·이사 등에 좋은 시간을 선택하는 것을 말한다. 입관시(入棺時)와 하관시(下棺時)는 말 그대로 관이 들어갈 때 좋은 시각을 말한다. 특히 하관시는 관이나 유골이 땅에 닿는 순간으로, 망자가 영면을 위해 자리에 눕는 순간이다. 혼인식에서 양시는 성혼 선언문을 낭독하는 시간이고, 이사할 때는 이사할 집의 안방에 장롱이 들어가는 순간이며, 개업식은 테이프커팅 또는 개업을 선언하는 시각을 말한다. 사람이 죽어 입관하는 시각, 즉 입관시는 관 뚜껑을 덮는 순간을 말한다.

양시의 선택 기준

양시를 택하려면 먼저 해당 일자의 간지(干支)를 알고, 간지에 해당하는 천을귀인시(天乙貴人時)와 황도시(黃道時)를 찾아야 한다. 그러나 황도시 중 천덕황도(天德黃道)는 흉하니 선택하지 않는다.

천을귀인과 황도시 두 개로 택한 시간이 운 좋게 서로 맞으면 그것으로 시각을 정한다. 하지만 계절과 거리상으로 보아 그 시간이 적당치 않다면 천을귀인을 우선해 시간을 정하고, 그것도 여의치 않으면 황도시 중에서 적당한 시간을 정한다.

천을귀인

구분	甲	乙	丙	丁	戊	己	庚	辛	壬	癸
천을귀인	未丑	申子	亥酉	亥酉	未丑	申子	未丑	午寅	巳卯	巳卯

황도시

황도시＼일진	子	丑	寅	卯	辰	巳	午	未	申	酉	戌	亥
청룡(靑龍) 黃道	申	戌	子	寅	辰	午	申	戌	子	寅	辰	午
명당(明堂) 黃道	酉	亥	丑	卯	巳	未	酉	亥	丑	卯	巳	未
금궤(金櫃) 黃道	子	寅	辰	午	申	戌	子	寅	辰	午	申	戌
천덕(天德) 黃道	丑	卯	巳	未	酉	亥	丑	卯	巳	未	酉	亥
옥당(玉堂) 黃道	卯	巳	未	酉	亥	丑	卯	巳	未	酉	亥	丑
사명(司命) 黃道	午	申	戌	子	寅	辰	午	申	戌	子	寅	辰

12간지 시간

子(23~1시), 丑(1~3시)
寅(3~5시), 卯(5~7시)
辰(7~9.), 巳(9~11시)
午(11~13), 未(13~15시)
申(15~17), 酉(17~19)
戌(19~21), 亥(21~23)

양시의 선택

2008년 10월 21의 간지는 갑오(甲午)다. 이 날짜에 혼인·이사·개업·입관시·하관시를 선택하려면, 우선 천간인 갑(甲) 자에 해당하는 천을귀인시(天乙貴人時)를 본다. 갑일의 천을귀인은 미시(未時)와 축시(丑時)다. 다음은 오(午)에 해당하는 황도시를 본다. 신시(申時), 유시(酉時), 자시(子時), 묘시(卯時), 오시(午時)로 천덕황도인 축시는 흉하니 선택하지 않는다. 천을귀

인과 황도가 일치하는 시간이 없으니 그다음의 양시를 천을
귀인에서 선택한다. 미시(未時)가 가장 좋다. 만약 미시(未時)에
일을 행하기 어려우면 황도시에 해당하는 오시(午時)나 신시
(申時) 중 하나를 선택한다.

| 참고 문헌

《동양화 읽는 법》, 조용진, 집문당, 2000

《부동산 생활풍수》, 조인철, 평단, 2007

《부자 되는 양택풍수》, 정경연, 평단, 2005

《산림경제》, 유중림, 민족문화추진회, 솔, 1997

《손감묘결》, 고제희, 다산초당, 2008

《수맥과 풍수》, 임응승, 기쁜소식사, 1990

《쉽게 하는 풍수 공부》, 고제희, 동학사, 1998

《신 나경 연구》, 신평, 동학사, 1996

《신 풍수지리 입문》, 황종찬, 좋은글, 1996

《안동 하회마을을 찾아서》, 서수용, 민음사, 2000

《우리 한옥》, 신영훈, 현암사, 2001

《윤도장》, 김종대, 국립문화재연구소, 1998

《임원경제지》, 서유구, 안대회(역), 돌베개, 2005

《태백산맥은 없다》, 조석필, 사람과 산, 2004

《택리지》, 이중환, 이익성(역), 을유문화사

《풍수지리(집과 마을)》, 김광언, 대원사, 1993

《하늘이여 땅이여 사람들이여》, 지창룡, 자유문화사, 1998

《한국문화상징사전 1》, 한국문화상징사전편찬위원회, 두산동아, 1992

《한국의 명당》, 김호년, 동학사, 1996

《한국의 묘지기행 1, 2, 3》, 고제희, 자작나무, 1996

《한국의 자생풍수 I 》, 최창조, 민음사, 1995

《한국의 풍수사상》, 최창조, 민음사, 1995

《한국의 풍수와 비보》, 최원석, 민속원, 2004

《한국의 풍수지리와 건축》, 박시익, 일빛, 1999

《한국전통조경 구조물》, 박경자, 도서출판 조경, 1997

《한국풍수이론의 정립》, 박봉주, 관음출판사, 2002

《흙은 살아 있다》, 오왕근, 한림저널사, 1995

〈조경에서 생태학과 풍수사상의 관계성〉, 심우경, 한국정원학회지, 1998

〈한국 전통주거환경의 풍수적 해석 및 입지평가모델 개발〉, 권영휴, 고려대학교, 2001

Research of Feng-Shui Theory in China, Shang Kuo, 심우경·이창호 대학원 박사 학위 논문, 1997

《雪心賦》, 卜應天(中國 唐代), 신평(역), 관음출판사

《陽宅三要》, 趙廷棟(中國 淸代), 김경훈(역), 자연과 삶

《陽宅三要》, 趙廷棟(中國 淸代), 유태우(역), 음양맥진출판사

《人子須知》, 서선계, 서선술(中國 明代), 김동규(역), 명문당

《葬經》, 郭璞(中國 晉代), 오상익(역), 동학사

《朝鮮の 風水》, 村山智順, 최길성(역), 민음사, 1931

《地理新法 全》, 胡舜申(中國 宋代), 한국정신문화연구원

《地理五訣》, 趙廷棟(中國 淸代), 신평(역), 동학사

《靑烏經》, 靑烏子(中國 漢代), 한중수(역), 명문당

| 그림 출처

국립고궁박물관, https://www.gogung.go.kr/
350쪽, 351쪽, 354쪽, 355쪽, 356쪽, 357쪽, 358쪽, 359쪽

국립중앙박물관, https://www.museum.go.kr/
358쪽

고제희의 정통 풍수 교과서

부와 성공을 부르는 주택·아파트·상가·사무실, 명당을 찾아내는 풍수의 비밀

1판 1쇄 펴낸 날 2020년 10월 5일

지은이 고제희
주   간 안정희
편   집 윤대호, 채선희, 이승미, 윤성하, 이상현
디자인 김수혜, 이가영
마케팅 함정윤, 김희진

펴낸이 박윤태
펴낸곳 보누스
등   록 2001년 8월 17일 제313-2002-179호
주   소 서울시 마포구 동교로12안길 31 보누스 4층
전   화 02-333-3114
팩   스 02-3143-3254
이메일 bonus@bonusbook.co.kr

ISBN   978-89-6494-461-5 03180

지적생활자를 위한 교과서 시리즈

보누스

기상 예측 교과서

후루카와 다케히코 외 지음

272면 | 15,800원

다리 구조 교과서

시오이 유키타케 지음

240면 | 13,800원

로드바이크 진화론

나카자와 다카시 지음

232면 | 15,800원

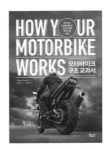

모터바이크 구조 교과서

이치카와 가쓰히코 지음

216면 | 13,800원

미사일 구조 교과서

가지 도시키 지음

96면 | 12,000원

비행기 구조 교과서

나카무라 간지 지음

232면 | 13,800원

비행기 엔진 교과서

나카무라 간지 지음

232면 | 13,800원

비행기 역학 교과서

고바야시 아키오 지음

256면 | 14,800원

비행기 조종 교과서

나카무라 간지 지음

232면 | 13,800원

**비행기, 하마터면
그냥 탈 뻔했어**

아라완 위파 지음

256면 | 13,000원

선박 구조 교과서

이케다 요시호 지음

224면 | 14,800원

악기 구조 교과서

야나기다 마스조 외 지음

228면 | 15,800원

뇌·신경 구조 교과서

노가미 하루오 지음
200면 | 17,800원

뼈·관절 구조 교과서

마쓰무라 다카히로 지음
204면 | 17,800원

인체 구조 교과서

다케우치 슈지 지음
208면 | 15,800원

혈관·내장 구조 교과서

노가미 하루오 외 지음
220면 | 17,800원

자동차 구조 교과서

아오야마 모토오 지음
224면 | 13,800원

자동차 세차 교과서

성미당출판 지음
150면 | 12,800원

**자동차 에코기술
교과서**

다카네 히데유키 지음
200면 | 13,800원

자동차 운전 교과서

가와사키 준코 지음
208면 | 13,800원

자동차 정비 교과서

와키모리 히로시 지음
216면 | 13,800원

**자동차 첨단기술
교과서**

다카네 히데유키 지음
208면 | 13,800원

**고제희의
정통 풍수 교과서**

고제희 지음
416면 | 25,000원

**세계 명작
엔진 교과서**

스즈키 다카시 지음
304면 | 18,900원

**위대한 도시에는
아름다운 다리가 있다**

에드워드 데니슨 외 지음
264면 | 17,500원

**헬리콥터
조종 교과서**

스즈키 히데오 지음
204면 | 15,800원

SELF 자급자족 시리즈
자연과 사람을 위한 지식

낚시 매듭 교과서

다자와 아키라 지음
128면 | 10,800원

농촌생활 교과서

성미당출판 지음
272면 | 16,800원

매듭 교과서

니혼분게이샤 지음
224면 | 9,800원

무비료 텃밭농사 교과서

오카모토 요리타카 지음
264면 | 16,800원

부시크래프트 캠핑 교과서

가와구치 타쿠 지음
264면 | 18,000원

산속생활 교과서

오우치 마사노부 지음
224면 | 15,800원

**전원생활자를 위한
자급자족 도구 교과서**

크리스 피터슨·필립 슈미트 지음
236면 | 17,800원

작은 집 설계 도감

제럴드 로언 지음
232면 | 14,500원

집수리 셀프 교과서

맷 웨버 지음
240면 | 18,000원

태양광 메이커 교과서

정해원 지음
192면 | 16,800원

태양광 발전기 교과서

나카무라 마사히로 지음
184면 | 13,800원

풍력 발전기 교과서

나카무라 마사히로 지음
184면 | 13,800원

| 인문·교양

**라루스
세계 명언 대사전**

모리스 말루 지음
832면 | 28,000원

**브랜드 네이밍
백과사전**

류동수 지음
752면 | 22,000원

신 백과사전

마이클 조던 지음
728면 | 25,000원

악마 백과사전

프레드 게팅스 지음
552면 | 23,000원

**제갈공명
: 진순신 역사 소설**

진순신 지음
664면 | 14,800원

**정적을
제거하는 비책**

마수취안 지음
493면 | 18,000원

**섬문화 답사기
: 신안편**

김준 지음
712면 | 15,000원

**섬문화 답사기
: 여수 고흥편**

김준 지음
656면 | 15,000원

**섬문화 답사기
: 완도편**

김준 지음
600면 | 15,000원

**섬문화 답사기
: 진도 제주편**

김준 지음
648면 | 28,000원

| 헬스케어

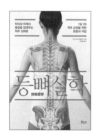

등뼈실학

이시가키 히데토시 지음
152면 | 13,800원

**절반만 먹어야
두 배 오래 산다**

후나세 슌스케 지음
264면 | 14,800원

**야미요밀 맛있는
비건 베이킹**

김성미 외 지음
184면 | 14,500원

**아프다면 만성염증
때문입니다**

이케타니 도시로 지음
216면 | 14,000원

**평생 걸을 수 있는
엉덩이 건강법**

마쓰오 다카시 지음
200면 | 13,800원